錦程

修订本

中国丝绸与丝绸之路

赵丰 著

黄山书社

图书在版编目(CIP)数据

锦程:中国丝绸与丝绸之路 / 赵丰著. —修订本.
—合肥:黄山书社,2021.6
ISBN 978-7-5461-5516-6

Ⅰ. ①锦… Ⅱ. ①赵… Ⅲ. ①丝绸之路-研究-中国
Ⅳ.①K203

中国版本图书馆 CIP 数据核字(2021)第 119722 号

锦程:中国丝绸与丝绸之路　　赵丰　著
JIN CHENG ZHONGGUO SICHOU YU SICHOU ZHI LU

出 品 人　贾兴权
责任编辑　高　杨
装帧设计　私书坊_刘　俊　张俊香
出版发行　时代出版传媒股份有限公司(http://www.press-mart.com)
　　　　　黄山书社(http://www.hspress.cn)
地址邮编　安徽省合肥市蜀山区翡翠路 1118 号出版传媒广场 7 层 230071
印　　刷　安徽新华印刷股份有限公司
版　　次　2021 年 9 月第 1 版
印　　次　2021 年 9 月第 1 次印刷
开　　本　710mm × 1000mm　1/16
字　　数　280 千字
印　　张　23.5
书　　号　ISBN 978-7-5461-5516-6
定　　价　66.00 元

服务热线　0551-63533706
销售热线　0551-63533761
官方直营书店(https://hsss.tmall.com)

赵丰的丝绸之路研究

认识赵丰有十多年了，还记得初见时，他三十岁出头，俊朗飒爽，说话的口气有点急切，有一种青年学者对学术追求的激动。他说起他的专业中国丝绸史，特别是丝绸之路上出土的古代丝绸，脸上隐隐泛出红晕，就像沉迷于球赛的球迷，说到自己拥戴的球队，在上一季的锦标赛中，是如何从后场一个长传，展开了扣人心弦的攻势，经过连番闪避，最后是以几乎不可能的角度射进了球门。他给我的深刻印象，是对学术的热情与执着，谈起丝绸就像说到自己的情人，脸上洋溢着幸福的光辉。于是，我陆陆续续请他来香港城市大学中国文化中心，前后做了十多场讲座，给香港的大学生讲解中国丝绸的历史，叙述中国丝绸是如何作为物质文明的载体，传布到世界各地，促进人类文明的进展，改善人们的物质生活条件。

赵丰从小就接触到丝绸制造业，父母都是丝绸厂的工人，上大学他主修丝绸工业技术，又转而研究中国丝绸史，是兼具丝绸工艺专业知识及物质文明史知识的专家。在研究文化史的圈子里，这种兼通科技工艺与历史文化的学者，是极为少有的。我还记得，曾参观他策划设计的丝绸博物馆，他给我讲解缫丝、纺丝、织绸的过程，讲如何结合文献与考古资料复原古代织机的构想。他还为我一一解释绸、缎、锦、绫的细微差别，其关键在于丝织工艺的复杂多端的变化。有许多过去从文献上无法得到确切解释的丝绸知识，一直令我感到困惑，经他对工艺实物的分析指点，终于拨云见日，得到明确的理解。我曾请过许多丝绸之路的历史学家与考古学家，如王炳华、樊锦诗、林梅村、荣新江、齐东方等，安排各种关于丝绸之路考古发现及东西文化交流的讲座，呈现了这条大漠上驼铃叮当的古道，如何经历着雨雪风沙，联系起古代相对隔绝的东方与西方。我请赵丰讲丝绸史，更从丝织品的实物以及每件丝绸反映出的工艺来讲，让古代织工的心血与智慧，通过具体的历史细节，重新浮现在我们眼前，使我们更清楚地理解每一片在沙漠中发现的丝绸，其中承载了多少文明的累积。

赵丰把他在中国文化中心的讲稿整理成书，题作《锦程》。该书不仅展示了丝绸之路的锦绣路途，也显示了学术研究的锦绣前程。书中讲到在中国丝绸起源时期，因为丝绸是贵重珍稀的物品，与祭祀和生死观念相关，是作为丧服、祭服及祭品的。其中反映了原始人对死后世界的想象与期望，观察到蚕化为蛹，再由蚕蛹化蛾飞升的转化过程，从中推想自然大化的历程，以为这是从生到死，再由死转化飞升的途径。而蚕丝的重要作用，就理解为包裹死去蚕蛹的神奇衣裳，有一种还魂回生的神力，可以让僵死的蚕蛹化为翩翩升空的飞蛾。因此，人死了也要穿上费尽心血织就的珍贵丝绸，作为灵魂飞升的导引，让亡者可以登抵上界。这个丝绸起源的解释，配合早期文献对蚕蛹转化的叙述，提供了古神话学的研究思路，解释了远古时期为什么人们不惮其烦，创造出如此繁复精密的丝绸工艺程序。

赵丰的丝绸史研究，借助大量考古发现的丝绸，对过去考古工作中难以处理的丝织品进行详细探究，补充了丝绸之路研究的“丝绸”部分。由于涉及纺织工艺，他也探讨出土的毛织品、麻织品以及刺绣工艺，全面描绘人类生活最基本的“衣”的历史进程。他从草原文明的库尔干文化遗址的发现，讲到汉晋时期墓葬出土的丝绸，再讲到西方纹饰对中国丝绸设计的影响，还讲到西域中亚地区的丝绸制品，更详细讨论了唐代丝绸的辉煌成就。对于唐代以后丝绸文化如何影响日本，如何在塞北的辽金王朝也得以发展，如何因女真与蒙古的崛起而影响高丽，因蒙古帝国的拓展而与波斯在丝织技术上有所交流，一直到明清时期西洋锦的传入，赵丰都在书中做了详细的叙述。

这是一部优秀的人类文明史，我乐于为之作序。

郑培凯

目　录

自 序

锦绣前程，一直是人们对美好前途的一种向往。而我实是三生有幸，一路走来，锦绣相伴。

我的家乡是浙江海宁的长安镇，长安虽小，却是京杭大运河和沪杭铁路线上出杭之后的第一处交通要道。杭州的上塘河通到这里后，水面开始改变它的高低，于是有了长安堰和长安坝。据说这长安堰和长安坝的原理，竟然和都江堰及葛洲坝相似，由此还建起了上、中、下三闸。下闸旁边，就是浙江曾经最大的缫丝厂——当年被称为“浙江制丝一厂”。丝厂是这个小镇的重心，镇上几乎所有的人都和这个丝厂有关。我妈妈是这个厂里的缫丝女工，由于技术比较好，后来成为讲授缫丝技术的老师。爸爸则是厂里的机械工人，经常为厂里的机器折腾些小革新、小发明。我在厂里的卫生总站出生，3 岁开始在厂里的托儿所过夜，6 岁开始在丝厂的子弟学校上学，放学回来就在妈妈身后的凳子上做作业，有时也会帮妈妈在缫丝车上索绪添绪。我们的学校是由一幢天主教的小教堂改建而成，19 世纪 20 年代由在丝厂女工中传教的中国神父们集资建造。从这里经过日占时期建成的巨大茧库，穿过沪杭线的铁路洋旗，就到了长安镇上唯一一条窄窄的长街，整个小镇就沿着运河边的这条长街排布展开。我家从街的东横头又搬到西横头，整个童年和少年时期我都不曾离开这个缫丝业兴盛的小镇，直到1977年高中毕业，我来到离丝厂北面不远的七里亭下乡插队。这也是海宁的一个桑麻之乡。半年之后，我通过了“文革”后的第一届高考，进入了位于省会杭州的浙江丝绸工学院。本科毕业后又师从蚕桑丝绸界的老前辈朱新予和蒋猷龙学习丝绸历史，直到今天我仍以丝绸之路沿途出土的丝绸作为我的主要研究方向。近年来，我一直在鼓吹被称为“丝路之绸”（Silk Road Textiles）的研究合作项目。所以，我所走过来的路，确是一条丝绸之路。

丝绸之路，锦绣之程，这足以令我迷恋一生。由于丝织品这种有机物对保存环境有特殊要求，古代丝绸总是在中国的大西北地区出土，因此我这辈子的研究都与西出阳关的沿途结缘。记得第一次去西北是在1985年的夏天，那是一次背包旅行。第一次接受写作《中国丝绸史》魏唐部分的重任，我只身一人登车西行。近两个月的行程，到西安，出开远门，经兰州，又去西宁，再沿河西走廊赴嘉峪关，直到敦煌。参观莫高窟之后便是新疆，三山夹两盆的新疆实在过于辽阔，我无法一次完成所有的考察，只能在乌鲁木齐和吐鲁番逗留之后就踏上归途。归途上又一次前去西宁寻找研究青海都兰丝织品的机会，虽然我的停留因遇窃贼而被迫中止，但我和考古所的隔年之约已经启动。后一次重要的新疆之行是1989年为筹建中的丝绸博物馆征集文物，足迹到达和田和喀什。再后一次更为重要的新疆之行是2006年作为副队长与东华大学、新疆文物考古研究所一起进行的环塔克拉玛干丝绸之路服饰文化考察。持剑出天山，剑绕大漠还。风雪过焉耆，明月宿楼兰。于阗观锦绣，龟兹访伽蓝。一月三千里，圣诞犹未返。从头算来，1985年以来我赴新疆平均不下每年一次，直到2011年，我们在新疆博物馆建成纺织品保护国家文物局重点科研基地的新疆工作站，我又算是在丝绸之路沿途有了自己真正的据点。

这二十多年几乎就是我的整个学术生涯。期间我还去过塞北内蒙古的草原丝绸之路十多次，去过跨越欧亚大陆的一些丝绸之路的重点国家和地区，如俄罗斯、日本、韩国、乌兹别克斯坦、印度等，去过收藏或展示大量丝路之绸的博物馆和研究机构。从纽约大都会艺术博物馆的《丝如金时》和《走向盛唐》展览，到瑞士阿贝格基金会的中亚丝绸之路的世纪学术年会，从大英博物馆、维多利亚和阿尔伯特博物馆、吉美博物馆、圣彼得堡爱米塔什博物馆等地观摩敦煌织物直到主编《敦煌丝绸艺术全集》。最令人难忘的还是2006年和2008年在乌兹别克斯坦费尔干纳的两次旅行以及在亚美尼亚叶里温的意外逗留。在昭武九姓的故地，在布哈拉和撒玛尔罕之间，我怀揣 James Elroy Flecker 的小诗 *The Golden Journey to Samarkand*，一路走来，风餐露宿。

欲从未知求真知，故纵金旅下康城。

For lust of knowing what should not be known

We make the Golden Journey to Samarkand.

我于是一直在丝绸之路上行走，在锦绣之程中徘徊，直到今天形成了这本集子。书名既是对我的学术旅程的概括，也是对我的学术领域的描述：锦程，一路丝绸，遍地锦绣。

在整理书稿的过程中，我的博士生蔡欣根据我的幻灯片和录音资料为我初步录入了12讲的文字稿，为我编辑此书提供了极大的方便。后来在文物照片和图片的资料整理中还得到了所有收藏单位的大力支持，特别是来自丝绸之路沿途的新疆、甘肃、青海、陕西、内蒙古等地的文博单位以及国外收藏丝绸之路沿途丝绸文物的大英博物馆、吉美博物馆、爱米塔什博物馆、纽约大都会艺术博物馆、阿贝格基金会等，一些私人藏家也慷慨地同意我使用他们的藏品。本人所就职的中国丝绸博物馆更是提供了大量的相关资料。我的同事们以及学生们包括薛雁、徐铮等也提供了各种帮助，在此一并感谢！

赵丰

2012年3月29日于杭州冻绿斋

第一章　丝绸起源的文化契机：中国丝绸在古代文化中的地位

说到丝绸，马上就会令人联想到中国。中国是世界上最早发明蚕桑丝织的国家。早在五千多年前，中国人已成功驯化野生的桑蚕，使其成为家蚕，并利用蚕吐出的蚕丝作为原料，织造丝绸织物。此后约三千年，中国丝绸开始通过又称“丝绸之路”的海陆贸易通道向外传播，先东传至朝鲜、日本，后西传至中亚、西亚，直至欧洲。

丝绸是中国文明的重要组成部分。漆、玉、丝、稻都是中国早期物质文明的代表；在唐宋之后中国主要的出口商品——丝、茶、瓷中，丝的出口也占极大比重；直至20世纪，丝绸仍是中国建立对外贸易和创造外汇的主要商品。

此外，丝绸还与中国的礼仪制度、文化艺术、科技等范畴有极大联系。因此，中国是蚕桑丝绸的故乡，蚕桑丝绸是中国文明的特征之一，对人类文明做出了巨大贡献。

在衣、食、住、行这四大日常生活的基本需要中，“衣”排行第一；丝绸是中国古代制作衣的主要材料之一，所以丝绸的地位很高。男耕女织中的“织”也是指生产丝绸。但中国的丝绸起源于何时？中国为什么要发明丝绸？丝绸又是如何被发明的？

一、丝绸的起源

关于丝绸起源的传说，可分成官方和民间两种。

1. 黄帝和嫘祖

官方传说中，最著名的说法是黄帝的元妃嫘祖发明了养蚕和产丝，就是所谓的“嫘祖始蚕”之说。笔者的导师蒋猷龙先生专门考证过这些传说，说它初见于宋代学者罗泌的《路史》：黄帝“元妃西陵氏，曰嫘祖。以其始蚕，故祀先蚕”。到了元代，张履祥《通鉴纲目前编·外纪》也出现了类似的说法：“西陵氏之女嫘祖为黄帝元妃，始教民育蚕，治丝茧以供衣服，而天下无皴瘃（cūn zhú）之患，后世祀为先蚕。”（见图 1）黄帝娶“西陵氏”之女为妻的事迹，各类史书上都有记载，其中最重要的载于《史记·五帝本纪》：“黄帝居轩辕之丘，而娶于西陵之女，是为嫘祖。嫘祖为黄帝正妃。”这些记载说明，黄帝的元妃发明了养蚕，而她原来是西陵人。[1]

对于西陵究竟在哪里，目前还存有很多争论。一种说法是在今四川一带。长江三峡中有西陵峡，西陵人就是西陵峡人。四川绵阳市的盐亭县便自认是嫘祖的故里，那里有西陵山、西陵垭、西陵岩、西陵村等地名，当地政府为此特地新建了嫘祖宫和嫘祖陵。嫘祖宫建于盐亭县灯杆山上，据传嫘祖发明栽桑养蚕时，因在野外常遭鼠害，于是用松脂照明，后来又在山上立杆挂了灯火驱鼠，渐渐成了民俗。每年农历二月初十，当地人都会在新建的嫘祖陵举办嫘祖文化节。

另一更为正统的说法是嫘祖出生的地方是西陵国，而不是西

图 1　王祯《农书》中的《先蚕图》

陵峡，位于今日河南省西平县。理由是当时黄帝住的地方叫轩辕之丘，就是今天河南省的新郑市，而西陵是个小国，在当时来说就是部落。黄帝轩辕氏当时为部落联盟的首领，统领着下面上万个部落，西陵应当是他所统辖的部落之一，估计位于以黄帝所住地为中心方圆 100~200 千米内。今日的西平县距离新郑市 120 千米，在西汉时被称为“西陵”，后来被称为“西平”，直到今天。这个地方建有很多嫘祖祠、嫘祖庙，一直盛传是嫘祖的出生地，这说法似乎较四川的盐亭来得可信。[2]

事实上，在嫘祖之前，黄帝可能被视为养蚕的发明人。北齐的时候，皇宫外面建有蚕坊，蚕坊内有蚕宫，蚕宫内又有蚕室；路西面有皇后蚕坛，东面有先蚕坛。每岁季春谷雨后，人们便选定吉日，祀先蚕黄帝轩辕氏。但到北周，人们就开始把嫘祖西陵氏当作先蚕，祭祀先蚕西陵氏神，“养蚕发明人”的称号从此被放到女性名下。[3]这样看来，“嫘祖始蚕”可能并非自上古以来一直传承的民间传说，而是统治阶级把文化的创造归功于帝王后妃的正统思想的产物。从历史上看，供奉嫘祖的先蚕坛，就是历代皇朝举行皇后亲桑这种宫廷仪式的场所，而遍布各地的先蚕庙，则是各级地方官府举行祭典的地方，一般蚕农只能敬而远之，把一些民间的蚕神当作祭祀的对象。

2. 蚕马传说

在众多蚕桑起源的民间传说中，最为有名的应该是马头娘传说（见图 2），不少学者称之为“蚕马故事”，最早见于晋代干宝的《搜神记》：

> 旧说，太古之时，有大人远征，家无余人，唯有一女。牡马一匹，女亲养之。穷居幽处，思念其父，乃戏马曰：“尔能为我迎得父还，吾将嫁汝。”马既承此言，乃绝缰而去，径至父所。父见马惊喜，因取而乘之。马望所自来，悲鸣不已。父曰：“此马无事如此，我家得无有故乎？”亟乘以归。为畜生有非常之情，故厚加刍养。马不肯食，每见女出入，辄喜怒奋击，如此非一。父怪之，密以问女，女具以告父，

图 2 四川广元皇泽寺马头娘拓片

必为是故。父曰：“勿言，恐辱家门。且莫出入。”于是伏弩射杀之，暴皮于庭。父行，女与邻女于皮所戏，以足蹙之曰：“汝是畜生，而欲取人为妇耶？招此屠剥，如何自苦！”言未及竟，马皮蹶然而起，卷女以行。邻女忙怕，不敢救之，走告其父。父还，求索，已出失之。后经数日，得于大树枝间，女及马皮，尽化为蚕，而绩于树上。其茧纶理厚大，异于常蚕。邻妇取而养之，其收数倍。因名其树曰桑。桑者，丧也。由斯百姓竞种之，今世所养是也。[4]

中国的蚕马故事经历了漫长的变化发展过程，直到今天还在四川、江南等蚕桑地区流传。不同地区流传的故事内容大致相同，其中马、女、蚕三个基本要素更没有变化。事实上，马、女、蚕三者之间的关系相信早已形成，战国时期的思想家荀况（约前313—前238），在《蚕赋》一文中如此描写蚕的形象："有物于此，蠡蠡兮其状，屡化如神，功被天下……臣愚而不识，请占之五泰。五泰占之曰：此夫身女好，而头马首者与？"他最后写蚕的形象是"女身而马首"。"马首"指蚕的头有时要昂起，很像马头；"女身"则指蚕的身体十分柔软，像女性的身体。蚕、女、马之间的联系，可能是因为它们的相似之处，而蚕马故事，也可能源于此。

《搜神记》的年代虽然很早，但这个传说一直流传至今。浙江杭嘉湖平原是著名的蚕乡，当地人唱的蚕歌都是关于蚕马神话的，但已变得很像故事，可说是远古蚕马神话的新版。在这些新版本中，马头娘被称为"马鸣王菩萨"（见图3）；关于这个"马鸣王菩萨"，海盐县乡间也流传着一首同名的长篇叙事民歌《马鸣王菩萨》，另一首长达226行的民歌《蚕花书》[5]，则更具体地叙述了"马鸣王菩萨"的由来。民歌的大意是这样的：神爹郑百万，当年西番作乱，郑百万投军保驾，被围在西番国内。郑有三个女儿，郑妻施氏向天地祷告，谁救得夫君，就将三女儿许配给他。家中白马来到西番，将番兵尽行踏杀，救回郑百万。回家后，白马要求与三小姐成婚，郑百万不允，持铜棍打死白马。马皮挂在院中，三小姐出厅观看，突然刮起狂风，马皮囊住三小姐，飞到南庄，死在桑园，从此变成"花蚕"。观者将此事奏知玉皇，玉皇封三小姐为"马鸣蚕宝"，又称"蚕皇老太"，并说从"天圣内二年"至今，"杭嘉湖二十三县"都靠着这位蚕神的庇护。其中有一段是这样唱的：

图 3　海宁皮影戏马鸣王菩萨

西番返复又兴兵，点将开兵夺中原。
破之婺州府，抢进东阳县，
四处蛮兵来回往，摇旗呐喊闹翻天。
陈公回到婺州地，鱼到网内一般然。
院君闻知吃一惊，夫陷东阳心也酸。
拈香拜，告苍天，口内说连连：
谁人救得亲夫转，愿将三姐结良缘。
白马闻知得，跳出马棚间，
三声吼嘶登程去，随云知路一般然。
马到军中蹄作法，踢死番兵万万千。
不管兵多共将官，救出家主转家园。
夫回转，妻也欢，祷告谢神天。
古说光阴如箭快，三姐长大在房前。
正遇清明节，三姐出房门，
打从马棚来行过，马儿开口吐人言：
“当初许我成亲事，因何还未结良缘。”
陈公听说怒冲天，喝骂孽畜太大胆。
人与马，不相连，怎好配良缘。
陈公骂，勿相干，带出马棚间，
就将白马来斩杀，马皮挂在屋檐前。
马皮能作法，空中打秋千，
三姐出厅来观看，见了马皮心也呆。
一阵狂风来吹起，飞来裹住女婵娟。

歌词最后唱到女婵娟变成了一条蚕，是茧子里的一条吐丝的蚕，很是可怜，但也没有办法，她把丝吐尽变成了蛹，还是被那白色的马皮包裹着。

二、早期丝绸的考古学证明

无论是官方记录还是民间传说，都说明历史悠久的中国丝绸与中国文化有密切关系。至于丝绸确切的起源时间和地点，还是要由近代考古学的成果来证明。

1926 年，中国第一代田野考古学家们在山西夏县西阴村发掘到一个仰韶文化遗址（约公元前 3500 年），其中出土了半颗蚕茧（见图 4）；这个茧壳长约 1.36 厘米，宽约 1.04 厘米，但其中一端被刀刃切去了部分，所以大家称它为“半颗蚕茧”。当时这

图 4　山西夏县西阴村出土的半颗蚕茧

半颗蚕茧轰动了国内外学术界，因为中国古老的养蚕历史在黄帝的故乡得以证实，但关于它的性质则存在着较大的分歧。负责这次发掘的考古学家李济，是近代中国的第一代考古学家，被称为“中国考古学之父”。他在报告中写道：

> 我们最有趣的发现是一个半割的、似丝的半个茧壳。用显微镜观察，这茧壳腐蚀了一半，但是仍然发光。那割的部分是极平直的。清华大学生物学教授刘崇乐先生替我看过好几次，他说，他虽不敢断定这就是蚕茧，然而也没有找出必不是蚕茧的证据。与那西阴村现在所养的蚕比较，比那最小的还小一点。这茧埋藏的位置并不在坑的底下，它不像是后来的侵入，因为那一方的土色没有受扰的痕迹，也不会是野蚕偶尔吐的，因为它是经过人工的割裂……[6]

西阴村的仰韶文化遗址是第一个由中国考古学家主持发掘的项目，所以大家对考古的过程和结果都比较谨慎。李济把挖到的半个蚕茧送给中国昆虫学的创始人之一——刘崇乐（1901—1969）进行初步研究，结果刘先生把它定为桑蚕茧。刘崇乐早年在清华大学学习，后来到美国留学，1926年于康奈尔大学取得昆虫学博士学位后回国出任清华大学生物系教授兼系主任。刘崇乐是个极为严谨的人，虽没有断定这就是蚕茧，但也没有找出相反的证据，遂初步断定其为桑蚕茧，切割面是由锐利的刀刃所为。1928年，李济重访美国时，又特意把这半个蚕茧的标本带去，向华盛顿史密森研究院求助，那里的专家证实了刘崇乐的判断，鉴定这半个蚕茧是属于家蚕的老祖先的茧壳。

然而，这项发现在学术界引起了长时间的争论。一般来说，仰韶文化距今约 5000 年至 7000 年，而这颗茧子应该属于该时期。但持否定态度的人则怀疑当时发掘的科学性，认为这颗茧子有可能是后来混入的。同时，学者对茧子的属性也没有一致的看法，日本学者布目顺郎对西阴村的这个蚕茧作了复原研究，测得原茧长 1.52 厘米，茧幅阔 0.71 厘米，茧壳被割去部分约占全茧的 17%，推断是桑螨茧。[7] 另一位日本学者池田宪司却在多次考察后认为，这是一种家蚕茧，只是当时的家蚕仍未完全进化，茧形还较小。[8] 除此之外，茧子的用途也备受争议。由于这颗茧子是被利刃一割为二的，这样的切割究竟为了什么，不少研究倾向认为是用来食用的。这些疑问使得这半颗茧子在考证丝绸起源中无法起到直接的作用。虽然如此，这半颗茧子一直被珍藏于台北“故宫博物院”。

1958 年，浙江的考古工作人员在湖州钱山漾遗址中发现一个竹筐，筐内有一些纺织品及丝线之类的实物。经当时的浙江纺织科学研究所及浙江纺织专科学校（今浙江理工大学）鉴定，其中部分纤维为麻，部分为丝，有些纤维的横切面则呈典型的钝三角形，从而可以证实其中有绢片（见图 5）、丝线和丝带。[9] 这一发现使大家备感振奋，因为根据 C–14 测年法，钱山漾遗址的年代距今应有 4750 年，那这一出土绢片也就是当时所知最早的丝织物，极为珍贵，令蚕桑丝绸界的学者们纷纷对其进行研究。徐辉、区秋明等人通过实验，再次确认了纤维的性质，并在《对钱山漾出土丝织品的验证》中写道：“绸片是由茧丝借助于丝胶

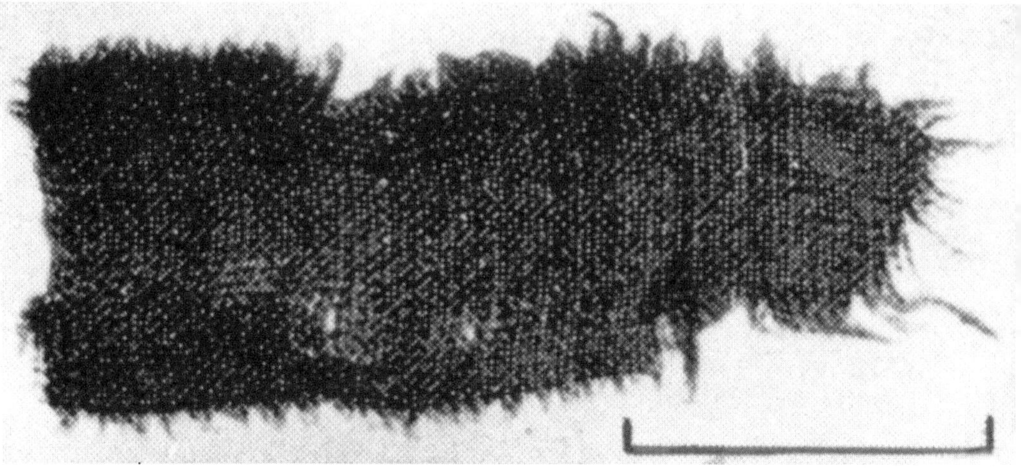

图 5 浙江湖州钱山漾遗址出土的绢片

粘合成生丝作经丝和纬丝交织而成的平纹织物。丝带是用捻丝再拼捻成丝线辫结而成、贯串在平纹组织中间的细长带子。”[10] 从此之后，纺织界和考古界都基本上承认钱山漾绢片的可靠性，并把南方中国的丝绸起源时间推至近 5000 年前。不过，浙江省的考古学者近年又对钱山漾遗址进行了考古发掘，得到了两个意料之外的发现。第一，他们发现了一些织物和带子，经过测试，却未找到真正的丝纤维。第二是钱山漾这一遗址的年代，应推迟至距今 4000~4200 年前，钱山漾遗址的文化类型也被重新命名为“钱山漾文化”。[11]

由于传说中丝绸的发明人是黄帝元妃嫘祖，理论上，丝绸应该首先出现在黄河流域，而钱山漾出土的绢片则出自长江流域，令学者颇感意外。但是，20 世纪 80 年代郑州市文物工作队在荥阳市青台村新石器时代遗址进行了较大规模的发掘，其中从第七层及其相关地层中就出土了距今约5500年的丝麻织物残片，化解了这一疑团。据考古学的带队人张松林和中国纺织史研究权威专家高汉玉的观察，在W164和W486两个瓮棺内发现的丝织物残片，丝纤维上的单茧丝面积为36~38平方微米，切面呈三角形，丝线无捻度，是典型的桑蚕丝。从织物结构来看，青台村织物有平纹织制的纱和以两根经丝组成的绞纱织物，张松林等称之为“罗织物”。而且，出土的罗织物还带有一种浅绛色，他们认为它是先经练染再染色的，所用的染料可能是赭铁矿一类。[12]

近年，中国丝绸博物馆周旸团队又在青台村附近的汪沟遗址瓮棺葬中用酶联免疫的方法检测到了蚕丝蛋白信号。这些发现可将丝绸的起源时间定于距今约6000年，同时说明西阴村的半颗茧子基本上可信。

除了前面谈及的三个丝绸或蚕茧的实例，在新石器时期还有不少刻画和雕刻表现蚕或蛹的形象，这些实物对研究中国丝绸的起源均有很大帮助。其中最重要的要数浙江余姚河姆渡遗址出土的一件牙雕，牙雕上刻有四对虫形形象，有不少学者将其认作蚕纹，说这是目前所知最早的蚕形刻画，结合同一遗址出土的蛾形器（或称“蝶形器”）来看，这在一定程度上反映了距今约7000年前，河姆渡人对蚕生态的关注。[13]此外，在距今约5000年的南北各新石器文化遗址中，类似的发现更加频繁。如1921年，安特生（Johan Gunnar Andersson）在辽宁省后来被确认为红山文化的砂锅屯遗址中，发掘到长数厘米的大理石制作的蚕形饰物。1960年，中国科学院考古所在山西芮城西王村仰韶文化晚期遗址中，发现了陶制蚕蛹形装饰。与此同时，河北正定县南杨庄仰韶文化遗址也出土了陶制蚕蛹。河南郑州双槐树遗址出土了栩栩如生的蚕形骨雕（见图 6）。1963 年，江苏梅堰新石器时代遗址出土的黑陶上刻有蚕纹。安徽蚌埠市郊吴郢新石器时代遗址中发现的一件陶器，底部形象被认为是蚕在营茧。远在甘肃的临洮冯家坪齐家文化遗址（距今约 4200 年）中，发现了一件刻画有很多蚕形昆虫的双联陶罐，这些或许是边疆地区早期蚕桑活动的见证。

图 6　河南郑州双槐树遗址出土的蚕形骨雕

三、蚕的一生

养蚕织绸业在中国得以渐渐兴起，有赖于许多基本条件。首先是充足的资源，由于中国大陆广大地区都有野生桑树和野蚕，因而能结出各种野生的蚕茧，给人们提供驯化的对象。其次要有发达的古文化及文化了的人，在距今10000~5000年前，生活在新石器时代的各地先民在衣、食、住、行、生产、宗教、艺术、战争等方面都已形成了较完整的文化，这为丝绸的产生提供了土壤。还有一个条件就是机会。现代人推测，先民或许为了吃蚕蛹才把茧扯开，从而发现了蚕丝的纤维性能，又或是野生的茧子在风吹雨打之中自动解体，露出了纤维，从而被先民发现。但从考古学、民族学和人类学的大量资料来看，养蚕织绸业在中国的起源实在是基于中国独特的文化背景。[14]从先民对桑、蚕、茧、丝等各个步骤、各种形态和各个中间产物的认识，可看出蚕桑在中国文化中的重要地位。

桑蚕（也称“家蚕”）是自然界最神奇的一种生物，自古至今都让人惊叹不已。自然界的昆虫可分为无变态、不完全变态和完全变态三大类，其中蝶、蛾、蚊、蝇等昆虫具有卵、幼虫、蛹、成虫等四个不同生长时期（见图7），因此被称为“完全变态昆虫”。在完全变态昆虫中，只有蛾类在变蛹时会吐丝结茧来保护自己，因此，这类昆虫又可以称为“吐丝昆虫”。蚕蛾科与天蚕蛾科昆虫均有吐丝结茧的特性，因此都可被称为“蚕”，但其中只有家蚕已为人工驯化，可以家养。虽然其他蚕的茧也可作纺织原料，但它们均在野外养殖，因此只能称之为“野蚕”。

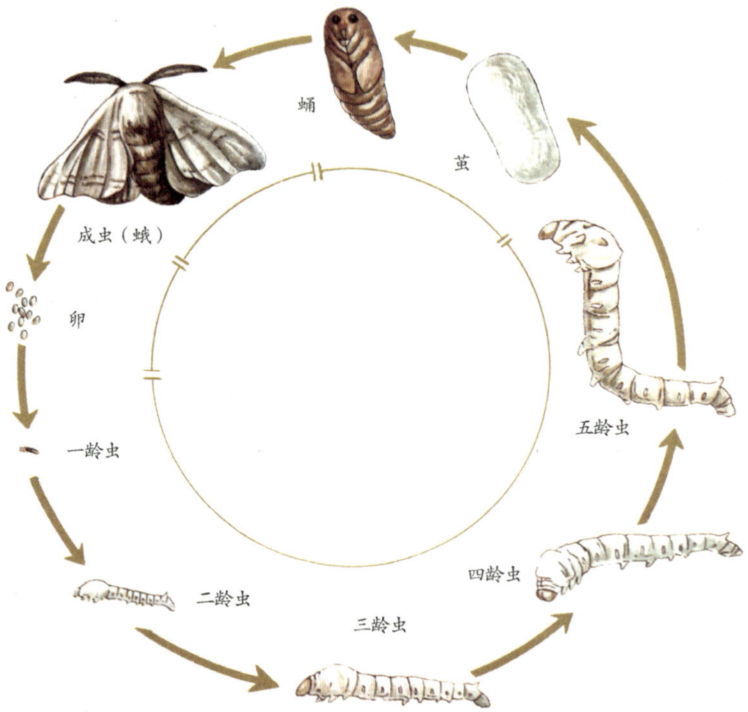

图 7　家蚕一生变化的四种形态图

丝绸所用的主要蚕种是家蚕。它是以桑叶为食料、吐丝结茧的经济昆虫，又称“桑蚕”，属鳞翅目，蚕蛾科，学名为 *Bombyx mori*。家蚕是完全变态昆虫，一生经过卵、幼虫、蛹、成虫等四个完全不同的发育阶段。卵是胚胎，经过孵化成为幼虫。幼虫是蚕摄取食物营养的生长阶段，一般称为“蚕儿”或“蚕虫”。幼虫阶段一般需经过四次蜕皮，蜕皮时不进食，所以称为“眠”。四眠是家蚕的标准眠性，它将幼虫阶段分为五龄：一眠之前为一龄，由于此时其体色黑，体形如蚁，故又称“蚁蚕”。一眠、二眠之间为二龄，二眠、三眠之间为三龄，依此类推，至五龄时，蚕体长约10厘米，变得成熟，通身透明，停止进食，开始吐丝作茧。吐丝后蚕在茧内蜕皮转变为蛹，渐渐变硬，变成深褐色。整个过程大约需要一个月。蛹在七天之后变为成虫，成虫就是蛾，是交配产卵繁殖后代的生殖阶段。蛹在化蛾时分泌一种酶，用以溶解茧层丝胶，化蛾之后立即萎缩。羽化后的雌蛾、雄蛾交配，一只母蛾一般可以产卵500粒左右。成虫在交配产卵后马上死去，而所产的卵则可以根据蚕的化性，在本年的下一季或来年春天再进行孵化。

蚕的一生经历了卵、幼虫、蛹、蛾四种状态的变化，这种静与动之间的转化（包括眠与起），使人们联想到“天地生死”这最为重大的问题。卵就是生命的源头，孵化成幼虫就如生命的诞生，几眠几起犹如人生的几个阶段。蛹可看成是原生命的死，或躯壳的死，而蛹的化蛾飞翔就是死后灵魂的去向。张华《博物志》上说“蛹，一名魂”，正是此意，蛹就是灵魂，是精神，是不死的。从“蛹”字我们还可以联想到“俑”，中国古文字中有一右文说，指形声字中，同声不同形的字通常有着不同的形态，但有相关的意义。也就是说，“蛹”和“俑”之间形态虽有不同，一为虫，一是人，但其意义相通。“俑”是随葬时埋下去的木俑、泥俑之类，其原义或许与蛹有关，都是死后的肉体。在黄河流域的仰韶文化墓葬中，有一半左右采用瓮棺葬，埋于房基附近；瓮棺葬中有很大部分在瓮上留孔，估计是让其灵魂自由升天之意。这种想法或许来自蛹经七日之后化蛾破茧而出的联想，由于瓮棺葬多用于儿童夭折，故需预先凿孔。后来，人们又把得道升仙称为“羽化”，也是源于蚕蛹化蛾的联想。

四、桑林和扶桑

蚕的变化尚且被看得如此神奇及重要，蚕赖以生存的桑比蚕的变化更显得神圣。从古史传说来看，桑林不但是蚕的栖息地，而且与民俗活动有密切关系。古人所有行为和活动其实不外乎两类：一、求本人生存，就是本人要活下来，要吃要穿，要粮食丰收；二、求本民族的生存，必须繁衍子孙。所以，桑林中的活动也只有两类：一是在桑林进行祭天求雨活动，以求粮食丰收；二是在桑林中进行男女幽会，祭高禖神（即生育之神），以求子求孙，高禖神是求子的神，有点像后来的观音菩萨。上古时期人类最重要的两项活动都在桑林进行，说明了桑对先民的重要性。

不少史料可证明，桑林是上古时期男女幽会的地方，其中以《诗经》中的记载最为丰富。如《小雅·隰桑》云："隰桑有阿，其叶有难。既见君子，其乐如何？"《魏风·十亩之间》曰："十亩之间兮，桑者闲闲兮，行与子还兮。""行与子还"就是把喜欢的女孩子带回家去，这很像一些少数民族地区的三月初三，或是汉族的上巳节节日活动。最明显的记载应该是《鄘风·桑中》："期我乎桑中，要我乎上宫，送我乎淇之上矣。"这种风俗在当时一些艺术作品中也有反映，大量战国时期的青铜器上都有采桑宴乐的图像（见图8），上面刻画的就是桑林中男女相会并祭高禖的情景。这些故事似乎说明了一种情况：在桑林中，神特别容易与人沟通，故周代男女相会桑林时，通常还要祭祀高禖神。

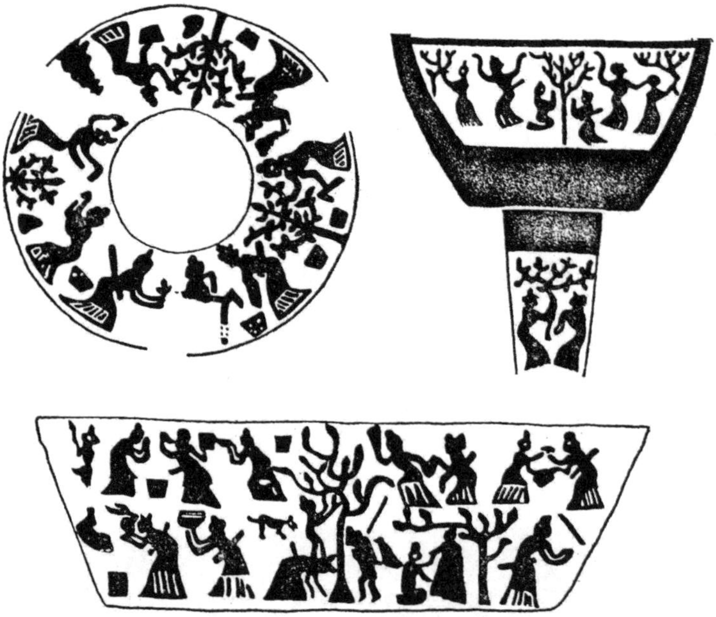

图 8　战国时期青铜器上的采桑图
（见布目顺郎《养蚕の起源と古代绢》，雄山阁出版，1979 年）

至于以桑林作为求雨场所，最为著名的例子是“成汤桑林祷雨”。许多文献中对此都有记载，如《吕氏春秋・顺民》中说：“昔者汤克夏而正天下，天大旱五年不收，汤乃以身祷于桑林。”曾经有人认为，“以身祷于桑林”是为了求得蚕桑丰收，如果五年不收，大家更缺的是粮食，先要求的也是粮食，不会只去求丝绸。桑林只是“祷”的场所，不是目的。所以高诱在注释《淮南子》时说：“桑林者，桑山之林，能兴云作雨也。”因为桑林能够通天，能够求雨。

由于桑林十分重要，人们进而从桑树中想象出一种神树，称之为“扶桑”——太阳栖息的地方。“扶桑”又作“搏桑”“空桑”，不少学者释为大桑之意。《山海经·海外东经》云：“汤谷上有扶桑，十日所浴。”神树扶桑的概念最迟在商王朝盘庚至武丁时期就已形成，在四川广汉三星堆商代遗址出土的铜树中就有两枝被确定为扶桑树。铜树下为喇叭状树座，树干笔直，上出九枝，枝上及树顶各栖一鸟，并有铜龙、铃、花、叶等挂饰。后来，扶桑的形象常见于战国秦汉艺术品中。湖北擂鼓墩曾侯乙墓出土的漆箱（见图 9），上面也有扶桑图像。这棵扶桑是一巨木，枝叶对生，四枝末梢各有一个太阳，主干正顶上也是一个太阳，

图 9　湖北曾侯乙墓出土的漆箱

（见舒之梅、张绪球《楚文化：奇谲浪漫的南方大国》，上海远东出版社，1998 年）

但其中有一个太阳被树下的后羿射中而化成了大鸟。图上一共十个太阳。后羿射日形象的出现，更证明了这是当时人们想象中的扶桑形象。[15]值得注意的是，大量汉画石上亦有扶桑树的形象，如山东武梁祠画像石、江苏沛县古泗水画像石和山东安丘画像石上均有马车、鸟（即太阳）、后羿及扶桑的形象，扶桑树上甚至还挂有一个采桑篮，树下还有采桑妇的形象。

五、事鬼神而用之

由此可见，我们的祖先不但从蚕的变化中对蚕感到惊奇，而且对桑树产生了崇拜，认为桑林是一片容易与上天沟通的神圣之地，以至于求子、求雨等重大活动均在桑林进行，从而又产生了扶桑树的概念，扶桑树亦被看作沟通天地之间的途径之一。[16]而由此得到的丝绸也不会是普通的织物，穿着丝绸必然会利于人与上天的沟通。也就是说，我们平时所说的“作茧自缚”并不一定是坏事，在当时应该是灵魂升天的必经之路。人们在死后直接用丝织物或丝绵包裹尸体，等于用丝质的材料做成一个人为的茧子，有助于死者的灵魂升天。

所以，丝绸最初的用途是作尸服，即人死后穿的衣服。但这种衣服并无凶意，反而有吉意，它是让灵魂升天的必需工具。目前所知，最早的丝织品实物出自河南荥阳青台村和汪沟仰韶文化遗址的瓮棺葬之中，为包裹儿童尸体之用。此后有关的葬俗记载也证明了这一点。《礼记·礼运》载：“治其麻、丝，以为布、帛，以养生、送死，以事鬼神上帝，皆从其朔。”治麻以得布，布以养生，治丝以得帛，帛以送死。这里已把布与帛的功用区分开来，布用于生前服饰，而帛主要用于尸服。《礼记·丧大记》也指出，敛尸之制，先以衾覆，“君锦衾，大夫缟衾，士缁衾”，这里的锦、缟、缁是三种不同等级的丝织物。衾覆之中，是为“冒”。冒是裹尸的两个袋囊，上称为“质”，下称为“杀”。冒的三边缝死，一边不缝而用带系，一则可能是为了套尸方便，另一方面亦可能带有留出空隙、任其灵魂飞出的含义。冒韬之中就是一般的袍或衣，“非列采不入，绨绤纻不入”。绨绤是苎麻或葛类纤维制成的纺织品，不能用于丧葬，也就是说一定要用丝绸来制尸衣。这与江陵马山一号楚墓出土葬俗的情况基本一致。随着丝绸生产的发展，养老亦逐渐多用丝衣。《孟子·梁惠王》的“五亩之宅，树之以桑，五十者可以衣帛矣”，说的可能是一样的意思。家宅附近多种些桑树，养蚕所得的蚕丝就可以做成老人的衣服，这不仅是对老人表示尊敬，而且也是因为年纪大了，需要多与上天沟通，慢慢习惯走上升天之路，意思类似蚕老作茧自缚。

除用作尸服外，早期丝绸的第二个主要用途是用作祭服。《礼记·月令》：“蚕事既登，分茧称丝效功，以共郊庙之服。”说明躬桑亲蚕所得之丝主要供郊庙祭祀之服。《礼记·祭义》中更详细记载了养蚕献茧的仪式以及作为衣服的目的：“岁既单矣，世妇卒蚕。奉茧以示于君，遂献茧于夫人。夫人曰：‘此所以为君服与。’遂副袆而受之，因少牢以礼之。古之献茧者，率用此与？及良日，夫人缫，三盆手，遂布于三宫夫人、世妇之吉者使缫。遂朱绿之，玄黄之，以为黼黻文章。服既成，君服以祀先王先公，敬之至也。”用丝作服的目的就是为了在祀先王先公时穿用。《礼记·祭统》云："王后蚕于北郊，以共纯服……夫人蚕于北郊，以共冕服……王后、夫人，非莫蚕也。身致其诚信，诚信之谓尽，尽之谓敬，敬尽然后可以事神明，此祭之道也。"这里说的共有两层道理：第一层是事神明必须用蚕丝之服；第二层是为了表示敬之尽或敬之至，必须用亲蚕、亲缫所得之丝制成祭服。

丝绸的第三个用途是作祭祀时用的物品。这里包括两类：一类是帛书或帛画，一类是与青铜、玉等礼器同等地位的丝织礼器。其用意应是把丝绸当作一种载体，把书画于丝绸上的内容或是其中包裹的物品传达到另一世界。最有名的帛书是湖南长沙子弹库出土的帛书，中央书写着文字，四周画有神奇的图像。另外，如两湖地区出土的龙凤妇女帛画、御龙人物帛画以及马王堆一号、三号汉墓中出土的两幅帛画等，都是用于引导死者灵魂升天的，也用于事鬼神。帛书也用于书写两国之间的盟书，《左传·哀公七年》曰"禹合诸侯于涂山，执玉帛者万国"，中国成语又云"化干戈为玉帛"。这里的玉和帛均是书写国书的材料，写后或埋在地下或是以火焚烧，表示可以上达于天。再看殷商时期的青铜礼器，经常可以发现青铜礼器由丝织品包裹后入葬的痕迹，这恐怕不是因为青铜器需要丝织物的保护，而是因为丝绸可以作为青铜器的载体，传输给上天。

因此，早期丝绸并非用作日常服饰，而主要是"事鬼神而用之"，有着特殊含义。在这种情况下，育桑养蚕也要怀着一颗虔诚的心进行。因为蚕是一种非常娇弱的生物，极易受到自然界恶劣环境的伤害，为了保证天地之路畅通，为了使人们所敬重的蚕蛾能生生不息，先民们开始建立蚕室，以精心饲养它们。因此，笔者认为，养蚕的最初目的，就是为了保护它们。为避免它们受酷暑、阴雨和飞鸟之类伤害的最佳保护，莫过于建立专门的蚕室。《礼记·祭义》："古者天子诸侯必有公桑、蚕室。近川而为之，筑宫仞有三尺，棘墙而外闭之。"公桑即为桑林，蚕室就是养蚕之处。它似乎不同于一般的蚕室，又称为宫；宫仞高三尺，外周有围墙闭之。《夏小正》曰："妾子始蚕，执养宫事。"此宫即为蚕室，宫事亦为蚕事。

蚕桑丝绸早期"事鬼神而用之"的意思，在殷周时期仍普遍存在。但随着春秋战国时期丝绸生产力的提高、人们思想的解放以及等级观念的松懈，丝绸的使用变得逐渐普及，进入了新的阶段。

六、丝绸使用的三个阶段

上文提到，丝绸最早是为人死后所用。这一方面是因为原始思维和原始宗教的存在，另一方面也因为早期丝绸的匮乏。到商周后期，特别是春秋战国时期，一方面当时人思想活跃，百家争鸣，早期的观念有了很大改变；另一方面，丝绸渐渐丰富，人们开始把锦绣之类特别高级的丝绸作为互相馈赠的礼品。丝绸渐渐成为一种身份的象征，不仅死后穿，生前也穿。特别是当礼制在中国社会中变得愈来愈重要的时候，这种穿着就成为礼仪制度的一部分。丝织品本身就是高贵与身份的标志，而棉麻织品则是普通人的服饰。丝绸服饰由于色彩和图案丰富，更可以作为标志等级的符号。这是丝绸用途的第二阶段，主要是在中国封建社会的各个时期。

最高等级是皇帝的服饰。《尚书 · 益稷》中已见对早期冕服十二章的记载："予欲观古人之象，日、月、星辰、山、龙、华虫，作会，宗彝、藻、火、粉米、黼、黻，絺绣，以五采彰施于五色，作服，汝明。"（见图 10）据后代解释，这十二章（即 12 种花纹）的含义是：日、月、星辰，取其照临光明之意；龙，能变化而取其神之意；山，取其能云雨或镇重之意；华虫，雉属，取其有文

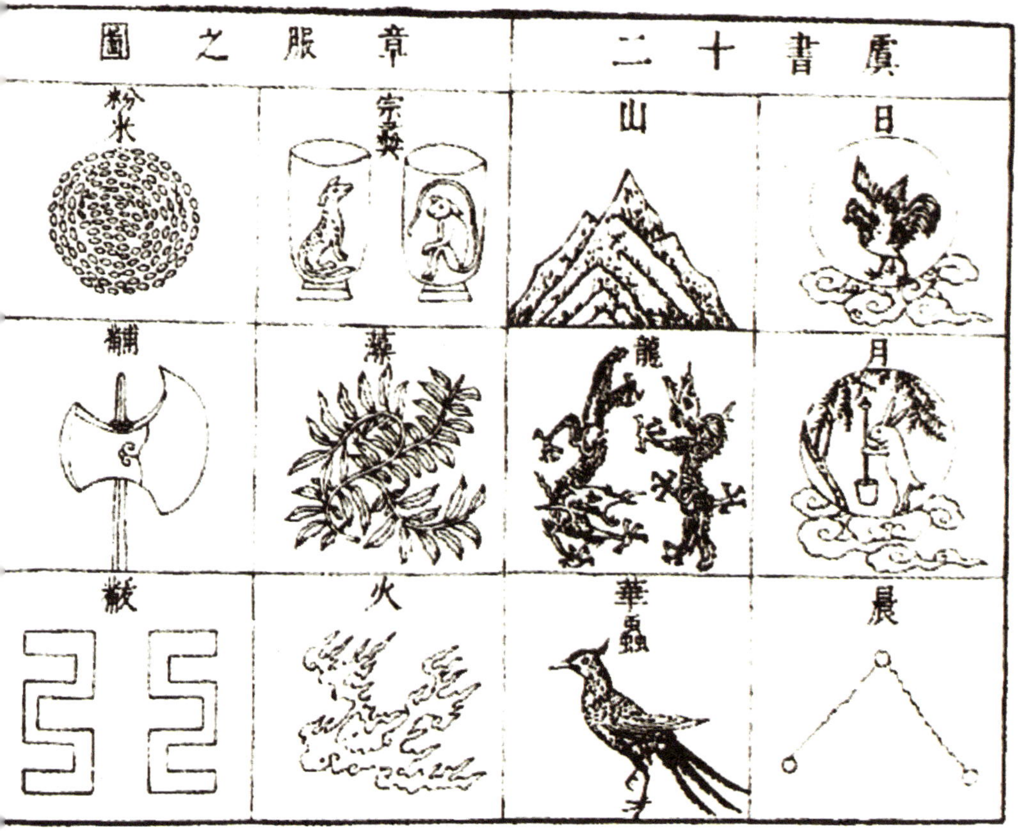

图 10　《三才图会 · 十二章服之图》

章之德；宗彝，谓宗庙之尊，上有虎、蜼之形，取其勇猛智慧之意；藻，水草有文或取其洁；火，取其明；粉米，取其养；黼，作金斧形，取其能割断之意；黻，两已相背形，取臣民有背恶向善之意。[17] 十二章可以根据不同的等级而使用不同的数量。东汉孝明皇帝永平二年（59），定天子用日、月、星辰十二章，三公、诸侯用山、龙九章，九卿以下用华虫七章。早期的十二章纹饰并无图像传世，现在可以见到的最早的冕服十二章纹是在敦煌壁画上描绘的皇帝图像，但并不完整。现存真正带有十二章的实物，是于北京定陵出土的明神宗缂丝衮服。

龙纹是皇帝服饰的专用图案。最早出现和最漂亮的龙袍也许就在四川广汉三星堆遗址出土的、较真人还高的青铜人像身上，其“穿着”的服装款式与图案都刻得非常清晰。衣上的图案主题是龙，后来黄能馥先生指导北京某公司专门复原“这件衣服”的式样，并制成衣服，在人民大会堂举行首发仪式。这件根据青铜器上的服装复原的龙袍，也被一些专家和媒体称为“中国第一件龙袍”。[18]

但是从考古或至今传世的实物来看，最早的龙袍出现在辽代，而且已被用于皇亲、国戚的服饰。到元代，龙袍更多，龙的形象也出现了五爪和三爪的区别。五爪大龙专用于皇帝的服饰，而较小的三爪龙可用于一般场合。明代起，龙的形象渐渐定型，一般有五爪龙和四爪蟒的分别，龙只限皇帝使用，蟒则大家都可用，但远看起来，龙和蟒的区别不大。此外还有与龙十分相似的飞鱼、斗牛。除五爪龙之外，蟒、飞鱼和斗牛都用于赐服。[19]

色彩也是分辨等级的重要因素。史载秦朝的祭服尚黑，西汉尚黄，东汉则尚赤。但汉代的服色又根据时令而异。《后汉书·舆服志》载，五时色朝服为春青、夏朱、季夏黄、秋白、冬黑。紫色亦有贵者燕居之服，而绿色则为民所用的常服。《新唐书·车服志》和《旧唐书·舆服志》载，唐代高祖时天子用赭黄袍衫，遂禁臣民服饰使用赤黄之色，并规定亲王及三品以上者的官服为罗紫色大科绫袍衫；五品以上的官服为朱色小科绫罗袍；六品以上的则以黄丝布交梭双𦈡绫；六品七品的则用绿。至太宗时命七品官服用绿色，龟甲双巨十花绫，九品官服用青丝布杂绫。大抵以紫、绯、绿、青四色定为官品之高卑，即始于隋唐。《宋史·舆服志》载，宋代官服色彩等级与唐相同，但时服（按季节赐发给官臣的衣物）中亦区分织锦图案。第一等用天下乐晕锦，第二等用簇四盘雕细锦，第三等用黄狮子大锦，第四等用翠毛细锦，第五等用红锦，其余将校则赐窄锦袍，有翠毛、宜男、云雁、狮子、练雀、宝照大锦和宝照中锦七等。

明清文武百官更多用胸背补子（织造或缝缀在官服前胸和后背上的图案）表示品级。《明令典》记载，洪武二十四年（1391）规定常服用的花样品级如下：公侯伯、驸马：麒麟、白泽；文官：一品仙鹤、二品锦鸡、三品孔雀、四品云雁、五品白鹇、六品鹭鸶、七品㶉鶒、八品黄鹂、九品鹌鹑；武官：一品二品狮子、三品四品虎豹、五品熊罴、六品七品彪、八品犀牛、九品海马；杂职：练鹊；风宪官：獬豸。[20]《大清令典》中亦规定了清代补子有圆、方之分，圆补主要为龙、蟒之类，用于王公贵族；方补用于百官，其中文官：一品鹤、二品三品孔雀、四品雁、五品白鹇、六品鹭鸶、七品㶉鶒、八品鹌鹑、九品练鹊；武官：一品麒麟、二品狮、三品豹、四品虎、五品熊、六品彪、七品八品犀牛、九品海马（见图 11）。

丝绸还大量用于宗教场合。无论是佛教的寺庙，还是道教的观宇，总是布满了色彩绚丽的丝绸。《洛阳伽蓝记》载：宋云、惠生出使西域时见丝绸之路沿途的佛教场院总是“悬彩幡盖，亦有万计”。这类丝绸幡盖中有佛像的幢幡，在当时就被称为“绣像”：“每讲会法聚，辄罗列尊像，布置幢幡。”这类绣像在藏

图 11　穿着白鹇补服的明代官员

传佛教中被称为“唐卡”，直到今天，大量的唐卡仍然保存在西藏、青海的藏传佛教寺庙中。

丝绸用途的第三阶段是在民间和民俗。随着丝绸生产的普及，丝绸已成为人们的日常服饰，除官服需要用纺织品的花色来区别等级、制定礼仪之外，农工商、释道儒等不同身份的人亦有自己特定的服饰。在这些服饰中，礼仪的目的渐渐淡化，而更着重吉祥如意。每个人都各有自己的喜好，但总结起来，大概不外乎是福、禄、寿、喜四个字。所以丝绸上出现了大量吉祥图案，丝绸也用于各种吉庆的场合。

注　释

［1］蒋猷龙．家蚕的起源与分化．南京：江苏科技出版社，1982.

［2］魏嵩山．西陵氏嫘祖故里地望分析．郑州：河南文化产业网，［2010-01-11］，http://wenhua.hn.henanci.com/Show_Xp.aspx?id=15324．

［3］隋书·礼仪志．

［4］（晋）干宝．搜神记卷十四．汪绍楹，校注．北京：中华书局，1979：172.

［5］中国民间文艺研究会浙江分会．骚子歌谣选．内部资料本，1981．

［6］李济．西阴村史前的遗存．北京：清华学校研究院，1927.

［7］［日］布目顺郎．养蚕の起源と古代绢．东京：雄山阁出版，1979：165.

［8］［日］池田宪司．一粒茧に魅せられて．伦敦：季刊中国，

1987（10）.

［9］周匡明．钱山漾残绢片出土的启示．文物，1980（1）.

［10］徐辉，区秋明，等．对钱山漾出土丝织品的验证．丝绸，1981（2）.

［11］周颖．丝之源——湖州钱山漾．丝绸，2006（6）.

［12］张松林，高汉玉．荥阳青台遗址出土丝麻织品观察与研究．中原文物，1999（3）.

［13］浙江省文物考古研究所．河姆渡——新石器时代遗址考古发掘报告．北京：文物出版社，2003.

［14］赵丰．丝绸起源的文化契机．东南文化，1996（1）：67–74.

［15］赵丰．桑林与扶桑．浙江丝绸工学院学报，1993（3）.

［16］周锡保．中国古代服装史．北京：中国戏剧出版社，1984：15.

［17］赵丰．中国丝绸艺术史．北京：文物出版社，2005.

［18］中国第一件原始龙袍复原图．骑马与砍杀中文站论坛．［2009–10–27］.http://bbs.mountblade.com.cn/viewthread.php?tid=88647.

［19］同［17］.

［20］同［17］.

第二章　翻越阿勒泰：早期的草原丝绸之路

早期的草原丝绸之路在新疆北部的阿勒泰山北部地区，中国丝绸之路与草原丝绸之路的来往就是通过阿勒泰山达成的。本章将详细讲述在新疆北部和西伯利亚地区文化交流中，与丝绸纺织品相关的部分。

一、东周锦绣

丝绸之路最先在东周时期（又称春秋战国）通向西方。这一时期在国内出土的丝织品主要集中在湖南和湖北一带，出土的实物非常精美，且保存完好。其中最重要的发现出自湖北江陵马山楚墓。[1]墓中有一件舞人动物纹织锦，上面的图案是以锯齿形构成的框架，框架里有对称的纹样，如对龙、对麒麟、对凤等，其中最神奇最珍贵的是有一对舞人，这个织锦因而被称为“舞人动物纹锦”（见图 1）。织锦的图案从右到左先是人，后是凤凰，再是龙，再是麒麟，然后又是像凤凰一样的鸟等，纵向的图案却是重复的。在这些重复的图案中，还可以发现在织物的左边缘处有一处错误，而这设计上的瑕疵也在不断重复。这一珍贵的文物

图 1 马山一号楚墓出土的“舞人动物纹锦”图案

（见湖北省荆州地区博物馆编《江陵马山一号楚墓》，文物出版社，1985 年）

证明当时的中国人已经发明了提花织机，不仅能够织出图案，还能够进行经向重复。除了动物纹样和人的纹样之外，当时大量出现的还有几何纹样。这类织锦除马山楚墓出土外，还有湖南地区出土的，年代都在公元前3世纪至5世纪。

除了织锦之外，当时若要制作更精美的图案，可利用刺绣。因为织锦是在织机上织的，技术限制较大，而刺绣则很随意，手拿着针引着线，想绣什么就绣什么。马山楚墓还出土了一件凤鸟纹刺绣，图案设计风格浪漫，形象夸张，鸟头和鸟身呈正面，而翅尖上的弧线又像是鸟头，翅膀飞舞着，在上方生出一个花冠，花冠向上蔓延，再从顶端挂下像柳树一样的枝叶。凤鸟的设计在当时十分流行，除此之外，还有盘旋卷曲的虎、龙、凤。特别具有代表性的是同墓出土的罗地龙凤虎纹绣，上面的图案是一只巨大的凤凰同一头虎、两条龙在搏斗，它一只爪子抓着一条龙，另一只爪子则飞舞起来（见图2）。

近年在南方的江西靖安也发现了一个大墓，同样属于东周时期。这个墓内有47具棺材，每具棺材都用一棵较完整的巨大树干做成。墓穴的入口处有一具很大的棺材，可惜保存得不太好，考古学者推测此棺内的男性可能就是墓主。其余46具棺材内埋葬的都是非常年轻的女性，几乎每人身边都放有一套小小的纺织工具模型。墓中还出土了很多织物，例如用丝绸编成的系带、用色彩艳丽的朱砂染成之后再织的织锦和用苎麻做成的方孔纱。以往出土的文物基本上都是丝织物，但在江西靖安则出现了麻织物。到今天为止，这里仍是苎麻的主要产地。[2] 此外，浙江安吉的一处战国墓中也出土了丝绸织物，有锦和罗。总的来说，在战国

图 2　湖北荆州马山一号楚墓出土的罗地龙凤虎纹绣

时期，中国内地的长江流域和北方中原均生产了大量丝织品，这些丝织品也成为研究丝绸之路的必要元素。没有中国的丝绸，也就没有“丝绸之路”这一名称。

二、冰封石冢

“丝绸之路”这一称谓由德国的地理学家李希霍芬(Ferdinand von Richthofen, 1833—1905 ）于 1877 年在其《中国》第一卷中提出。[3]他不但进行理论研究，而且亲自来到中国考察了七次。他通过对古希腊文献的研究，并结合赛里斯的传说，提出了“丝绸之路”的概念，这一研究在中国地理学和丝绸之路研究中具有非常重要的地位。后来，北京大学教授林梅村在《丝绸之路考古十五讲》中给“丝绸之路”下定义为“古代和中世纪从黄河流域和长江流域，经印度、中亚、西亚连接北非和欧洲，以丝绸贸易为主要媒介的文化交流之路”[4]，但他把丝绸之路的时间划定到中世纪为止。

在三条常被提到的丝绸之路中，最经典的就是李希霍芬所提出的一条，自东端的长安（今西安）和洛阳等地开始一直往西，通过甘肃的河西走廊再往西走，穿过新疆，然后到达中亚。第二条就是草原丝绸之路，这条丝路开拓得比较早，是由草原上的游牧民族开通的。最后一条是海上丝绸之路，开通得较晚。著名中西交流史学者黄时鉴先生在 1991 年为中国丝绸博物馆绘制了首幅集三条于一体的丝绸之路地图（见图 3）。

所谓草原丝绸之路，主要指东起中国东北地区的大兴安岭，

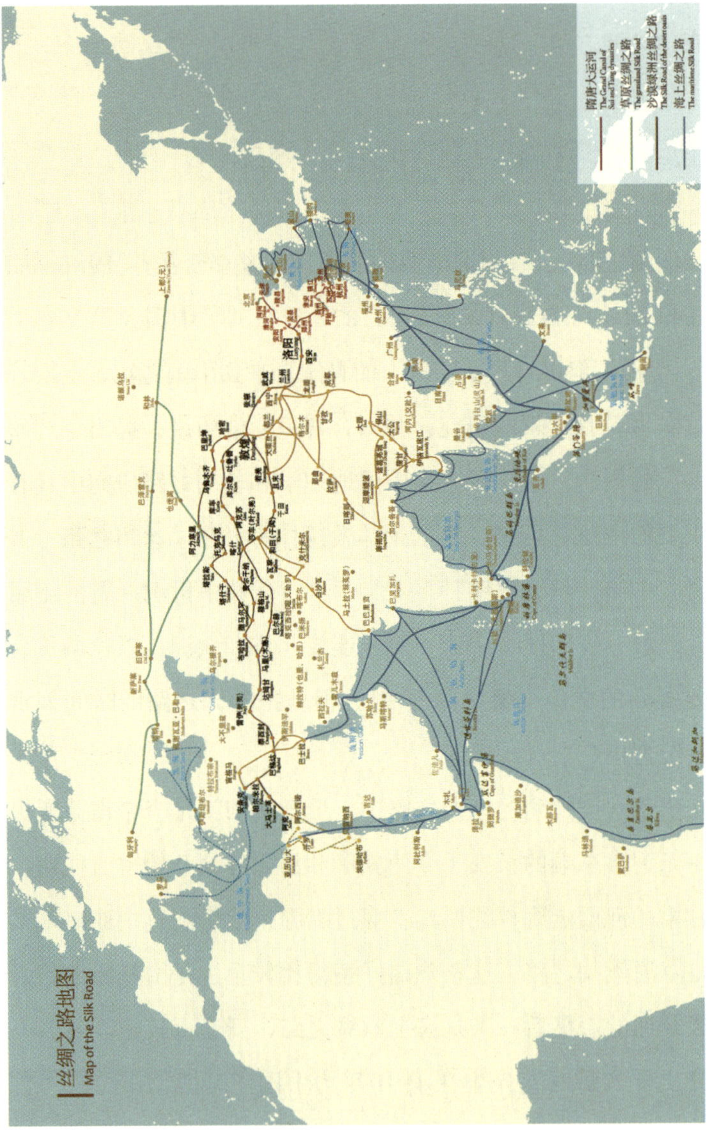

图 3　丝绸之路示意图（黄时鉴绘制，审图号 GS<2018>5193 号）

西至喀尔巴阡山脉，横贯欧亚大陆的一条草原通道。这条通道在纬度上比较平直，北有森林，南为耕地，在北纬 40° ~ 50° 。在草原丝绸之路上，最重要的活动人群是游牧民族，但由于早期交通不便，丝绸贸易不算频繁。草原丝绸之路的关键时期为公元前 1000 年至公元前 300 年，有人专门针对这一时期提出了“库尔干文化”。[5] 库尔干（Kurgan）是指用石头垒起来的特大墓葬。当时的草原牧民希望能看到这些墓葬的存在，以便在附近进行祭祀活动，于是在茫茫草原上用石头垒在墓葬的边缘，以标明墓葬的位置，因而形成了一种特殊的现象，被称为“库尔干”。库尔干是在考古学意义上的文化，虽然经历了诸多变迁，但各种时期的草原文化都仍有这一现象。

中国新疆北部是库尔干文化较兴盛的重要区域，基本上位于四个国家的接壤处。南面是中国的新疆，北面是俄罗斯，东边是蒙古国，西边是哈萨克斯坦，阿尔泰山就是其中一条斜向东西的山脉。中国学者以往对俄罗斯、哈萨克斯坦以及蒙古国的考古学状况不是特别了解，考古工作的重心并不在这片草原上。但是近年加强交流之后，发现其实阿尔泰山两侧的人民自古以来就来往频繁，两侧之间的通道很早以前就已经存在。

早期切木尔切克文化里有一种墓葬形式，也是用石头垒起来的，有时候墓葬还会出现一个标志，就是往往把一块比较大的石头雕刻成人形，如一个武士的形象。现在到新疆喀纳斯附近游览，途中还可以看到这样的石人。这些石人在草原上一直流行，早的在几千年前，晚的在唐代前后的突厥时代。这些石头大部分较矮，但也有一定高度，有些是圆的，有些则呈方形。较切木尔切克晚一点的门海尔汗文化里，同样可以看到用石头垒的遗址和墓葬。后来还发现了用不同颜色的石头垒出的形状，有大型的，也有小型的，就像太极图一样。至于图案的意义，则仍有待考究。这种石头垒遗址在这个时期非常盛行，在整个欧亚大陆都出现过，愈往西走，石头垒得愈大，这可能跟当地的资源、文化和其他因素有关。在阿勒泰山西面的哈萨克斯坦境内，就有很多的巨石阵；最西的要算是远在英伦岛上的巨石阵（Stonehenge）；巨石阵也是一个祭祀用的建筑，旁边有很多墓葬，大部分考古学家把它的时间定在公元前 2000 多年。

在整个欧亚大陆出现的库尔干中，有两个墓地特别重要。最有名的是阿尔赞（Arzhan）石冢，它位于阿勒泰北部俄罗斯的图瓦共和国境内。这里有个地方叫国王谷（又名“沙皇谷”），20 世纪 70 年代初，苏联考古学家格里雅兹诺夫在此发掘了一个巨大的石冢“阿尔赞 1 号”。2001 年，考古队员又发现了“阿尔赞 2 号”，其年代约在公元前 650 至公元前 600 年。这两个墓葬都很大，“阿尔赞 1 号”用石头筑起的丘墩直径达 120 米，覆盖着以巨木建成的墓穴，墓穴由 70 个呈放射状排列的墓室构成。除了埋葬着国王及其他重要人物外，一些墓室亦叠放着从属部落的代表的遗物以及来自友好部落的贡物，大部分都是马匹。当时埋进去的马匹有几百匹，其中一百多匹是有马鞍和马具的，这些马具被整套埋了进去；还有三百多匹马是被吃掉之后再埋进去的，剩下一些马骨头。[6]“阿尔赞 2 号”也非常大，直径约 80 米，高约 2 米。里面出土的文物比 1 号更多，其中包括纺织品及约 4700 件金器，数量庞大。当中一些金器已经被修复，收藏在俄罗斯的艾米塔什博物馆。[7]

另一个地点更靠近阿尔泰山。这是一个叫巴泽雷克（Pazyryk）的谷地，位于俄罗斯阿尔泰共和国境内的丘协什曼河及其支流巴什考斯河之间。由于靠近阿尔泰山，这里常年被冰雪覆盖。1929—1950年，格里雅兹诺夫和鲁金科等人在这里发掘了六座大墓，其中“巴泽雷克1号”最大，直径47米。由于这些墓葬位于永久性的冻土层之中，所以木器、皮革、羊毛制品以及人体都保存得极好。墓中还有中国铜镜、漆器和丝织品，与中国新疆境内的发现遥相呼应。[8]

巴泽雷克墓出土了大量马具和完整的马车。通过复原的示意图可以知道，当时的马鞍是用羊毛毡刺绣缝制的。还有用木头雕刻的格列芬头像，上面可能曾被黄金包着，墓里曾出土大量金箔，都是曾经贴在木头上面的，但由于金箔很容易脱落，所以掉了很多，现在已不知去向。特别有意思的是一张人皮在肩膀、手臂、胸前、脚等部位有大量刺青。刺青就是文身，在当时非常流行，到今天还有人继续使用当时的图案作刺青。墓室里面非常大，有两人多高，墓顶上还挂着毡制天鹅（见图4）。天鹅是草原上的牧民每到春天的狩猎对象之一，墓顶挂着的天鹅，就像天鹅在空中飞翔一样。在墓室墙壁的毡子上，绣出了大约4米高的壁饰。

这个墓葬提供了非常重要的研究资料。一般认为，它的主人是斯基泰人（Scythians），其概念最早见于希腊文献，凡是草原上的居民，一般都被称为塞克人（Sakas）或者斯基泰人。大流士一世时期的纳克希·鲁斯坦姆铭文（Naqsh-e Rustam）中列举了三种塞克人：饮豪麻酒的塞克人（Saka haumavarga），住在费尔干纳；戴尖顶盔的塞克人（Saka Tigraxauda），居住在越过锡尔河的地方和谢米列契（Semirechye）；还有欧洲塞克人，即斯基泰人。[9] 现在“塞克”一词大多被“斯基泰”取代，且把斯基泰人看成是公元前900年到公元前300年在整个欧亚草原上面东来西往的游牧民族。上文提到的几个大的库尔干——“阿尔赞1号”“阿尔赞2号”以及六座大墓，其主人都是斯基泰人。

三、太阳冢及其他

巨石冢在阿尔泰山以南、天山以北也有大量发现。最有名的是新疆青河的三道海子巨石堆，高15米，底座直径62米。巨大石丘的周边还有一个很大的用石片铺成的石环，直径220多米，环宽6米左右，与巨石堆成同心圆。石环与巨石堆之间有四条呈十字形的石道相连，每条石道长约70米，宽3米。三道海子附近还有大量石冢，这些石冢的年代应该是在斯基泰时期（前700—前500）。

对于这个墓葬，有很多不同的说法。有人说是成吉思汗的墓，但近来林梅村教授等人在考察后认为，这就是斯基泰时期的库尔干。根据库尔干的特色，墓葬旁边会有一些作为标志的石头，这样的石头在新疆草原上主要有两种：一种是石人，一般是武士模样；另一种是一块石头，一般被称为“鹿石”，鹿石上往往刻有一些图案，其中最常见的是鹿。以这两个标志为依据，新疆的库尔干跟阿尔泰山北麓的库尔干应该是同一类墓葬。[10]

2013年和2014年，考古学家郭物博士对三道海子进行了正

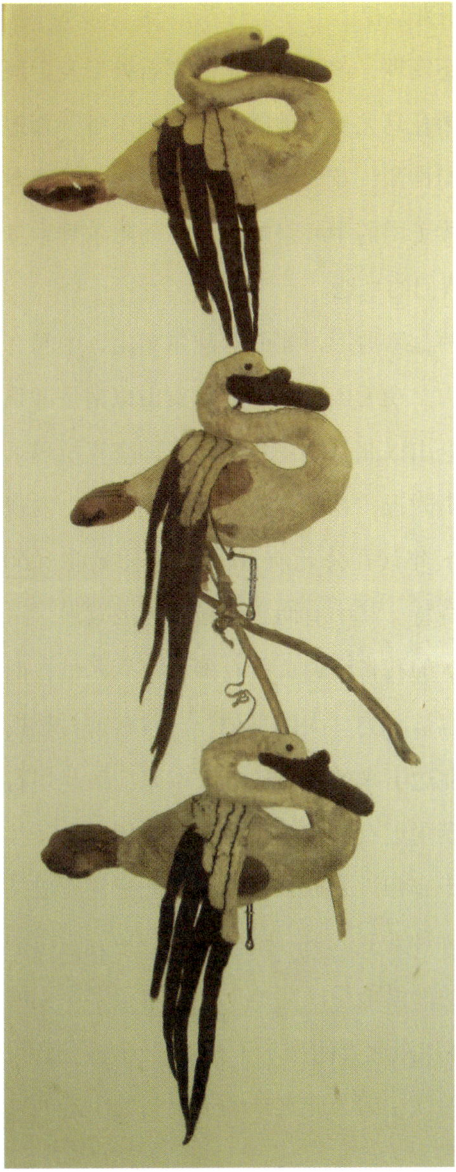

图 4 俄罗斯巴泽雷克古墓出土的毡制天鹅

式发掘，初步证实这应该是早期游牧王国的祭祀遗址，并与俄罗斯图瓦乌尤克盆地阿尔赞“国王谷”王族墓地关系密切。据郭物介绍，这些巨型石堆遗址可能并不是墓葬，而是 2500~2800 年前游牧部落的祭祀遗址。遗址有很多五边形、盾形石板，这种石板可能是古代这个地区最高等级祭祀遗址通用的一种石质祭器，是模拟盾牌的一种法器，具备驱邪、避凶、防害的多重作用。巨型石堆中部又发现了许多碎骨头，后经搜集分析，这是一个 40 多岁的男性的头骨，被人为敲碎后散落在地面上，头骨的主人可能是其他被征服部落有身份的人，被俘获杀死后，头骨被敲碎用来祭祀。

与此同时，考古人员还发现，该遗址出土的鹿石外形及上面的动物图案，均与俄罗斯图瓦乌尤克盆地阿尔赞“国王谷”墓地出土的鹿石相似。所以他们推测，花海子巨型石堆可能就是埋葬在国王谷首领们建立的游牧王国的中心祭祀遗址，而阿尔赞本身则是三道海子文化首领王族们的墓地。

整个新疆呈“三山隔两盆”地形，北面有阿尔泰山，中间有天山山脉，最南边是昆仑山。在天山以北和阿尔泰山以南是准噶尔盆地，在天山以南与昆仑山以北是塔里木盆地，即塔克拉玛干大沙漠。再往北就到了天山附近，在塔克拉玛干沙漠周围，发现了一些青铜器时代的墓地，年代在公元前 2000 年至公元前 1000 年间，它们的形状都比较奇特。其中有两个比较重要的墓地，一个是古墓沟，位于通往楼兰的孔雀河边，所有的墓都用木桩在四周围成放射状的布局，所以被称为“太阳墓地”。按林梅村教授的看法，墓里的人都是从北边下来的游牧民族，本来应该是用石头来建墓的，但是由于沙漠附近石头特别少，所以改用木头。其圆形的布局与早期的库尔干有相近之处，林教授因此把它看成是北方游牧民族南下之后的一种演变。另一个是小河墓地，它位于较古墓沟更南面、更深入的沙漠地带。墓地上竖立着很多高大的木头，下面就是墓。小河墓地跟北方的库尔干相距已经有点远了，但林教授还是认为它们有关联，因为此墓地的情况与其附近的墓葬都不一样。

以上是两个采用了与北方石冢形状一样，但材质不同的墓地。林教授认为，它们都是印欧语系的吐火罗人南下之后建立的文化，但是在天山东部，还有大量与斯基泰人同期的墓地出现，集中在吐鲁番地区附近。其中最重要的有托克逊县阿拉沟卵石墓葬、阿拉沟木椁墓葬、哈密的五堡墓地和焉不拉克墓地、鄯善的洋海和苏贝希墓地，还有最近新发现的吐鲁番胜金店墓地。这些墓地都集中在天山东部的吐鲁番地区，其年代都在公元前 800 年至公元前 200 年之间。林教授认为，天山东部比较靠近甘肃一带，在那里生活的主要是蒙古人种，属于从中原一带迁徙过来的羌人墓葬。从这些墓葬形制可以看出两种文化互相交流和抵触的现象。所以，目前的结论是，整个欧亚草原部落主要在阿尔泰山北麓一带活动，但其中有一支在公元前 2000 年到公元前 1000 年开始越过阿尔泰山南下，途中遇到来自东部的蒙古人，对抗了一段时间，所以出现了不同文化的交流和碰撞。再到公元前 1000 年左右，他们继续南下，一直到昆仑山的北部、塔克拉玛干沙漠的南部。在这里发现了一些明显受斯基泰影响的重要墓地，包括且末县的扎滚鲁克、民丰尼雅北部的青铜遗址以及洛浦的山普拉。[11]

四、阿尔泰山南北的纺织品

在阿尔泰山的北部和南部之间，有着很多非常接近的现象。首先，阿尔泰山南北两面都发现了丝绸，其所属年代都在战国时期。在巴泽雷克发现的丝绸一共有五片，其中三片是较普通的平纹织物，另外有一片织锦（见图 5），一件蔓草鸟纹刺绣，其图案反映了它的年代。[12]当时只有中国才拥有织锦技术，经过技术分析，我们可以判断这件织锦是由中国传入的，它和马山楚墓

图 5 俄罗斯巴泽雷克古墓出土的几何纹织锦

出土的织锦图案风格非常接近。

蔓草鸟纹刺绣的图案比织锦更加漂亮。这件刺绣（见图 6）长两米多，平时被折成一半挂在展厅里，应该是垫在马鞍下的马鞯。从细部可以看出它是在绢上进行刺绣的，所用的是中国最传统的针法——锁绣，所绣的图案是蔓草和飞鸟纹样。飞鸟纹样相当漂亮，整个图案框架与马山楚墓出土的凤鸟纹刺绣非常接近，但是造型风格更加写实。此外，在天山东侧吐鲁番地区的托克逊

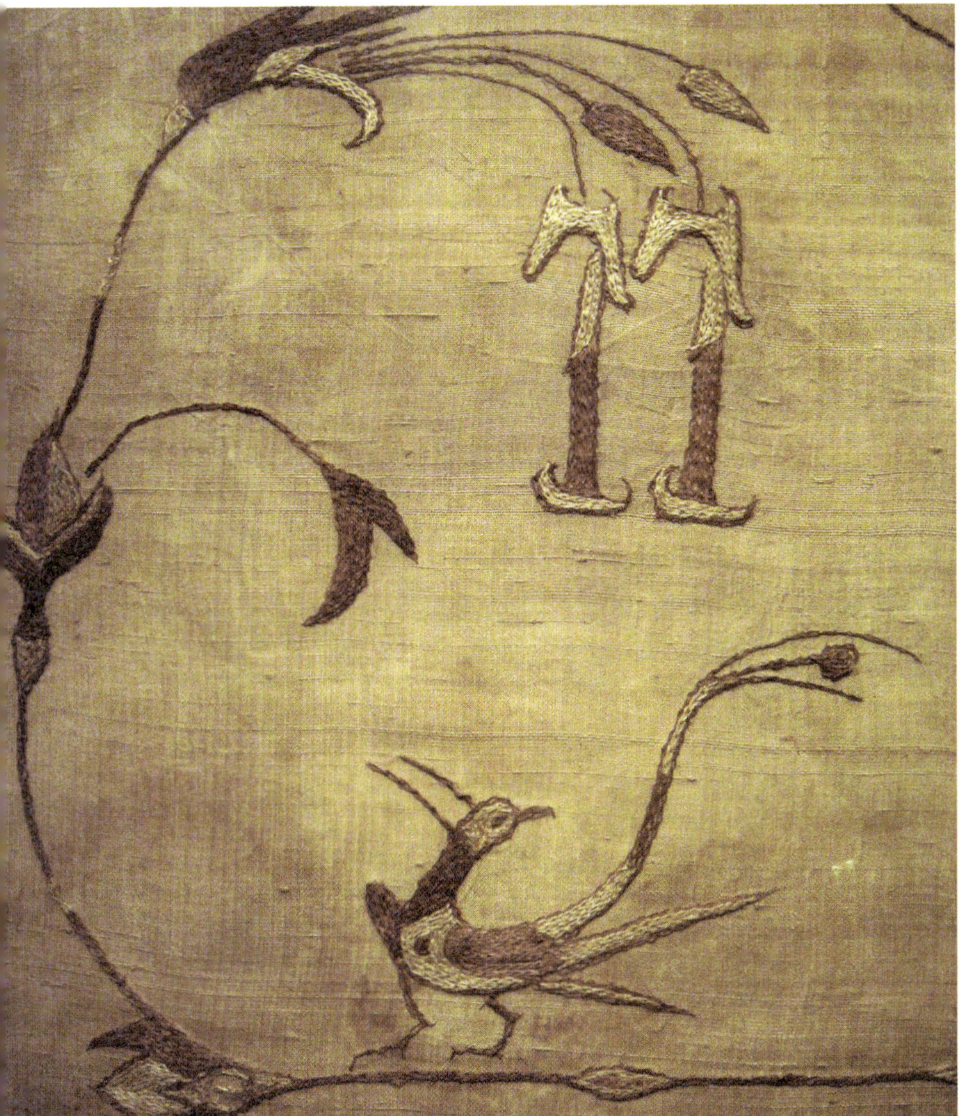

图 6　俄罗斯巴泽雷克古墓出土的蔓草鸟纹刺绣

县阿拉沟，接近阿尔泰山墓地的地方，也出土了一件凤鸟纹刺绣（见图 7），其凤鸟造型更接近湖北楚地的图案。虽然当时的凤鸟图案有时会因地区或年代不同而有所差别，但我们还是可以从技术、材质、主题和艺术风格上看出，它们跟战国时期的丝绸是完全一致的。因此可以肯定的是，丝绸之路让那里的人与内陆地区有了交流。丝绸究竟是到了新疆再往阿尔泰山北部去，到了阿尔泰山北部再南下，抑或另有通道，现在还没有定论。但更可能的是这一类丝织品先到新疆，然后翻越阿尔泰山去的北部。

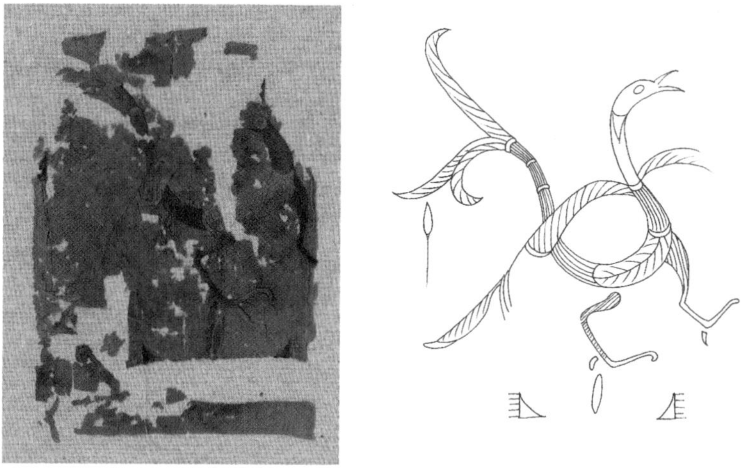

图 7　新疆阿拉沟出土的凤鸟纹刺绣及图案复原

除了丝绸，早期在丝绸之路流通的还有其他材质的织物，例如毛织品。一般认为，世界上最早、最完整的地毯是在巴泽雷克出土的。这块地毯非常完整、漂亮，宽度约 2 米。它是方方正正的，边缘是几何纹，外圈是骑马人物，内圈还有行鹿纹样，中间是几

图 8　俄罗斯巴泽雷克古墓出土的地毯局部

何纹（见图 8）。地毯的绒是一个一个的结打出来的，所以每一个图案都有细微差别，如鹿的纹样，鹿、马之间以及地毯中心区域的几何纹样。地毯上还有一些骑士，他们都戴了帽子，裹得严严实实。马鞍的变化也特别多，每一个都有不同的装饰。[13] 每当国外学者提到地毯的起源，都说最早的一块地毯就在巴泽雷克。但新疆考古学家最近在吐鲁番的洋海墓地也发现了地毯，年代与巴泽雷克的基本相同，虽然该地毯没有像巴泽雷克那件保存得那么好，但其图案数量更多，共有三种：斑纹图案、三角形图案及锯齿形图案（见图 9）。即使只是发现了一些残片，但还是非常令人震惊。起初，新疆的考古学家把该地毯的年代定为公元前 1000 年，但随着研究的深入，他们逐渐改变了看法，认为可能高估了它的历史。总的来说，洋海墓地的地毯与巴泽雷克的年代相近，这证明了地毯织造技术在阿尔泰山两侧的交流。[14]

图 9　新疆吐鲁番洋海出土的三角纹地毯

另一可以证明阿尔泰山两侧有技术交流的织物就是高帽子。它采用了一种专门用于编帽子的罕见编织技法。当时生活在阿尔泰山两侧的人特别喜欢做高帽子，

图 10　戴着高帽的巴泽雷克人

大流士一世纳克希·鲁斯坦姆的铭文提到，斯基泰人喜欢戴尖帽子，波斯波利斯（Persepolis）的浮雕上也出现过尖帽子的图像。巴泽雷克出土的帽子又高又尖，有时会把一个帽子直接做在头发上面，把头发和辫子绑起来，做成一条往上梳的直辫子（见图 10）。这里的尖帽子一般可以用毡来做，也可以用编织的方法来做。这种编织的效果有点像今天的织毛衣，都是用一根线，从头至尾慢慢盘起来编上去。每根线之间都通过一个环来连接，放弃一个环就会形成一点空隙，不放弃就会编得很紧，所以可以编出不同的图案。这样的编法在巴泽雷克和吐鲁番附近的鄯善苏贝希出土的帽子上都可以看到。[15] 笔者参观艾米塔什博物馆时，一位俄罗斯的考古学家展示了一件“阿尔赞 2 号墓”出土的编织物，它的编织方法与新疆的织物完全一样。这说明当时两地的技术交流是确实存在的。

编织物中还有一类是斜编织物，两组纱线像编辫子似的交叉编织，编成 3~10 厘米宽的带子。这类织物最常见的是红色，在巴泽雷克、阿尔赞、吐鲁番洋海出土的织物以及塔克拉玛干沙漠南侧的克里雅和新疆洛浦县山普拉遗址中都可以看到。巴泽雷克出土的服装领口、袖子等缝合处就用了这种红色编带作为镶边，而镶边的编法就是斜编。[16] 在克里雅出土的文物中，也可以看到同样的编法。这种编法在山普拉出土的文物中也非常普遍，而且颜色相同，如果进行染料测定的话，估计测出来的染料成分也会是相同的。

此外，斜纹的毛织物——特别是以人字形斜纹织成的织物，也大量出现。例如，在洋海、山普拉和巴泽雷克均可以看到以大块横幅形式制成的裙子。洋海出土的裙子用了斜纹的织法，上面一段红，中间一段黄，下面再是一段红（见图 11）。[17] 巴泽雷克出土的裙子中，织法几乎完全一样，都是用一根编织好的带子系起来作为腰带。这两地的裙子，连用来系缚的带子都非常相似。除此之外，考古学家曾在克里雅找到一根带子的头，笔者曾经拿它到中国丝绸博物馆展览，但当时并不知道它的具体用途。[18] 后来笔者看到巴泽雷克的腰带之后，便可以肯定这就是编织腰带的流苏，甚至连流苏的根数都差不多。

另一种技术是阿尔泰山两侧都用的缂毛工艺。缂毛（Tapestry）是用毛的原料和缂丝的技术织成织物。在巴泽雷克出土的大量文物中，只有一小部分缂毛，但在洋海和山普拉地区，这种技术就被大量使用，它们在图案技术方面都非常接近。在山普拉的缂毛

图 11　吐鲁番洋海出土的毛裙

中，最常见的图案是鸟和兽的结合，兽头上有像鹿茸一样大的角，身上长着奇怪的翅膀。[19]造型类似的动物在巴泽雷克墓内贴壁的毡绣上面也可以看到（见图 12）。在阿尔泰山两侧的缂毛中，有的技法相同，有的图案接近，从中可见两者之间的关系。当然，巴泽雷克最重要的两件出土缂毛很可能是从地中海传入的。其中一件有人物的形象，另外一件用了来自地中海的贝壳染成的贝紫。由此可见，缂毛技术很可能是由西方慢慢传过来的。中国唐代开始出现的缂丝，灵感最初应该来自新疆的缂毛。新疆缂毛由当地的回鹘人制作，他们制作的缂丝质素良好，后来在唐代和辽代间传入内地，到宋代前后，中原的缂丝质量也变得非常好了。

五、草原母题

草原上的人非常崇拜黄金，一直到成吉思汗年代都是如此。即使是现今的蒙古人，也特别偏好以真丝和黄金制成的服装，所以在蒙元时期，纳石失便成为最有名的丝织物。纳石失，又名“织金锦”，是加了金的丝织品，足见蒙古人对金的重视程度。近代考古学重视西伯利亚和草原考古，其实跟金器有关。最初大家对草原考古和艺术史并不特别重视，因为草原人烟稀少，牧民长年迁徙，很难留下文化和历史的物证。但后来在当地发现了大量黄金制品，大家便开始关注斯基泰人和库尔干文化。大约在 18 世纪，俄国人在开发远东时找到一些金器，当时的西伯利亚总督加加林公爵，选择了其中一对透雕双龙纹的黄金带，献给沙皇彼得大帝。彼得大帝称之为“西伯利亚宝藏”，把它藏入爱米塔什

图 12　俄罗斯巴泽雷克古墓出土的毛绣壁挂纹样

博物馆，并进一步要求搜集这类金器，因此人们也着手进行大量的研究。[20]

西伯利亚宝藏的题材往往是动物形象，被称为“草原母题”。这些动物可分为禽和兽两大类，也可分为食肉动物和食草动物。食草动物中最常见的是鹿，可用作装饰，也可以刻在石头上，即上文提到的鹿石。从原始宗教的角度来看，石头上所刻的动物往往是人们希望捕获的动物。其时器物上大部分都有鹿，在巴泽雷克的墓葬里面，更发现了一种非常奇特和罕见的艺术品，就是用兽皮雕刻出非常漂亮的图案，像剪纸一样灵活生动。在当时的青铜镜等铜器上面，也有大鹿的形状。在吐鲁番洋海出土的大量木器和陶器上面，也有很多鹿的图案。比较珍贵的是，吐鲁番的洋海还出土了一件罽毛，这件罽毛上的图案也是一只只分开的鹿。除鹿之外，出土的艺术品上还有各种各样的动物，如大角羊、牛、马、骆驼等。

食肉动物除了豹子、狮子这类凶猛的动物之外，还有鹰，更有一种想象出来的、鹰喙狮身的格列芬（Griffin）。其造型往往反映动物之间的搏斗场景，如：在洋海出土的一件木器上面，就有豹或虎在追逐其他弱小动物；在巴泽雷克的兽皮雕刻艺术中，则以彩皮剪出一只豹在捕食鹿的情形。这种搏斗场面在当时尤其常见。巴泽雷克还有一种在毡上刺绣的艺术，先把羊毛染色，然后按图案要求剪成一片片，再把它们绣缝在一起，制成毯子，其题材就是格列芬在捕山羊（见图 13）。格列芬是中亚地区传说中专门守卫黄金宝藏的一种凶猛的动物，如狮子般强壮，鹰喙鹰爪，再加翅膀。即使有些图案没有出现格列芬的身子，但只要出现若干关键元素，人们还是会认为它就是格列芬。巴泽雷克出土的木雕和彩毡上的格列芬形象便是其中一例。

比较有趣的是，到了汉代，少量汉式织锦也出现以草原动物为题材的图案。在新疆尼雅出土的一件“昊牢”织锦小枕上，出现了汉代特别流行的云气动物纹，其中更出现了一个草原母题，有一只猛兽正在捕食另一种动物。这只猛兽很有可能是虎，而被捕食的很可能是羊或牛。草原母题在巴泽雷克出土的早期刻皮艺术品上出现，或许说明了早期草原艺术对内陆地方艺术的影响以及对丝绸之路的影响。[21]

图 13　俄罗斯巴泽雷克古墓出土的草原题材毛绣

六、欧洲的丝绸传说

最后要强调的是，当早期的丝绸之路还未真正开通时，东方和西方之间已经有交流，丝绸的往来已经存在。众多传说中，都可以看到当时的交流。

其中一个传说，就是周穆王的西游记。周穆王是周朝的第五代王，名姬满，传说他高寿 105 岁，在位时间约 55 年（前 976—前 922）。根据《穆天子传》记载，周穆王在位的第 13 年至第 18 年间，周穆王驾了八骏，去西部巡游，到了昆仑之丘，又设宴于瑶池，与西王母唱和。很多人说现在乌鲁木齐附近的天池，就是当时西王母居住的瑶池，而周穆王当时可能就是到了天池。也有人考证说他到了新疆更西边的地方，更说他在里海和黑海之间的旷原上开拓了丝绸之路。据俄罗斯考古学家报道，约在公元前 1000 年，中亚地区已有丝织品出土。如果情况属实，这些丝织品的年代便跟周穆王西游的年代差不多，也许他真的到过中亚。

丝绸之路的其他传说，还可以在希腊文献上看到。[22] 希腊的文献记载，东方的一个国家被称为赛里斯（Seres），那里的人专门养了一种小昆虫叫“蚕”（Ser），所以，养蚕的国家就叫“赛里斯”，养蚕的人就叫“赛里斯人”。现在一般的研究考证都认为，赛里斯国指的应该就是中国。但事实上，它指的应该是一种专门的蚕丝，因为希腊当时也在生产野蚕丝，在当地的小岛上，还有用野蚕丝织成丝绸的工艺。在印度一带，也有用野蚕丝来做丝绸的记载。但这些地区没有发展出真正的养蚕业和丝绸业，只有中国才有。不少早期希腊的拉丁文作家也写了很多有关东方赛里斯的传说。从这些传说中，可以看到中国的丝绸已经出现在当地，也使当地人渐渐明白丝绸的概念。

西方传说对中国丝绸的了解，可以分为几个阶段。大约公元前70年，他们把中国丝绸理解为一棵羊毛树，维吉尔（Vigile，前70—前19）在《田园诗》中写道："赛里斯人从他们那里的树叶上采集了非常纤细的羊毛。"斯特拉波（Strabon，约前58—前21）在《地理书》中写道："也是出于同一原因（气候的酷热），在某些树枝上生长出了羊毛。尼亚格说，人们可以利用这种羊毛纺成漂亮而纤细的织物，马其顿人便用来制造坐垫和马鞍。"后来有学者对此作出更详细的描述，但仍然存有"羊毛树"这一概念。老普林尼（Pline L'Ancien，23—79）便是其中一位。他在其著作《自然史》上生动地描述了赛里斯人和他们的织物："人们在那里所遇到的第一批人就是赛里斯人，这一民族凭借他们在森林里所产的羊毛而名震遐迩。他们向树木喷水，以冲刷树叶上的白色绒毛，再由他们的妻室来完成纺线和织造这两个工序。由于在遥远的地区有人完成了如此复杂的劳动，罗马的贵妇才能够穿上透明的衣衫出现于大庭广众之中。"当时，罗马人花了很多金钱购买丝绸，罗马的女人却穿着非常透明的衣服，老普林尼觉得很不划算。

后来的记载开始慢慢纠正以前的说法，包撒尼雅斯（Pausanias，2世纪人）在《希腊志》中非常详尽地描写蚕的由来："至于赛里斯人用作制作衣装的那些丝线，它并不是从树皮中提取的，而是另有其他来源。他们国内有一种小动物，希腊人称之为赛儿，而赛里斯人则以别的名字相称。这种微小动物较最大的金甲虫还要大两倍。在其他方面，则与树上织网的蜘蛛相似，完全如同蜘蛛一样有八只足。赛里斯人制造了一个小笼来饲养这些动物。这些动物吐出一种缠绕在它们足上的细丝。在第四年之前，赛里斯人一直用黍作饲料来喂养。但到了第五年，他们知道这些笨虫活不了多久，就改用绿芦苇来饲养。对于这种动物来说，这是它们各种饲料中最好的。它们贪婪地吃着这种芦苇，一直到胀破了肚子。大部分丝线就在尸体内部找到。”这说明早期的丝绸当时已经传到西方，但丝绸到底是怎么来的，西方人还是不清楚。

直到拜占庭时期，有一个波斯僧人专门把中国的蚕种藏在手杖里，然后从波斯带过去，西方人才明白丝绸的由来。丝绸之路虽在汉代之后开通了，但是中国到欧洲还隔着西亚。当时波斯人特别不希望中国跟欧洲的民族直接联系，拼命加以阻拦，因为一旦有了直接的联系，双方就可以自由买卖，波斯人便无法作为中间人牟利。有一段时间，为了绕开波斯帝国，丝绸之路就往北走，经过早期的欧亚草原。也就是在这个时候，一些著作比较准确地写出了有关蚕和丝绸的知识。当时的查斯丁尼大帝（Justinian the Great）向突厥人讲述了蚕的诞生到织绸的工序，把蚕归入蛾类昆虫。此时，塞维利亚的伊希多尔（Isidore，560—636）在其著作《辞源学》里提出了两种说法：一是赛里斯人收集树叶上的丝，出售后作裁制衣服之用，这种丝可能是一种野蚕丝。另一个说法是，赛里斯国内有一些小虫子，它们以自己的丝缠树，而这些虫子在希腊文中应该称为 Bombyx（现时家蚕的学名为 *Bombyx mori L*）。

总的来说，中国丝绸的起源约在 6000 年前。到了秦汉时期，中国的丝绸技术已经非常发达。特别是织锦、织绣和刺绣技艺，均发展到非常高超的水平，图案也非常精美。中国的丝绸大约就在这个时候开始向外输出。最早的输出主要是在草原丝绸之路这一段。在整个欧亚大陆，向东西方流动的民族，其实就是草原上的游牧民族，他们有着一些共同特点，例如，他们都喜欢在死后使用库尔干这种墓葬形式，喜欢在装饰品上用大量黄金装饰草原上的动物题材，又用皮来做衣服，并进行大量纺织工作。到目前为止，在新疆地区和巴泽雷克一带，还有保存得比较好的古代纺织品。再往西去，就很难寻找了。从现存的古代纺织品来看，不论是服装款式、编织技法，还是装饰题材，阿尔泰山南北两地的织品都非常相似。早期的丝绸之路在这一时期已经形成，它直接导致欧洲大量使用丝绸，而且令西方人对丝绸的来历产生了各种各样的猜想。

注　释

[1]湖北省荆州地区博物馆.江陵马山一号楚墓.北京：文物出版社，1985.

[2]中国丝绸博物馆等在国家“指南针”项目“东周纺织织造技术研究——以出土文物为例”中对江西靖安出土的纺织品及其纺织技术进行了深入的研究，该项目获2009年国家文化遗产保护科技创新奖。

[3]Ferdinand Freiherr von Richthofen. *China. Ergebnisse eigener Reisen und daraufgegruendeter Studien.Vol.I.*Berlin, 1877.

[4]林梅村.丝绸之路考古十五讲.北京：北京大学出版社，2006.

[5]约从公元前2000年起，欧亚草原一带都流行建石冢和石人，

称之为“库尔干”（Kurgan）。这种石冢在阿尔泰山周围特别流行，根据俄罗斯圣彼得堡大学的科瓦列夫（Kovalev）教授总结，主要包括阿凡纳羡沃文化（Afanasievo, 前2800—前2500）、切木尔切克或克尔木齐文化（Chemuchek, 前2500—前1800）、门海尔汗文化（Muck-Hairkhan, 前1800—前1500）、北塔文化（Baitag, 前1600—前1300）、特布希文化（Tevsh, 前1400—前1100）、带有鹿石的克莱克苏文化（Khereksures）（前1000—前700）、早期斯基泰类型（Early Scythian Type, 前900—前700）、斯基泰晚期（Late Scythian Time, 前600—前300）。

[6]阿贝特科夫，优素波夫．中亚西部的古代伊朗族游牧民 //M.S. 阿西莫夫，C.E. 博斯沃思，主编．中亚文明史．北京：中国对外翻译出版公司，巴黎：联合国教科文组织，2002.

[7] Sisse Brimberg.*Laborers level a football-field-size Scythian kurgan at Arzhan-2*.National Geographic Stock.http://www.nationalgeographicstock.com/ngsimages/explore/explorecomp.jsf?xsys=SE&id=724328.

[8] S. I. Rudenko.*Der Zweite Kurgan von Pasyryk*.Verlag Kultur und *Fortschritt*.Berlin, 1951.

[9]同[6].

[10]林梅村．阿尔泰山和天山的大石冢 // 丝绸之路散记．北京：人民美术出版社，2004.

[11]同[4].

[12] E. Lubo-Lesnichenko.*Ancient Chinese Silk Textiles and Embroideries, 5th to 3rd Century AD in the State Hermitage Museum (in Russia)*. Leningrad, 1961.

[13]同[8].

［14］洋海的地毯在吐鲁番地区博物馆展厅中展出 .

［15］吐鲁番地区文管所 . 鄯善苏巴什古墓葬发掘报告 . 考古 .1984（1）：41~50；万芳 . 新疆出土史前至魏晋时期的帽子 // 大漠联珠——环塔克拉玛干丝绸之路服饰文化考察报告 . 上海：东华大学出版社，2007：123~129.

［16］Polosmak and Barkova.*Costume and textile:Pazyryk Altar (4th~3th century BC)*.Novosbursk: Infolio, 2005：62~65.

［17］李萧，主编 . 吐鲁番文物精粹 . 上海：上海辞书出版社，2006：32 .

［18］赵丰，主编 . 纺织品考古新发现 . 香港：艺纱堂 / 服饰工作队，2002：29.

［19］新疆维吾尔自治区博物馆，新疆文物考古研究所 . 中国新疆山普拉——古代于阗文明的揭示与研究 . 乌鲁木齐：新疆人民出版社，2001：204.

［20］Thomas Hoving et al.*From The Land of the Scythians: Ancient Treasures from the Museums of the U.S.S.R., 3000 BC~100 BC. Metropolitan Museum of Art Bulletin.Volume XXXII.Number 5*, 1975.

［21］中国丝绸博物馆 . 丝国之路——5000 年中国丝绸精品展 . 中国博物馆，2009（3）.

［22］［法］戈岱司 . 希腊拉丁作家远东古文献辑录 . 耿升，译 . 北京：中华书局，1987.

第三章　汉锦出阳关：汉晋时期中国丝绸的西传

早在商周时期，内地的丝绸生产已经非常发达，但主要产地还是在中原一带，南方产量不多。到汉代，不少官营织造机构成立，丝绸生产得以蓬勃发展。在后来被发掘的墓葬中，亦有不少珍贵的丝织品。它们在图案及文字上别具特色，同时也证实了丝绸在汉晋时期西传的历史。

一、官营织造

除了一般的民间织造之外，汉代还有极具代表性的官营织造，由于官方的织造特别受到重视，所以技术发展迅速。当时官营织造的主要产地有长安（今西安）、临淄（今山东淄博）和成都三个中心。

1. 长安东西织室

当时长安有着非常发达的官营织造机构。官营织造机构当时又叫“织室”，在汉高祖刘邦打下天下、进入关中之后的第三年（前204）已经存在，后来发展到东、西两个织室。考古学家近年在西安发掘了一个陵墓——汉阳陵，那是西汉早期汉景帝刘启

（前 157—前 141 年在位）和皇后王氏同茔异穴的合葬陵园。考古学家在这个墓发掘了一枚印章，上面刻着“东织令印”。“东织”就是东织室，“令”就是管理东织室的官员，“印”就是他的印章。在汉代，东织室是真实存在的，之所以出现在阳陵里面，是因为阳陵陪葬坑中埋了模拟东织室工作人员的陶俑。[1]到河平元年（前28），东织室被废，只剩下西织室了。这时的西织室被直接称为“织室”，以前在西安城里也出土过一个“织室令印”，说明当时在长安确实有“织室”存在。根据《三辅黄图》的记载，两个织室都在未央宫里，都属于官营织造机构。

2. 山东织造作坊

汉代，不仅京城有皇家织室，在丝绸生产特别发达的地区也专门设了织造作坊。最重要的作坊在齐鲁（今山东一带），那里的丝绸生产特别发达，这可以从当时山东一带葬俗中流行的画像石图案中看出。这些图案展现的是当时的传说或神怪故事，其中广为流传的题材有孟母教子、曾母投杼的故事等，当中都有纺织的场面，这从一个侧面反映了民间的纺织和丝织业。齐郡是中国最早出现的纺织中心，号称“齐郡世刺绣，恒女无不能”，特别是山东临淄（今山东淄博一带）。当时为皇室监督织造春、夏、冬三季织物与服饰的官员被称为“三服官”，有几千人，每年耗费大量资金。汉元帝曾一度罢黜三服官，但数年后，又因种种原因恢复了这一官职。[2]

3. 四川锦官

第三个官营织造的重要地区是四川。四川一直是丝绸业比较发达的地区，在成都还有锦江，《益州志》载：“织锦既成，濯于江水，其文分明，胜于初成，他水濯之，不如江水也。”据说四川早在秦代就有“锦官”一职。顾名思义，锦官是专门管理织锦事务的官员，但没有明确的记录显示他们到底是在民间专门订制当地生产的织锦，还是专门开设官营作坊进行生产。三国时期，蜀军要打仗，也要维持生活，很多经费都靠蜀锦。诸葛亮曾说：“今民贫国虚，决敌之资，唯仰锦耳。”[3]意思是，诸葛亮主持蜀国事务时，财力贫乏，国库空虚，加上整年打仗，老百姓生活在水深火热之中，打仗所需的资金就全靠织锦的生产和贸易了。由此来看，四川的织锦业很是发达，很多后来的历史材料都可以证明这一点。丝绸之路上出土的织锦，很有可能都属于蜀锦这一体系。

二、西汉丝绸的考古发现

在丝绸考古方面，西汉的情况跟东汉大有不同。西汉丝绸的考古发现基本都在内陆，而东汉丝绸的发现基本都在西北方。这主要与当时墓葬形制的变化有关，因为墓葬形制与保存状况有很大关系。内陆地区保存的西汉时期墓葬与战国时期的比较相似，都挖得比较深，而且一些大墓都用木头来做棺室，叫作“椁”，豪华的又叫“黄肠题凑”。东汉之后就开始采用砖头来砌墓，被称为“砖室墓”，其保存状况就不太好。在西北地方，丝绸的发现数量比较少，到东汉才开始增多；到魏晋南北朝时，丝绸发现量的增幅就更大了。

1. 马王堆一号汉墓

西汉时期较为著名的丝绸考古发现有湖南长沙马王堆一号汉

墓、广东广州南越王墓、湖北荆州凤凰山 168 号墓、谢家桥 1 号汉墓、北京老山汉墓、大葆台汉墓、河北满城中山靖王墓、山东淄博日照汉墓、江苏连云港尹湾汉墓等。蒙古诺因乌拉（Noin-Ula）匈奴墓也属于西汉晚期的墓葬。以上各墓都出土有丝织品，这说明当时丝绸的使用范围愈来愈广。[4]

马王堆汉墓是中国最著名及出土丝织品种类最丰富的一处墓葬群。马王堆位于长沙城外，外形像马鞍一样，凸起了两个小山坡。很久以前，人们就知道这里有墓，但没有去发掘。1971 年年底，中国与苏联有一段时间关系很紧张，党中央号召大家挖防空洞，以便在战争爆发后有藏身之处。马王堆墓地旁边刚好有一家部队医院，特别需要挖防空洞。他们在挖防空洞的时候突然发现，有一处挖过的地方经常有气体冒出，而且可以点着火，这气体其实就是沼气。几天后工作人员向上级报告，相关部门指出，防空洞旁边本来就有一个墓，气体应该是从这个墓冒出来的。这一情况最后报告到湖南省博物馆，当时一名博物馆人员到现场考察后，认为这个墓肯定被挖破了，随后相关部门决定开始正式发掘。这次发现惊动了党中央，上至周恩来总理都有专门批示，很多领导和专家如郭沫若先生都特别感兴趣，所以全国上下很多部门都一起参与马王堆的发掘工作。马王堆的正式发掘从 1972 年开始，最后确定墓主人是辛追。辛追是当时长沙轪侯的夫人，于公元前 168 年下葬，距离被发掘的时间已有 2000 多年。这具女尸保存得非常好，在当时条件落后的情况下是极其难得的。女尸出土后，全国的考古力量都集中在保护女尸上，同时研究马王堆出土的各种文物。

丝织品是马王堆中一个非常重要的文物类别。如极负盛名的素纱单衣（见图 1），马王堆共出土了三件。其中一件重量只有 49 克，它在领缘部位采用了特别重的绒圈锦，但中间的素纱非常轻薄。这件文物后来在博物馆展览期间曾被当地一名中学生偷走。他在深夜潜进博物馆的展厅，偷了好几样东西。后来由于外界压力很大，警方也高度重视，这名学生就悄悄地用这件素纱单衣包裹住青铜器，扔在外面。当这批文物被送回博物馆时，丝织品已

图 1　湖南长沙马王堆一号汉墓出土的素纱单衣

经严重损坏了，因为素纱单衣上的纱是一种绉纱，非常薄，极易破损。

另一件从马王堆出土的重要文物是帛画，也是中国至今在丝绸上画得较早而且最好的一幅画。尽管它的用途跟祭祀或葬礼有关，但从艺术效果而言，它确实是精美无双的作品。画面分天上、人间、地下等几个部分，画出了当时人对整个世界的认识，而且表现出死者升天前人们为她送行的场面。

通过现今的精湛技术，有研究人员为马王堆女尸复原了面貌。本来以为她是一位老太太，看到复原模型才知道她是一位古代潇湘美女。当时她的棺里外有三层，外面再有椁，棺里还埋着遣册。遣册是记录随葬物品的专用账单，通过账单与实物的对比研究，可以得知这些文物的原来名称，例如出土实物中十分精美的刺绣，就有“信期绣”“长寿绣”和“乘云绣”三个专用名称。

2. 湖北荆州凤凰山墓和谢家桥墓

除马王堆之外，湖北荆州凤凰山墓出土了一具老男人的尸体，尸体的保存情况也不错，但因为发现时间比马王堆晚，所以知名度远比在马王堆中发现的女尸低。墓里的丝织品大部分都保存得很好，部分更和马王堆出土的非常相似。

2007 年年底，在湖北荆州又发现了一座谢家桥汉墓，打开后发现尸体已完全腐烂，但里面的丝绸还保存得很好。墓里的文物还包括像旗帜一样的幡，幡的边上有彩绘，中间有刺绣。最大的发现是棺上盖着的六层荒帷，其形状有点像床罩，罩起来的时候中间是平的，旁边是悬挂下来的。[5] 最外层的荒帷（见图 2）非常完整，经中国丝绸博物馆修复后，确认四周的织锦是几何形和动物纹搭配的图案，上面的刺绣也非常精美，与马王堆出土的乘云绣非常接近。

图 2 湖北荆州谢家桥汉墓出土的锦缘云纹绣荒帷

3. 广州南越王墓

另一个大家较熟悉的墓葬，是广州南越王墓。它是当时广州第二代南越王的墓，里面出土了来自西方的金银器。这说明当时广州一带与海外关系密切。虽然在墓中没有发现完整的丝织品，但也发现不少与土粘在一起的织物。例如当时最典型的菱纹罗，它用朱砂染色而成，色彩特别艳丽，因为朱砂是一种染了之后不会褪色的矿物颜料，所以颜色一直保留得非常好。另一件是刺绣印痕，与马王堆出土的刺绣风格非常类似。

在此墓出土的文物中，特别珍贵的是两块青铜印花版，像小小的图章一样，印花时就把上面的图案一个一个盖上去。在马王堆出土的金银色火焰纹印花纱图案，分解之后共有三套色，其中两套是雕版印花，图案与南越王墓出土的青铜印花版完全一致，还有一套用毛笔点彩。南越王墓出土的织物印痕中，也有相同图案的印花，说明湖南长沙马王堆和广州虽然相隔甚远，但所使用的丝绸印花工具和技术都是一样的。[6]

4. 河北满城汉墓，北京老山、大葆台汉墓

此外比较著名的西汉墓葬还有河北满城汉墓，墓中出土的长信宫灯是国宝级文物，最为引人关注。但事实上墓里还出土了不少丝织品，只是保存得不太好，研究人员只能临摹一些纹样保留下来。

2000年，北京老山汉墓的发掘工程备受瞩目，发掘过程由电视直播。打开老山汉墓的时候，发现了一件刺绣丝织品，估计当时也是盖在棺上面的。北京郊区还有一个大葆台汉墓，里面的丝织品保存得不太好，但有一些非常特殊的组带引起了研究人员的兴趣。

5. 蒙古国诺因乌拉匈奴王墓

西汉的墓葬已被发现的确实不少，值得一提的还有蒙古国境内诺因乌拉的匈奴王墓。西汉初期的汉人一直受到北方匈奴的侵扰，汉朝统治者迫于无奈，采用和亲的办法，把女儿嫁过去结为姻亲，再赠送财物求得太平。从诺因乌拉发现的一批匈奴王墓可以看出，当时的匈奴王随葬物品丰富，其中包括很多丝织品。

这个匈奴王墓与早期的库尔干比较相似，外面都用石头堆起来，由于石堆较重，所以压垮了下面的墓室框架。墓中发现了大量丝毛织品及各种各样的器物，说明匈奴人在当时东征西战，与

各地来往频繁。其中有一件来自中原的纪年漆杯，上面写着“建平五年”（前 2 年），考古人员由此推测，墓里有很多文物大概都是西汉时期的。这些出土刺绣（见图 3）与马王堆出土的长寿绣非常接近。墓中还出土了一些织锦，其中最有名的是山石鸟树纹锦（见图 4），上面有岩石、大树，还有一对鸟，技术和一般的西汉织锦不同，用的线多而紧密，图案也很独特。此织锦的制造者、产地和织造缘由至今仍未确定。诺因乌拉匈奴王墓里还出土了大量毛织品、毛绣以及青铜器等，其纹饰大部分都属于诸如动物搏斗等的草原题材。[7]

图 3　蒙古国诺因乌拉出土的刺绣

三、从楼兰到帕尔米拉

从汉武帝开始，汉朝国力渐渐强盛起来，一方面与匈奴正面作战，另一方面也联合其他部落围攻匈奴。大约是建元三年（前138），汉武帝派张骞到西域，联络被匈奴人赶到甘肃以西的大月氏部落，但他还未来得及开展工作，就被匈奴人囚禁起来，直到元朔三年（前126）才趁匈奴内乱逃回长安。元狩四年（前119），匈奴之患已除，但汉武帝特别喜欢西域大宛的汗血宝马，所以再次派张骞到西域。这次，张骞没有遇到什么大麻烦，偕同副使、将士等三百多人，携带的牛羊以万计，金银等礼品价值几千亿，从长安出发，首先到达乌孙，即现在的新疆。然后，他再派副使和副手去大宛、康居、大月氏、大夏等国。大宛即现在的乌兹别克斯坦费尔干纳盆地，康居即今天的撒马尔罕，大月氏在中亚地区，大夏则位于阿富汗和巴基斯坦一带。这条路从东一直往西走，要穿过地球上离海洋最远的塔克拉玛干大沙漠。张骞不仅走在一个个绿洲连缀起来的沙漠戈壁，而且由此开通了被称为“沙漠绿洲”的丝绸之路。这条路由西安开始，经河西走廊，到敦煌后进入新疆境内，就分成北道、中道、南道三条线，穿过塔克拉玛干沙漠，经过喀什，翻过葱岭，到达中亚地区，然后再往西走，经过伊朗、伊拉克、叙利亚及地中海，再坐船到达罗马等地。

东汉至东晋时期的丝绸文物，大部分出自甘肃和新疆地区。长城最远的关口在嘉峪关、阳关和玉门关一带，当时汉朝的势力差不多到此为止，这些地方是通往丝绸之路的必经之路，所以在

图 4　蒙古国诺因乌拉出土的山石鸟树纹锦

这里建立了关口。嘉峪关附近发现了很多墓葬，有西汉的，也有魏晋的。再往西就是阳关和玉门关，现在还保存了从汉代留下来的驿站遗址。汉朝一直在那里屯兵，同时建了很多烽火台，以通报信息。烽燧和驿站附近留下一些士兵用过的垃圾坑，如居延、悬泉置，甘肃省考古研究所人员进行发掘之后，发现了很多丝织品。[8]玉门关附近有一个新发现的墓地在花海毕家滩，出土的丝织品有些非常漂亮，还有用扎染工艺制成的衣服，其年代大约在公元 376 年前的一段时间。[9]阳关和玉门关都临近敦煌，敦煌在汉代以驻兵为主，还没有莫高窟等佛教名胜。敦煌以西就是新疆的楼兰了。

楼兰在历史上赫赫有名，但是大家都不知道它的具体位置，因为一出敦煌就荒无人烟，所以魏晋之后，没有人再走这条路。直至 1900 年，瑞典地理学家斯文·赫定（Sven Anders Hedin，1865—1952）重新发现了楼兰，他是德国地理学家李希霍芬（Ferdinand von Richthofen，1833—1905）的学生。当时李希霍芬提出一个关于罗布泊（Lop Nur）具体地理位置的说法，但与中国官方标注的位置不同，俄国地理学家也表示否定，于是，赫定决定通过实地考察证明李希霍芬的观点。1900 年 3 月 28 日，赫定第一次跨越罗布泊，路上他的团队遇上风暴，他们进入沙漠时通常要用来挖东西的铲子弄丢了。于是，向导罗布人奥尔得克自告奋勇去找回铲子，意外地发现沙漠里有很多纸片和其他物件，于是带了一些回来给赫定看。赫定看后，认为那个地方很重要，所以翌年再次进入罗布泊，并于 3 月 3 日对这一遗址正式进行发掘，结果挖出很多非常精美的木雕和文书。文书以两种文字写成，一种是佉卢文（Kharosthi Script），另一种是中文。最后他带回去研究，发现上面有“楼兰”两个字，因此断定这个地方就是古楼兰的遗址。唐诗中有一名句“不破楼兰终不还”，说明唐时楼兰已经是一个令人神往的地方，因为在唐朝初期，人们很崇尚通过在边疆建立武功，以封爵升官，所以在边塞诗中总是写到楼兰。[10]

后来，英国籍匈牙利探险家斯坦因（A. Stein）听说赫定的发现后，就特地到了楼兰一趟，以进行考古和收集文物。他走遍遗址的整个区域，并逐一为遗址记下编号，进行发掘工作。楼兰地区的主要墓地都在一些高台上面，他在其中一个高台上的墓里发现了大量织物和丝绸织锦（见图 5），此外还有一件毛织物，上面织着希腊神话里的重要人物赫尔墨斯（Hermes）。[11] 不过，自斯坦因进入这个地方之后，进去考察的只有日本的橘瑞超等少数人，最主要的原因也许是交通不便。1949 年后，中国把这里变为核武器试验场，楼兰成了军事禁区，任何人都不得进入。直至 20 世纪 70 年代后期，改革开放后，日本放送协会（NHK）要求进入楼兰拍摄电视节目，才重新允许出入。

1979 年底到 1980 年初，新疆文物考古研究所的考古人员乘坐直升机进入楼兰，对古城及墓地进行了首次考古发掘。1980 年后，楼兰不再是一个十分严格的军事禁区，有很多人出入，包括勘察石油、矿物的勘探队，还有很多盗墓者。近年，楼兰墓地被盗的现象十分严重，特别是 2003 年初，《人民日报（海外版）》报道，在楼兰发现的一处楼兰王陵被盗。新疆文物局随即组织考古和公安人员进去，发现了一个墓葬，他们认为是楼兰王陵，因为这个墓里画了壁画，而且有佉卢文的题记。同时，他们也发现

图 5　新疆楼兰遗址出土的登高锦
（右侧为斯坦因发现，左侧为新疆文物考古研究所发现）

大量丝织品和服装，有些服装（见图 6）还保存得很不错，后来东华大学的研究生把它们复原了。壁画上也可以看到那些古人穿着同样的衣服，有非常大的袖口，前面还有些装饰物。[12]

楼兰遗址是沿着孔雀河分布的，在河的西段还有一个非常重要的地点叫“营盘”。营盘也出土了各种汉锦之类的丝织品和衣服，其中有些冥衣小得像芭比娃娃身上的衣服一样。沿着塔克拉玛干沙漠的西南方走，就到了尼雅（Niya）遗址。尼雅的考古发掘工作已经进行了很久，1959 年考古人员曾发现一个棺材，里面的尸体保存完好。当时考古学家就把尸体直接移至博物馆进行处理和分析研究，但在后来很长时间内再没有考古人员进入尼雅工作。直至 1980 年后，新疆文物考古研究所在日本珠宝商人小岛康誉的资助下，重新开始在尼雅进行考古发掘。1995 年，他们发现了

图 6　新疆楼兰王陵出土的丝绸服装

一个墓地，并挖出十多口棺材，里面有很多重要文物，包括尸身上用汉代织锦制成的衣服（见图 7）。据中国著名考古学家俞伟超先生考证，这里的墓主人很可能是当时的精绝国王。[13]

在尼雅附近还有一个且末县的墓地被称为“扎滚鲁克”。尼雅遗址已经深入到沙漠深处，而扎滚鲁克则在村落旁边。在扎滚鲁克目前发现了五大片墓地，有近千座墓葬，面积达 82.5 万平方米。墓地可分为三期：第一期属先且末国时期，第二期属且末国时期，第三期则为东汉至魏晋时期。第三期的墓葬中也发现了精美的织锦、毛织品和鸟纹刺绣织物等。它们有的从内陆传来，有的则可能是在当地生产。

从民丰往西就是和田的山普拉。山普拉古墓分布在新疆洛浦城西南面积 6 平方千米的地域内。墓葬群由东向西分为Ⅰ号、Ⅱ号及Ⅲ号墓地，至今已发掘 38 座墓葬和 2 座马坑，内有大量文物，包括生活用具、精美的丝织品、汉代铜镜和带有异域风格图案的毛织品。这些都是东西文化交流的典型例证。

叙利亚的帕尔米拉（见图 8）是在丝绸之路上发现汉晋丝织品最远的地方。帕尔米拉是非常重要和宏大的罗马式城市遗址，这里发现的主要是毛织品，也有织锦丝织品，其风格与中国境内发现的汉锦完全一致，但比较特殊的图案是葡萄纹。

四、汉锦的图案

整体来说，西汉的织锦基本上在内陆地区被发现，而丝绸之路发现的织锦通常属于东汉或晋代，称为“汉锦”或汉式风格的织锦，一般被称为“云气动物纹锦”。它是一种平纹经锦，是在东周织锦的基础上发展起来的，但较东周的织锦图案更自由多变，主要采用云气动物纹样，其特点是在各种云气造型之中插入神奇的动物纹样，同时穿插带有吉祥意义的汉字句子，如“延年益寿大益子孙”之类。相比之下，刺绣中则多用云气纹样。

1959 年，尼雅出土了一件保存得非常完好的衣服。这件衣服

图 7　新疆尼雅遗址出土的男尸

图 8　叙利亚帕尔米拉遗址

的颜色特别漂亮，图案都是云纹，没有动物，但也穿插了“万世如意”等铭文，所以它又被称为“万世如意锦”。汉代史料中谈到的汉代云锦，指的应该是非常漂亮的云纹织锦，叫“五彩云锦”。当时出土的并不止这件仅有云纹图案的织锦，在楼兰出土的织锦图案中，便有些是一团团的云，有些是一朵朵的云，还有云纹相连的，再将汉字“无极”织在里面以及有小鸟和“乐”字的云纹。[14]

汉锦上的云纹有着不同的造型。其中一种很像稻穗、麦穗的，叫“穗状云”，英文喜用 fork pattern，就像吃饭用的叉子一样。至于动物纹样的母题，大多是非常神奇的动物。有些动物虽然可以在现实生活中找到，但更重要的是，人们认为它在天上也应该存在，当它在云纹里出现，就说明这不是凡间的故事，应与神仙有关。其实汉代的神仙思想极为盛行，从秦始皇到汉武帝，他们都非常讲究封禅，要定时去泰山面对大海祭拜一次，派很多童男童女去海上求仙药，说在海上三山（又称“蓬莱三岛”）可以得到长生不老的药。所以，汉代丝绸图案上的云和山，都与仙山仙境有关，那些动物也未必存在于现实生活中。例如麒麟是一种神兽，特点是头上有独角；而长着翅膀，能够行走的就称为“应龙”。此外还有怪兽、鸟类等以及类似人的造型的图案，例如羽人，其脸部是兽头形状，肩膀上长出翅膀和羽毛，下身则穿着超短裙。有时候还会出现骑士，虽然不是生活中的骑士，但似乎驾着神灵穿梭在云间。还有一些比较具体的、来自神话中的人物，如东王公和西王母。

大部分织锦除了图案外，还会有文字，其中一个例子是斯坦因当时在楼兰发掘到的织锦。由于印度和大英博物馆当年资助斯坦因到中国西部探险，所以他收集回去的文物，就分给了两国机构，而这件织锦现在便存放在印度新德里国立博物馆。它是一件比较完整的汉式织锦，也是第一件我们能在上面读到人名的织锦，整个铭文是“韩仁绣文佑子孙无极”，上面有云气纹和动物纹的图案（见图9）。后来，尼雅出土的“安乐绣文大宜子孙”锦的铭文中，遣词造句与“韩仁绣文佑子孙无极”锦相似。

还有几件铭文十分重要的织锦值得介绍。有一件织锦的云纹图案比较拘谨，但它的铭文非常重要，叫作“王侯合昏（婚）千秋万岁宜子孙”。“王侯合婚”指贵族之间通婚，但织的时候被织成“黄昏”的“昏”，事实上它和“结婚”的“婚”字通用。这件织物在尼雅一个墓葬中被用作锦被。据俞伟超先生考证，它应该是由汉代皇家作坊织造，因为通常“王”“侯”等字都代表宫廷赐下来的织物。

至于这批织锦的年代，一般估计是属于汉代或东汉至魏晋时期。新疆的墓大部分都没有相关文献记载，如没有墓碑、墓志、遣册或印章明确记载墓主的名字、何时去世和下葬等，至今只有一件风格与大量汉锦相同的织物，锦上织了一个年号“元和元年”（见图 10）。新疆文物考古研究所的于志勇经仔细考证后，认为这是指东汉年间的元和元年，相当于公元 84 年。[15] 所以，我们知道这件织锦应该是在东汉织的，当然这件织物被运至新疆也需一段时间，但最起码可以说，新疆出土的汉锦中，有一批都是在这一时期前后织造的。这件织锦被用来制作锦囊，锦囊上还镶着另一小块织锦，图案设计和风格与上文提及的“延年益寿长保子孙”锦完全一样。所以，可以肯定，“延年益寿长保子孙”锦、“延年益寿大宜子孙”锦和“元和元年”织锦应该同属东汉时期。

后来，织锦上的云纹逐渐发生变化，穗状云愈来愈少，取而代之的是山状云。山状云象征天界或仙山，一般没有穗状云，但云气不间断。在尼雅出土的一件“千秋万岁宜子孙”锦上，便织有鸟和树的纹样，可能是用云气代表天界。楼兰曾出土了两片可以连接起来的云气动物纹锦，连起来后的完整铭文，应该是“登高明望四海贵富寿为国庆”。此织锦上的“登高”两字十分重要，据《邺中记》载，东晋十六国时期的后赵有织锦署，就是专门生产织锦的机构，其中生产的产品有“大登高”和“小登高”，其

图 9　新疆楼兰三遗址出土的韩仁绣文织锦

图 10　元和元年织锦

实就是图案大小规格不同的“登高”锦。“登高”就是爬山，所以这些登高锦中的云纹，可能就是对山的描绘，它是连续和不间断的，又称“山状云”。山状云的设计还有很多。例如“长寿明光”锦的云纹也是全部连续的，模仿仙山的形状。还有“长乐大明光”锦，其图案和风格也与前者接近。

汉式织锦上的装饰主要是云气、动物和铭文。有些铭文更长更复杂，如有一件有山状云纹的织锦，其铭文共有20字：“恩泽下岁大熟长保二亲子孙息弟兄茂盛寿无极。”（见图11）“恩泽下”，就是天赐恩泽；“岁大熟”是丰收之年；“长保二亲”指的就是父母；“子孙息弟兄”的“息”大概是女孩子的意思。

汉锦铭文大致可分三类。第一类主要是祈祷延寿、子孙蕃昌的吉祥语，如“延年益寿大宜子孙”“安乐如意长寿无极”“延年益寿长保子孙”“千秋万岁宜子孙”“世毋极锦宜二亲传子孙”“续世锦宜子孙”“韩仁绣文广佑子孙无极”“安乐绣文大宜子孙”“得意绣文子孙昌乐未央”等。第二类铭文较短和含蓄，如“长乐明光”“长乐大明光”“大明光受佑承福”“长寿明光”“阳”“广山”“威山”等。第三类铭文较长，有些可能表达了特殊涵义，或与国家天下有关，如“五星出东方利中国诛南羌”“绮伟（琦玮）并出中国大昌四夷服诛南羌乐安定与天毋疆”“王侯合昏千秋万岁宜子孙”“恩泽下岁大熟长保二亲子孙息弟兄茂盛寿无极”“新神灵广成寿万年”“登高明望四海贵富寿为国庆”等。[16]

当时也有一些其他织锦的装饰既没有铭文，也不像云纹。如兽面动物纹锦，中间有兽面，边上还有小动物。虽然那时植物纹样极少，但偶尔也有植物纹样用作织锦图案，包括葡萄锦和茱萸

图 11　恩泽下岁大熟锦

锦。我们发现，葡萄纹基本上只在绮（即有花纹的丝织品）上出现，而茱萸纹则像花卉。当时茱萸是登高时要佩戴的一种香料，唐代王维在诗里也有提及："遥知兄弟登高处，遍插茱萸少一人。"茱萸纹最早在西汉马王堆一号汉墓的织锦上出现，但在尼雅出土的织锦中，也有一件可视为茱萸纹锦（见图 12）的覆面，在楼兰出土中也有类似的一件，图案几乎完全一样。据《邺中记》记载，后赵织锦署中也生产"茱萸锦"，因此可以推测，这类茱萸纹锦直到魏晋时期仍在流行。

五、五行与五色

汉代织锦在色彩方面也有一个有趣的特点。在中国早期，官方非常讲究礼制，更以阴阳五行制定礼制和行为方式。在汉代的织锦里，也发现了当时的用色非常讲究，一件织锦通常有五种颜色，这与中国的阴阳五行有很大关系。例如尼雅出土的"延年益寿长保子孙"锦，它采用的技术为平纹经四重组织，即在某一区域里共有四重丝线，也就是说，在每个区域里本来只有四种颜色，但经线在不同区域里置换，最后整个织物的表面就变为五种颜色。[17] 当时人们对五行及黑、白、赤、黄、青五色特别讲究，而五色是有方位的，如青龙白虎，指的是东方和西方；朱雀玄武，指的是南方和北方，最后黄土在中。物质中的五行金、木、水、火、土，音乐的五音宫、商、角、徵、羽，还有五味、五脏等，都是由五个元素组成的。

关于五色且最有趣的汉代织锦，是"五星出东方利中国"织锦。

图 12 茱萸纹锦

它在新疆尼雅出土，原本是一件装饰品，因为当地猎人使用猎鹰，所以要在手臂上装有一些非常牢固的配件，让鹰适时停歇。这个配件被称为“护膊”。护膊的正面是一件比较完整的织锦（见图13上），上面清楚地织着“五星出东方利中国”几个字。这件织锦在每一个区域都有五种色彩的经线，分别为蓝、黄、绿、白、红，是一种五重经锦，经线密度特别大。但“五星出东方利中国”只是一件完整织物的一部分。

后来，主持这次发掘的考古学家于志勇又在同一个墓里的枕头边，找到一块小小的织锦，与“五星出东方利中国”织锦的颜色完全一样。织锦上的左边有“南羌”二字，右边还有大半个字，部首是“言”，考古学家推测是“讨伐”的“讨”字[18]，笔者则认为是“口诛笔伐”的“诛”字，两者表达的意思相同。笔者看了于志勇发掘的这两件织物后，认为这两件文物既出自同一个墓，应该是从同一块织物剪下来的，距离不会隔得太远。当时的织锦图案有一种左右对称的形式，而门幅规定在50厘米左右。笔者后来在有“南羌”字样的小片织物上找到了“南”“羌”两字之间的图案中轴线，再把图案进行复原，就发现它连起来是很完整的，在“利中国”和“诛南羌”之间基本上没有空隙。这种图案虽然对称，但文字是不对称的，后来我们发现，“五星出东方利中国诛南羌”之后的文字是“四夷服单于降与天无极”。锦上应该有五个圆点，分别是白、红、黄、蓝及绿。这五个圆点就代表了五星，即金、木、水、火、土。[19]据于志勇考证，当时打仗与否都要请占卜师看天象决定。据指，当五星在东方出齐时，就特别有利于打仗。西汉宣帝曾下令赵充国出兵西北，讨伐羌人，

图 13　五星出东方利中国织锦（上）与复制品（下）

赵充国本来有一套方案，但皇帝下诏说："今五星出东方，中国大利，蛮夷大败。太白出高，用兵深入敢战者吉，弗敢战者凶。将军急装，因天时，诛不义，万下必全，勿复有疑。"[20]后来到魏晋南北朝时，各国经常交战，一些小国的国王也经常祭出"五星出东方"的大旗，但从天文学角度看，这种现象是极少出现的，那个时候根本没有出现过，只不过是因为当时的国王想打仗，或为了怂恿部下为他卖命，就制造了这样的假象。笔者在外国还看过一件私人收藏的五色经锦残片，只保存了织物的左半边，它从"诛"字开始，刚好是"诛南羌，乐安定，兴天毋疆"。这件织物与"五星出东方利中国"织锦风格一致，颜色相同，所有的地方都是五色，图案类似，铭文的意思也基本上接近：五星出东方，利中国诛南羌，乐安定兴天毋疆。最后，中国丝绸博物馆在2018年将"五星出东方利中国"锦进行了复制，获得了成功（见图13下）。

六、刺绣双头鸟

从西汉到东汉，再到魏晋南北朝，丝绸之路的织物上出现了双头鸟的题材。较早的一件是在山东日照西汉墓出土的绣被，绣被上大部分纹样都像马王堆汉墓中出土的长寿绣，但也有一些比较特殊的纹样，如在图案中上部有一个像双头鸟的造型，鸟旁边挂着对称的玉器及装饰品。[21]在诺因乌拉汉墓中，也出土过很多刺绣小碎片，这些小碎片都用长寿绣绣成，虽然织物比较残破，但都能找到双头鸟的造型，而且还多了青龙和白虎。这两件织物一般被归类为西汉时期的产物，因为山东日照汉墓出土的绣被肯定是西汉的，而诺因乌拉出土的刺绣从风格上来说也是属西汉时期的。回顾双头鸟的来历，可以联想到战国时期的刺绣艺术。在湖北江陵马山楚墓出土的刺绣里，也可看到凤鸟互相对望的情况，极具装饰效果，鸟身则不太显眼，看起来像云纹或其他纹样的一部分。后来，鸟的翅膀逐渐演变为西汉时期的双头鸟。

在汉代画像石和诗文里也经常提到一种双头鸟，一个身子两个头。在山东武梁祠的图像中，也出现了双头鸟的形象，并有题记说明此鸟名为“比翼鸟”，在同期一些诗歌里又叫“同心鸟”。杨方《合欢诗五首》第一首云：“我情与子亲，譬如影追躯。食共并根穗，饮共连理杯。衣用双丝绢，寝共无缝裯。居愿接膝坐，行愿携手趋。子静我不动，子游我无留。齐彼同心鸟，譬此比目鱼。情至断金石，胶漆未为牢。但愿长无别，合形作一躯。”这些名称要表达的意思都一样，主要指感情特别深厚的夫妻，就如同心鸟或比目鱼一样，长得没有区别，甚至合成一体。到魏晋南北朝，也出现了双头鸟的形象，其造型与刺绣双头鸟相似，中间有两个头，加上三角形的装饰，旁边还有两种动物，这两种动物有时比较接近，有时截然不同。双头鸟中间衔着一个两边为对称三角形的东西，应该就是“胜”，也就是当时织机上绕了经线的经轴。传说中的西王母头上就是戴“胜”的，汉代的画像石上便经常有她戴“胜”的形象，令人联想到西王母的坐骑，即西施鸟（或叫“稀有鸟”），所以衔“胜”的双头鸟，很可能与西王母的坐骑有关。新疆且末扎滚鲁克和甘肃玉门花海墓地出土的两件双头鸟纹刺绣，都出现了“胜”的纹样。花海墓地出土的那件织物（见图 14），鸟只剩了一半，但也可看出对称的形式。按照对称的原

图 14　甘肃玉门花海出土的双头鸟刺绣图案复原

则把图案拼合，可看出两边有一个三角形，中间有一根杆子，应该就是“胜”。在魏晋南北朝，人们把东王公跟西王母对应起来，关于西王母的传说便广为流行。[22]

南方的青瓷、砖雕以及一些金属饰牌等也会出现双头鸟图案。六朝青瓷上面经常出现佛的造型，说明这与海上丝绸之路有关，有一佛教的分支就是通过广州、香港一带传到南方的青瓷产地。其实在新疆的佛教壁画里，也可看到双头鸟的形象。如克孜尔千佛洞中的天象图里，就经常出现金翅鸟（garuda），那是佛教的一种双头鸟。佛经《共命鸟缘》提到迦楼荼（金翅鸟）和忧波迦楼荼："往昔久远世时，于雪山下有二头鸟，同共一身，在于彼住。一头名曰迦楼荼鸟，一头名忧波迦楼荼鸟。而彼二鸟，一头若睡一头便寤。"到唐朝和宋朝，传说有一种共鸣鸟，这鸟有两个头，并会一起唱歌、一起叫。《阿弥陀经》云："彼国常有种种奇妙杂色之鸟：白鹤、孔雀、鹦鹉、舍利、迦陵频伽、共命之鸟。是诸众鸟，昼夜六时，出和雅音，其音演畅五根、五力、七菩提分、八圣道分，如是等法。其土众生，闻是音已，皆悉念佛、念法、念僧。"

总的来说，双头鸟的形象是很有趣的，但是它的来历还未能确定。笔者的看法是，早期刺绣上的双头鸟，可能是从中国传统设计延续下来的。后期在中原出现的双头鸟，一般与夫妻和感情方面有关。再到后来，西域的双头鸟可能与西王母的坐骑稀有鸟有关，这种题材同时也出现在内地的金属器与砖雕上。再往后的双头鸟就受到了佛教迦楼荼的影响，作为在丝绸之路上与中国有关的元素，一直流传。双头鸟图案的演进，也说明了丝绸之路上与中国有关的元素经久不衰。

注　释

[1] 汉阳陵博物馆，编 . 汉阳陵博物馆 . 北京：文物出版社，2007.

[2] 陈直 . 关于两汉的手工业 // 陈直 . 两汉经济史料论丛 . 西安：陕西人民出版社，1958：79~96.

[3] 太平御览・诸葛亮集 .

[4] 王㐨 . 汉代丝织品的发现与研究 // 王㐨 . 王㐨与纺织考古 . 香港：艺纱堂 / 服饰工作队，2001：51~68.

[5] 荆州谢家桥一号汉墓出土文物展 .http://www.jzbwg. com/type.asp?typeid=192 .

[6] 吕烈丹 . 广州南越王墓出土的青铜印花版 . 考古，1989（2）.

[7] S. I. Rudenko.*Die Kultur der Hsiung–nu und die Hugelgraber von Noin Ula*.Rudolf Habelt Verlag GMBH, Bonn, 1969.

[8] 赵丰 . 敦煌马圈湾汉代烽燧遗址出土纺织品 // 甘肃省文物考古研究所 . 敦煌汉简 . 北京：中华书局，1991.

[9] 赵丰，王辉，万芳 . 甘肃花海毕家滩 26 号墓出土的丝绸服饰 // 西北风格——汉晋织物 . 香港：艺纱堂 / 服饰工作队，2008：94~113.

[10] 斯文・赫定 . 丝绸之路 . 江红，等 . 译 . 乌鲁木齐：新疆人民出版社，1996.

[11] 斯坦因 . 西域考古记 . 乌鲁木齐：新疆人民出版社，2010.

[12] 包铭新，主编 . 西域异服——丝绸之路出土古代服饰复原研究 . 上海：东华大学出版社，2007.

[13] 赵丰，于志勇，主编 . 沙漠王子遗宝：丝绸之路尼雅遗址出土文物 . 香港：艺纱堂 / 服饰工作队，2000.

[14] 新疆维吾尔自治区博物馆 . 新疆民丰县北大沙漠中古遗址墓葬区东汉合葬墓清理简报 . 文物，1960（6）.

[15] 于志勇 . 尼雅遗址新发现的"元和元年"织锦锦囊 . 新疆文物，

2006（1）：75~79.

［16］于志勇．楼兰——尼雅地区出土汉晋文字织锦初探．中国历史文物，2003（6）：38~48.

［17］赵丰．汉魏云锦中的五色．西安：秦俑与彩绘文物研究与保护国际研讨会，1999.

［18］于志勇．尼雅遗址出土“五星出东方利中国”锦织文浅析 // 鉴赏家（8）．上海：上海译文出版社，1998.

［19］赵丰．织绣珍品：图说中国丝绸艺术史．香港：艺纱堂 / 服饰工作队，1999：79.

［20］（南朝）范晔．后汉书・赵充国传．

［21］连云港市博物馆．江苏东海县尹湾汉墓群发掘简报．文物，1996（8）：4~36.

［22］赵丰．汉晋刺绣与双头鸟纹样 // 丝绸之路：艺术与生活．香港：艺纱堂 / 服饰工作队，2007：100~109.

第四章　西风远来：希腊化艺术对纺织品的影响

公元前 300 多年，亚历山大大帝（Alexander the Great，前 356—前 323）东征，希腊文化随之东来，其影响深远，在中亚一带更融合了佛教文化，体现在犍陀罗艺术上。公元 2 世纪至 3 世纪，犍陀罗艺术开始影响中国，一直延续至公元 4 世纪，某些题材甚至延续至公元 6 世纪。远道而来的西方希腊文化对丝绸之路的纺织品有着深远影响，可见丝绸之路上的文化交流确实是双向的。

一、亚历山大东征

亚历山大大帝 20 岁时成为马其顿王国的国王，并征服及统治了整个希腊。然后，他开始出征邻国，从历史地图上可见他完整的征战路线。他从希腊出发跨过欧亚之间的界限，到达土耳其一带，平定了环地中海地区，再往东歼灭了由大流士三世统治的波斯帝国军队，继续往东，到达中亚再往南，占领印度西北部。公元前 325 年左右，亚历山大的士兵不愿意再东进，于是开始撤回。公元前 323 年，当他的部队撤到波斯一带，亚历山大便因病客死异乡。他在位共 13 年，去世时年仅 33 岁，却已经占领如此广袤的领土，无疑是一位伟大的军事家。

亚历山大每攻下一座城市，都会以自己的名字为城市命名，当时就有七十多个希腊化城市以“亚历山大”为名。其中一些亚历山大城市现今仍然存在，如埃及的亚历山大市以及中国文献中提及的蓝氏城，这城的名字听起来就像 Alex，即亚历山大的简称。但在中亚地区，大部分亚历山大城已经地处荒漠了。

亚历山大去世后，他的部将把他占领的土地分裂成几个小国。到公元前 270 年，马其顿的安提柯帝国（Antigonid Empire）、埃及的托勒密王朝（Ptolemaic kingdom）和亚洲的塞琉西帝国（Seleucid Empire）都已逐一步入希腊化时期。在亚历山大之后，中亚主要由塞琉西王朝统治，约 200 年后被帕提亚帝国（Parthian Empire）推翻，亚历山大大帝建立的王朝正式结束，但当时还有很多希腊人留在中亚地区，因为这里有很多城市都由亚历山大的将领建立。

帕提亚王朝取代塞琉西王朝后，中亚又出现了贵霜王朝（Kushan Empire），是当时一个非常重要的王朝。它的统治范围辽阔，北面是哈萨克斯坦，中间是最著名的中亚地区，包括阿富汗、巴基斯坦、乌兹别克斯坦和塔吉克斯坦，南面是印度北部。贵霜王朝的统治年代为 1 世纪至 5 世纪，其与汉晋时期西方纺织品对东方的影响有密切关系。这个王朝的首领来自大月氏。大月氏本来是东方一支草原部落，后因受匈奴压迫而无奈西迁。大月氏起初走到河西走廊一带，后来张骞通西域时试图联络他们，但发现他们又往西迁到中亚的大宛和大夏一带，并建立贵霜王朝。贵霜王朝的迦腻色迦一世在位期间，佛教尤其兴盛。印度佛教北传后，受希腊艺术的强烈影响，形成了著名的犍陀罗艺术。这是希腊艺术与佛教艺术的融合，对中国影响甚大。对欧洲而言，真正的希腊化时代早已结束，但在中亚，希腊化艺术的影响更为长久，所以我们一般把中亚的希腊化时代延伸到3世纪至4世纪。

亚历山大东征为中国和中亚留下了非常宝贵的希腊化艺术，很多希腊之神如赫拉克勒斯（Herakles）、提喀（Tyche）、赫尔墨斯（Hermes）、半人马（Centaur）、厄洛斯（Eros）、阿芙洛狄特（Aphrodite）和赫利俄斯（Helios）等的形象，都留在了中亚。他们与佛教艺术也有很多结合，并对纺织品产生很大的影响，以下将举例介绍。

二、尼雅出土的蜡染棉布

第一个实例是尼雅（Niya）出土的蜡染棉布。1959年，尼雅遗址出土了两具干尸和大量纺织品，包括两块重要的蜡染棉织物。[1]起初大家一直没有注意到这两块织物之间的关系，后来纽约大都会艺术博物馆举办《走向盛唐》（*Dawn of a Golden Age*）展览时，笔者应邀负责纺织品部分的策展，就选中了这两件跟丝绸之路关系十分密切的展品，并进行研究，才发现这两块纺织品其实来自同一件织物，可以拼在一起，有着完整的布局（见图1）。[2]现在能看到比较完整的是，小方块F内的半身人像上面有长方块E，露出类似皮靴的东西，估计上面站着一个人；下面的D区也有一幅横向图像，G片则可能是最中间的部分，可以看到一只人类的脚、一条狮子的尾巴和一个狮子的爪子。从这里推测，这块棉布应该有一个比较大的主题图案，因为边缘的图案

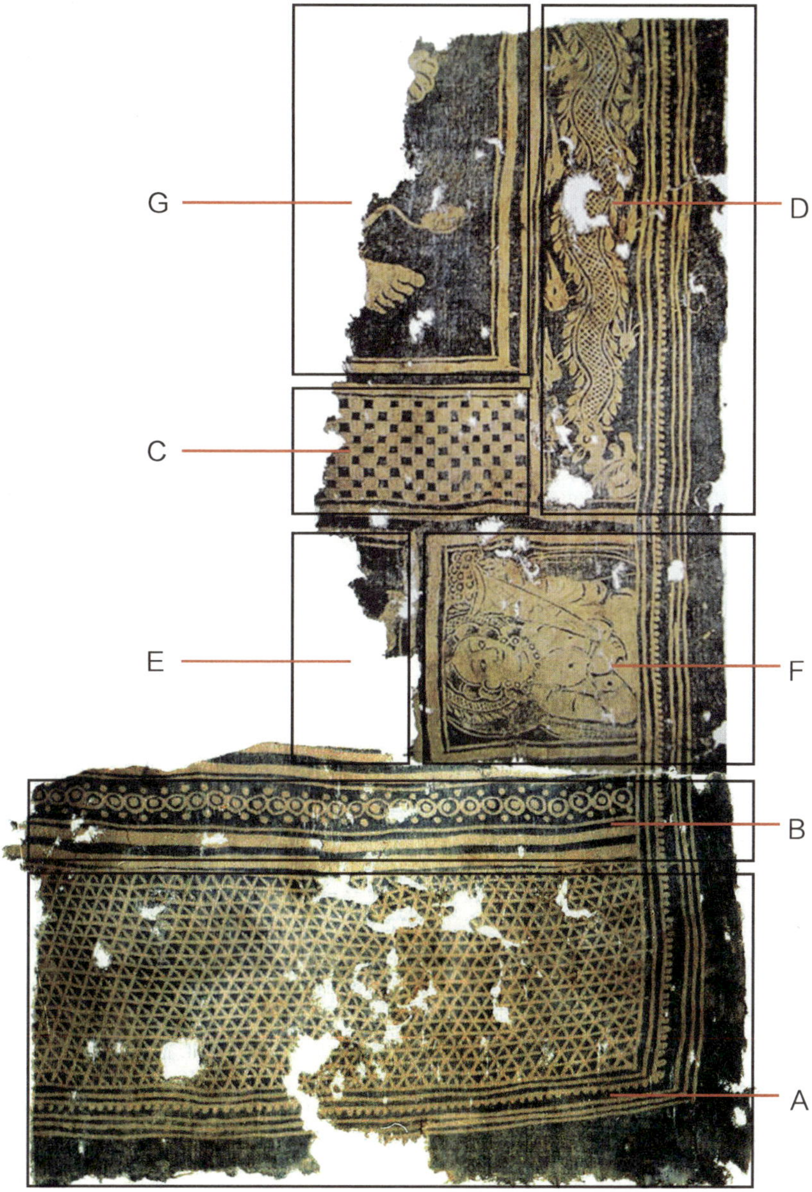

图 1　尼雅蜡染棉布图案与布局复原

很小。本着它可能是对称的原则判断，可以把整块棉布复原为如图 2 所示的织物。这件织物上有很多几何纹样，如方格纹样、六角形纹样、圆圈连起来的纹样，还有边缘的锯齿形纹样和线条纹样。但最关键的是主题纹样，即方框 F 内的女性半身神像。在最中间大框 G 内的残缺神像，更可以推测有狮子和神在一起；下面则有长条形的方块 D。这三部分是这幅蜡染作品的关键之处。

首先看半裸女神（见图 2）的部分。这部分的最大特征就是女神手上拿着的丰饶角（cornucopia）。丰饶角通常象征丰收，有时也被认为象征男性，而这丰饶角里放着一颗颗圆形的果实，很可能是葡萄。女神的身后有背光，脖子上戴着璎珞项链。关于她的身份，考古学家展开了激烈的讨论，起初有考古学家认为她是佛教的某位菩萨，因为她身后有背光。但近年来，更多学者从其他角度分析，提出了几种可能性。第一个相关的说法指出，织物上的裸体女神是希腊神话中的提喀。她是一位庇护城市的女神，这一女神在罗马神话中则可称为得墨忒耳（Demester），同样是丰收女神。也就是说，从西方神话的角度看，拿着丰饶角的女性神像很可能就是提喀或得墨忒耳。[3]

第二种说法与印度神话有关，认为这位女神可能是诃利帝（Hariti）。诃利底在佛教典籍中又叫“鬼子母”（见图 3），她非常残暴，每天晚上都要吃小孩，附近的人家因此经常丢失小孩。人们即使很讨厌她，对她的魔力也无可奈何。后来，佛祖为了教训诃利底，就把她的小孩藏起来。诃利底找不到她的小孩，非常着急，只好去求佛。佛祖要她将心比心，诃利底从此痛改前非，成为儿童的保护神。在犍陀罗艺术中，她手上也拿着丰饶角和收

图 2　尼雅棉布上的女神像

获品，膝下有很多小孩。这个故事直到宋代的佛教壁画里还有反映。[4]

第三种说法由孙机先生提出，他说当时中亚不会从遥远的希腊或印度获得这件物品，因此女神很可能来自中亚本地。中亚的确有一位非常重要的女神，叫阿尔多克洒（Ardochsho），她的形象甚至在当地的钱币上出现，站立着的阿尔多克洒同样手持丰

图 3 犍陀罗艺术中的鬼子母形象

饶角。[5] 但事实上，也有其他女神手持丰饶角，并不止阿尔多克洒一个。笔者在大英博物馆的展厅内，便看过几枚金币上有手持丰饶角的神像，由此可见，这种造型当时在中亚比较普遍，因此很难确定棉布上的人物一定就是阿尔多克洒。此外，俄罗斯博物馆内所有波斯银器上都有类似的神像，有人认为这是阿娜西塔女神（Anahita）。她是在亚洲偏西地区神话里的形象，与丰收和生殖有关，她手上拿着的东西也很像丰饶角。

值得一提的还有一件犍陀罗雕塑作品（见图 4），中间是一尊立佛，旁边有两个小方块。右边的小方块与蜡染棉布上的小方块区域的造型相似，也是一个半身像，手持丰饶角，这个人像就是提喀。佛像的另一边小框中是位男性，据考证，他是希腊神话中的大力神赫拉克勒斯。[6]由此可见，尼雅出土的蜡染棉布上的女神形象和希腊神话中的提喀或许更加接近。不过，佛教艺术中的所有人像都穿着衣服，而棉布上的女神却是裸体的，这可能与当地某一类艺术有关。马图拉（Matula）出土的艺术品便有较多的雕刻的裸体形象，这些艺术品跟佛教关系密切，而且属于犍陀罗艺术。

再看位于棉布中心的图案。中心的图案虽然残缺不全，但是起码可以看出一个人形和一头狮子。从图案上能明显见到兽类的爪子，但至于那位人物是谁，现在还未能肯定。有人推测，这可能与甘肃出土的一件东罗马银盘有关。该银盘中间的神像是狄奥尼索斯（Dionysus），他是酒神，也许是因为喝多了，倒坐在狮子身上。[7]银盘上酒神的造型和棉布上的有一定程度的相似，但是他坐的方向和棉布上的人物相反。所以更多人推测，棉布上的图案可能是赫拉克勒斯与狮子搏斗的场景。赫拉克勒斯是希腊神话中有名的大力神，他身世离奇，是宇宙主神宙斯（Zeus）与凡间女子阿尔克墨涅（Alcmene）的儿子。他一出生就遭人陷害，有人将蛇放在他身边，要把他置于死地，但他天生力大无比，把蛇掐死了。他一生完成了十二件大事，这十二件大事被称为“十二伟业”，最广为人知的是他在很年轻的时候用一根棍子打死了一头狮子，然后剥掉狮子皮，披在自己身上。所以有很多赫拉克勒

图 4　犍陀罗雕塑作品

斯的形象都是他戴着用狮子头做的帽子。[8]在很多希腊艺术品中，也能看到他与狮子搏斗的场景，但他打死狮子或与狮子搏斗时，基本上都与狮子面对面，很少从背后偷袭狮子，所以不能确定棉布上的人物是否为赫拉克勒斯。在罗马时期的艺术中，依然可见赫拉克勒斯的形象，但很多作品大都是他从背后袭击动物的场景。

不过，赫拉克勒斯不是跟狮子搏斗的唯一勇士，在其他图像中也可看到人和狮子搏斗的情景。例如，当时用作戒指的一枚浅浮雕印章，就有一位裸体的勇士，披着斗篷，从背后制服了狮子。[9]此外也有拿着剑的勇士跟狮子搏斗的造型。最接近蜡染棉布上人狮搏斗造型的，是一件拜占庭早期的织锦（见图 5），在公元 4 世纪至 5 世纪，远远晚于希腊化时代。但纺织史家认为，这件织锦上的人物不是赫拉克勒斯，而是《圣经》里的参孙（Samson）。[10]参孙也是一位大力士，曾经赤手空拳跟狮子搏斗，并打死了狮子。这织锦上的人脚、狮尾及狮爪，均与棉布上的很相似，只是它的年代与棉布相距很远。虽然《圣经》很早便出现，但到公元 3 世纪至 4 世纪后才在欧洲艺术作品中逐渐体现。因此，对于棉布中间人物的真正身份，仍然很难作出正确的判断。

最后回看区域 D 中的小怪物，那条长长的装饰带角落上有一个小动物，有点像小狗。考古学家起初以为它是一条龙，但龙的尾巴被小动物咬住了，显得有点奇怪。龙的身上有很多鸟，这也是不多见的。后来，有人推测这是印度神话里的摩伽罗（Makara），即有着龙头鱼身的摩羯鱼。据俄罗斯学者马夏克（Boras Marshak）所说，印度神话里的摩羯鱼可以吐水，它每吐出一口水就成为一条河，所以推测棉布上所显示的是一条河，河

图 5　西方收藏织锦中的人狮搏斗图像

两边则长满了草，还有鸟儿飞翔。但后来笔者四处查证，似乎查不到摩羯鱼可以吐水成河的传说，而且摩羯鱼的形象是龙头鱼身，与棉布上的形象相差甚远，于是认为还是要从当地的艺术中寻找答案。笔者也问过中亚的考古艺术家，当时中亚有没有与它相近的形象，乌兹别克斯坦考古学家卡兹姆·阿布杜拉伊夫（Kazim Abdullaer）认为是水神（Keto），它在希腊神话里原本是水神，到犍陀罗艺术中就完全变成陆地上的动物了，可以让人骑着行走。

至于这个像龙或河一样的纹样，经过多番考证后，笔者与部分学者一样认为是一种花带装饰（Garland），在新疆和犍陀罗艺术中也很常见。[11]在一些浮塑作品里，除了多见童子背着花带外，上面还停着很多鸟，跟棉布上的图案比较接近。这种花篮和花环在欧洲确实比较流行，但更多的还是在中亚地区的犍陀罗艺术中才能看到。不过，也有小部分花带装饰没有童子。经过比较，我们认为此棉布上的纹样就是花带。在罗布泊旁的米兰遗址，有很多佛寺内的壁画和雕塑都深受犍陀罗艺术的影响，反映了很多希腊化题材，其中就有童子背花带的典型形象。还有克孜尔壁画，它的时代稍晚，但仍然运用了大量花带装饰纹样。除了上文提及的纹样外，还有大量其他装饰性几何纹的实例，说明这是希腊化艺术在中亚艺术中的反映。

总结上述各种说法，棉布中心的图样应该是人或者神正在与狮子搏斗的场景。由于棉布是在中亚地区使用的，所以里面的人物很可能不是赫拉克勒斯，而是其他英雄，或当地的国王。裸体女神则应该是提喀，根据对称原则，棉布的另一边应该还有一个相同的小方块。赫拉克勒斯和提喀在希腊神话中都是很重要的人物，在这里却被放在从属的位置上。底部装饰带上的小动物是辟邪，或者是由辟邪演变而成的某种小动物。这块棉布上面有鸟，下面有花带，从作品风格看，它是在中亚的大区域内生产的，很有可能是在裸体艺术比较流行的南部马图拉生产的。从这块棉布可以看到，它同时受印度和当地的佛教的影响。值得一提的是它的技术：第一，它是棉纺织品，而一般认为棉纺技术源于印度。这块棉布是中国最早发现的棉织物之一。第二，它使用的印染技术是靛蓝蜡染，也是中国至今发现的最早的蜡染作品。[12]

三、缂毛武士的来历

第二个例子是一件于洛浦县山普拉墓地发现的缂毛。它的风格跟上文提及的相差很远，出土的是两个裤腿，而两个裤腿上的图案都不同。当时，当地的裤子大都像灯笼裤，裤脚特别大。中国很多老人做运动或练武时都穿灯笼裤，以方便活动。很明显，这件织物当年在山普拉没有受到重视，人们很随意地利用它做成了裤子，但根据此缂毛上的复杂纹样，可以肯定织造者的原意并非要把它制成裤子。一般情况下，考古学家不会改变文物的原有形状，但新疆考古学家认为，这图案本身比衣物的形式更重要，所以把裤腿拆开并重新进行拼接。裤腿被拆开以后，就可以拼成一条长长的缂毛面料，顶部一个小方块中有半人马的形象，下面是个武士，武士所持的矛尖一直伸到了方块之中（见图6）。[13]此织物在图案布局上与上文提及的蜡染棉布相似，但因为这块缂毛并不完整，所以无法进行下一步的推断。

很多人都考证过那武士的身份，有人认为他是亚历山大大帝，因为亚历山大乐于把自己的形象运用到艺术品上。更多人把目光聚焦到中亚的卡尔查延（Khalchayan），那里曾有一个小城市，由赫劳斯（Heraus）家族统治。在那里除了发现他们的宫殿遗址外，还有类似兵马俑的雕塑。这些雕塑现存放于乌兹别克斯坦首都塔什干博物馆，尽管已经残缺不全，但仍有很高价值。当地考古学家对卡尔查延出土的陶俑头像进行复原，发现其中的头像与缂毛上的头像十分相近，头发都往后梳，且系着一根发带，相当有特

图 6　缂毛武士

色（见图 7）。其他面部特征并不十分相似，陶俑中的头像留着八字胡须，缂毛中的头像则没有胡须。从人物造型看，他的脸部肌肉通过不同色块而得到充分表现，这是西方人体造型绘画的技法。同时，织物上有很多晕色，一条条色带均匀过渡。[14] 乌兹别克斯坦的博物馆还收藏了一种赫劳斯家族的钱币，这种钱币仅在当地使用，钱币上的头像显示，赫劳斯家族的发型、发带和胡子都和陶俑上的非常相似（见图 8）。[15] 由此可以判断，这是

图 7　卡尔查延出土的陶俑头像

当地人的共同特点，学者注意到这个特点在诺因乌拉的织物中也有反映。诺因乌拉匈奴墓的墓壁很高，上面贴满了各种刺绣。虽然大部分刺绣已经破了，但还可以看出一队队站立的人马。经过对当时波斯等地的浮雕和壁画的研究，可以推测刺绣中所绣的是当时匈奴人把大月氏赶到中亚一带后，其他国家或部落的人前来进贡和跪拜的场景。[16]其中有个人像就被认为是大月氏人，因为他们被匈奴人驱逐，所以出现在进贡的人马里面也不难理解。他的发型、发带和胡子都与赫劳斯钱币上的非常相似，在别处很

图 8　赫劳斯家族的头像

难找到这样的形象。因此，这件缂毛的生产地，很可能是在中亚区域附近。

再看半人马的形象。它是希腊神话里的人物，又称“山杜尔”（Centaur），上身是人的形象，下身是马的形象。他脾气很怪，经常使用暴力，更经常为了争抢女人，和大力神赫拉克勒斯等人交战。在裤腿上出现的半人马披着斗篷，手里拿着一件管状物，这件东西的一头正好到他的嘴边，另一头则不太清楚，像矛、枪，又像一件乐器。希腊时期的乐器中，比较普遍的管乐器是长笛，但大部分都是双管，极少看到单管的。单管乐器在中亚反而比较常见，特别是一件收藏在日本、据说是来自犍陀罗的半人像雕刻，下面是兽的身体，上面是人的形象，也在吹着乐器。[17] 这也许就是流行于中亚的一种乐器，可能与希腊有一定关系，因此可以推测，这件罽毛有可能也在中亚生产。

四、锦上天使

第三个例子是新疆营盘15号墓出土的一件锦袍。营盘位于塔克拉玛干沙漠的东侧，靠近楼兰，属于大罗布泊区。整个墓地的发现时期比楼兰略晚，但应该比吐鲁番其他墓地早。营盘的整个墓地在一片戈壁滩上，附近是孔雀河。营盘15号墓则在一个特别高的山脊上，山脊上只有一座墓，情况与其他墓很不一样。1995年发掘时，考古人员认为墓中的文物很有价值，于是决定全部运回乌鲁木齐处理。墓中尸体的脸部盖着面具，面具用布胎制成，上有白色涂层。面具的表情特别安详，眉眼细长，皮肤白皙，外表俊朗，额上还贴着一大片金箔。最引人瞩目的是尸体身上的衣服，颜色鲜艳，图案漂亮，下身穿着刺绣裤子，袜子也保存得非常完好（见图9）。这具男尸出土后，于1996年被送到上海博物馆参加丝绸之路展览，成为那次展览中的明星展品，一时间轰动全世界。[18] 2004年，日本人想借其作展览之用，但中国政府禁止尸体作为文物运输出境，新疆文物局遂决定把衣服从尸体上脱下，并由中国丝绸博物馆的工作人员完成这一程序。笔者与馆里同事在2004年7月15日到达乌鲁木齐，正好遇上60年一遇的高温，气温高达46℃。我们挑选了一间朝北的密封房间，因为要在湿度高的环境中，方可进行为男尸脱衣的工序，而加湿就需要水蒸气。尸体最外层的衣物还可以剥落，但里面的衣服已经和尸体分不开了。最后，我们把所有可脱下的衣物带回杭州进行修

图 9 新疆营盘出土的男尸

复，再做了一具假尸体把衣物套上，送回乌鲁木齐。

比较有趣的是在脱衣时看到的一些现象。当时的服装大量使用金箔，在额上、领边、袖口、袜子（包括袜子的底部）都贴了金。制作过程是先缝好衣物，然后把金贴在织物上。他的裤子起初被认为是毛织物，因为材料看起来比较粗，但后来经过红外光谱测试，发现它是丝质的，很有可能是一种当地生产的丝。把衣服脱下之后，可以看到整个尸体被丝织品缠绕过，很像木乃伊，这种尸体处理方法在当地从未发现过。处理尸体的人先在尸体下面填了一块四肢形状的木板，然后用丝织品把人和木板绕在一起，使尸体挺直。从照片上可见，他的手指都被一层层地缠绕起来。揭开面具，打开包头的丝织品后，可以看到他的脸部，虽然面具使他看起来慈眉善目，但其实真正的脸部已经腐烂了。

最漂亮的是他那件正面红地黄

花、反面黄地红花的衣服。这正是所谓的双层锦，是用两组经线和两组纬线交织而成的，一层是红色经线和红色纬线交织，另一层是黄色经线和黄色纬线交织，各自织成平纹，然后在需要时进行表里换层，在红色的地部表层全是红线织成，里层全是黄线织成，而到花部就把整个红的一层换到里层，把整个黄的一层换到表面。这就是双层织物的结构，现今仍然被采用。这件双层锦的图案特别漂亮，底部是一对羊，上面是两对童子，然后是一对牛，再往上又是两对童子（见图 10）。织到一定的位置，这些纹样的方向就调头，对称的轴线也不一样。所以它虽然头对头地重复，却是错开相接的。把衣服复原研究后，发现原先的面料其实是一方方正正的织物，被裁成衣片再缝制起来。除了无法确定一些小碎片的原来位置外，大部分衣片都被复原至其原来的部位。最初的织物长宽均应在 2 米左右，图案在中间调头，其他横向图案都是一对一对排列的（见图 11）。[19]这件衣服有外襟和内襟，背面有几块缺损，我们可以大致推测它的位置，基本准确。

至于图案里的童子，林梅村教授有专门的考证，认为这是希腊神话里的爱神厄洛斯（Eros）。这里的厄洛斯形象似乎不太友好，比较好斗。厄洛斯披着斗篷、拿着剑，头发鬈鬈的形象，在希腊艺术中随处可见。[20]在大英博物馆，可以看到希腊艺术鼎盛时期巴特农神庙中的相关艺术品，当时士兵的装束，有全裸的，有只穿斗篷的，剑和盾牌的使用也非常普遍。另外两组厄洛斯，一组有盾，枪也比较长，在厄洛斯之间的是石榴树，盛产于中亚一带的石榴树古称“安石榴”，“安”代表中亚粟特地区的安国。当时的戒指等艺术品的微雕上面，也可看到一些裸体的持剑或持

图 10　对童子对牛羊双层锦

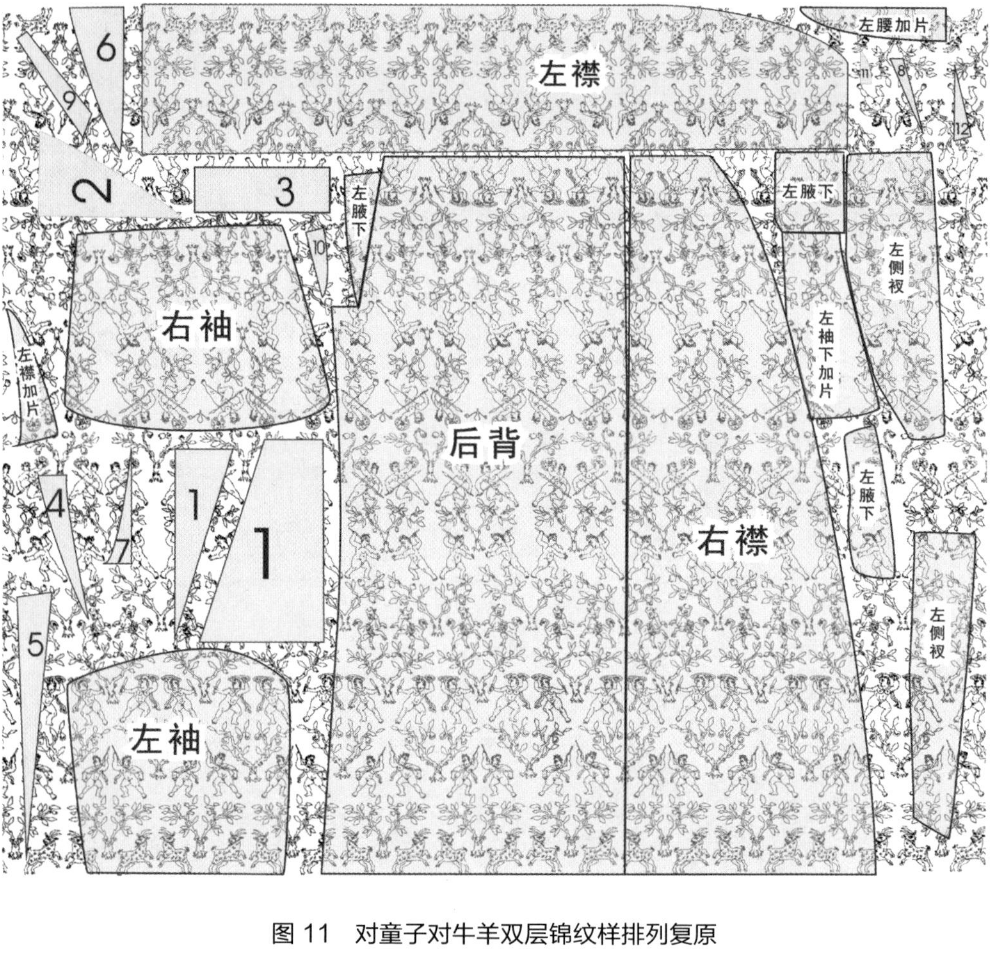

图 11　对童子对牛羊双层锦纹样排列复原

枪的人物形象，可见玩弄刀枪在当时是比较流行的活动，也是一种军事操练，不过舞枪弄棒的形象跟厄洛斯给人的一贯印象并不相符。

另一件在营盘出土的蓝色织锦上，也出现了厄洛斯的形象。真正保存完好的蓝色织锦已经不在考古所了，但考古人员后来在墓地附近采集到一些碎片，就是从这件蓝色的织锦上散落的（见图 12）。织锦图案中有一些大的装饰，如 S 形的波状纹样装饰，在当时希腊的艺术品中也很常见。这件织锦上有身上长着翅膀的童子，正是典型的厄洛斯形象。[21] 在罗马时期化妆品的罐子上，也能找到厄洛斯的形象。不过到了罗马时期，厄洛斯被称为“丘比特”。无论如何，丘比特和厄洛斯的性质都一样，是小爱神和小天使。在早期希腊时期艺术品中，厄洛斯的造型通常是年轻人的形象，而非小天使形象。在罗布泊附近的米兰佛寺壁画中，也能看到花带旁边带着翅膀的童子，正是典型的天使厄洛斯形象。后来，厄洛斯的形象发生了变化，有的身上没有翅膀，有的手里拿着一支枪，可见厄洛斯也有好武的一面，所以在中亚出现厄洛斯舞枪弄棒的形象也不足为奇了。

五、太阳神赫利俄斯

最后一个例子是太阳神。希腊神话中的太阳神和东方的太阳神差别很大。东方的太阳是一只金乌鸟，金乌鸟白天飞出去，晚上飞回来，在扶桑树上休息。扶桑树上共有十只鸟，每天有一只鸟飞出去。一只鸟就代表一个太阳。有一天，那十只鸟突然同时

图 12　蓝地葡萄鹰蛇纹锦

飞出，也就是十个太阳同时出现，于是天下大旱。这时出现了英雄后羿，他用箭射下九只鸟，只留下今天这一个太阳。金乌鸟和其他鸟不同，它有三条腿，因此又被称为“三足鸟”。而希腊神话里的太阳神名叫赫利俄斯（Helios），与后来的太阳神阿波罗有些不一样。他每天驾着马车在天上巡视，到晚上就回去，这样的太阳神造型在欧洲很早便出现了。

在青海都兰热水墓地出土的织锦上，出现了太阳神的形象（见图 13）。它的年代在北朝晚期，大约在公元 6 世纪，是从希腊化艺术演变而来的。织锦主题纹样的外面是一圈联珠纹和卷云纹。这种卷云纹是非常典型的希腊化艺术纹样，被称为“涡云纹”，和中国汉式织锦中的云气纹相差很远。另一圈联珠纹把一颗颗的圆点排成一圈，这是从波斯艺术中流传过来的。中间的人物造型看似是佛像，但仔细一看，便发现不是佛，因为佛的头上有肉髻。而这个人戴着一顶帽子，帽子上有一颗冠珠；穿着一件 V 字领的套头衫，两手交叉相叠。他的双腿也是交叉叠放的，很像当时的交脚菩萨。他坐在莲花座上，身后有背光，看起来跟佛教有密切关系。当时佛教已非常兴盛，所以当时的艺术品大多与佛教有关。莲花座放在马车的一个平台上，这架马车由六匹马拉着，马的身上长着翅膀，是一种天马，或是帕格索斯（Pegasus）。背景是王者出行时常有的行头，头上有伞盖，后面还有卫士护卫着马车，车的两侧伸出一对龙首，挂着一个幡，幡身三片，下面有两条幡脚，旁边还有幡手。在联珠圈外面织有“吉”和“昌”两个汉字。颜色只有暗红和白两种，所以图案很清晰。把所有残片拼接起来后，可以看到织物中有三个联珠卷云圈，居中的圆圈中就是太阳神，

图 13　青海都兰出土的簇四云珠太阳神纹锦

马车下面的部分有点缺损，两侧的两个圆圈应该是狩猎纹，有人骑在骆驼上射狮，有人骑在马上射鹿，中间还有狮子和人，最下面是持盾武士对攻（见图 14）。[22] 当时很多织锦都有这种图案，但那些织锦颜色比较丰富，反而看不清楚图案细节。同在都兰热水出土的织物中，还看到有简化的太阳神形象，中间是坐着的人像，旁边是两匹马，中间是两个轮子，表明这人坐在马车上面。

为什么说这人是太阳神赫利俄斯呢？因为我们可以看到一条

非常清晰的传播路线。希腊艺术的太阳神头上有太阳标志，驾着马车每天巡视，这种形象在罗马艺术里也一直可见，而且继续往东传播。传播到印度后，印度的太阳神也采用了希腊神话里的形象，但名为苏利耶（Surya），这一带包括中亚的太阳神也都是驾着马车出行的。在阿富汗巴米扬大佛的顶上，也有一个太阳神像（阿富汗巴米扬大佛2001年被塔利班政权摧毁，顶上的壁画也不在了）。从以前保留的线描复原图上可清晰地看到，在太阳的光环里，有个人站在一架马车上，身穿紧袖长袍的胡服，配以皮靴。马车同样由翼马拉着，旁边还有一些驾车或守卫人物，并手持盾牌。[23]上面有人首鸟身的动物，叫“迦陵频伽”，又称“妙音鸟”，有重要人物出场时，它便会出来歌唱（见图15）。由此可见，希腊神话的太阳神往东传播到印度，再往东穿过阿富汗，翻过帕米尔高原，进入中国境内。中国西部最重要的佛教洞窟，就在龟兹的克孜尔和库姆图拉附近。在克孜尔和库姆图拉的天象图中，太阳神依然在车上，虽然没有马，但有车和车轮。太阳神穿的衣服基本上都是胡服，他们不是站着，就是两腿交叉地坐着，与织锦上的太阳神造型更加接近（见图16）。在克孜尔，几乎每个洞窟的天象图中都有这样的造型。到了敦煌，太阳神的形象更加简单。上文提及的都兰热水墓的那件织物肯定是在中国生产的，因为它采用的是中国的技术，跟中亚一带的技术完全不一样。但在中国生产太阳神织锦的时候，织工有时凭借想象，添加一些其他元素，组合起来重新设计。因此这个太阳神较敦煌壁画里的太阳神更加漂亮和完整。[24]

图 14　青海都兰出土的太阳神锦图案复原

图 15　阿富汗巴米扬大佛窟顶的太阳神纹

图 16 新疆库木吐拉 23 窟窟顶的太阳神图像

注 释

［1］新疆维吾尔自治区博物馆．新疆民丰县北大沙漠中古遗址墓葬区东汉合葬墓清理简报．文物，1960（6）．

［2］James C. Y. Watt: *China.Dawn of a Golden Age, 200AD~275AD*. New York: The Metropolitan Museum of Art, 2004：196~197.

［3］林梅村．汉代西域艺术中的希腊文化因素．九州学林，2003（1）:1~35.

［4］张靖敏．从希腊女神到东方圣母——诃利帝母艺术形象在丝绸之路上的发展与演变．北京：北京大学考古文博学院，2005.

［5］孙机．建国以来西方古器物在我国的发现与研究．文物，1990（10）：69~80.

［6］［日］栗田功．ガンダーブ美术．东京：二玄社，1988：137.

［7］初师宾．甘肃靖远新出东罗马鎏金银盘略考．文物，1990（5）．

［8］邢义田．赫拉克利斯（Heracles）在东方——其形象在古代中亚、印度与中国造型艺术中的流播与变形//荣新江，李孝聪，主编．中外关系史：新史料与新问题．北京：科学出版社，2004：15~47.

［9］John Boardman.*The Crossroads of Asia*.London: The Ancient India and Iran Trust, 1992：151.

［10］Volbach W.Fritz.*Early Decorative Textiles*.Paul Hamlyn, 1969：107.

［11］Marylin M. Rhie.*Early Buddhist Art of China and Central Asia.Vol. II*.Brill, 2002：364.

［12］赵丰．尼雅出土蜡染棉布研究//饶宗颐．华学．第九、十辑（二），上海：上海古籍出版社，2008：790~802.

［13］新疆维吾尔自治区博物馆，新疆文物考古研究所．中国新疆山普拉——古代于阗文明的揭示与研究．乌鲁木齐：新疆人民出版社，2001.

［14］Boris Stawiski.*Kunst de Kuschan*, VEB E.A.Seemann Verlag, Leipzig, 1979：133.

［15］阿贝特科夫、优泰波夫．中亚西部的古代伊朗族游牧民//M.S.阿西莫夫，C.E.博斯沃思，主编．中亚文明史．北京：中国对外翻译出版公司，巴黎：联合国教科文组织.2002.

［16］E. Lubo-Lesnichenko: *Ancient Chinese Silk Textiles and*

Embroideries: 5th to 3rd Century AD, in the collections of the State Hermitage Museum (in Russia), Leningrad, 1961.

[17] [日] 栗田功 . ガンダーブ美术 . 东京：二玄社，1988.

[18] 马承源 . 营盘男尸 // 新疆文物局，上海博物馆，编 . 新疆维吾尔自治区丝路考古珍品 . 上海：上海译文出版社，1998.

[19] 李文瑛 . 营盘 95BYYM15 号墓出土织物与服饰 // 西北风格——汉晋织物 . 香港：艺纱堂 / 服饰工作队，2008 : 56~75.

[20] 同 [3] .

[21] Emma C. Bunker.*Late Antique Motifs on a Textile from Xinjiang Reveal Startling Burial Beliefs*.Orientations, May 2004：30~36.

[22] 赵丰，主编 . 纺织品考古新发现 . 香港：艺纱堂 / 服饰工作队，2002：76~77.

[23] F. Allchin and N. Hammond.*The Archaeology of Afghanistan: From Earliest Times to the Timurid Period*.Academic Press, London, 1978.

[24] 赵丰 . 唐代丝绸与丝绸之路 . 西安：三秦出版社，1992 : 232~236.

第五章　胡锦初成：新疆和费尔干纳的丝织品

丝绸的西传并非一朝一夕，而是逐渐发展而成的。当时，中国丝绸在丝绸之路沿途大受欢迎，当地人不仅想买产品，还想学习丝绸的织造技术。在学习过程中，他们一方面要汲取科技知识，另一方面则要进口原材料，并引进蚕种。在这丝绸西传的重要阶段，丝绸产品传至西方，其后丝绸的艺术风格和生产技术也陆续西传。其中，丝绸的生产技术传到了中亚地区，包括中国新疆及乌兹别克斯坦费尔干纳一带，而两地出土的丝织品在艺术风格上亦非常接近。

一、早期丝绸的传播

关于丝绸的早期传播，可参考传丝公主的故事。这故事最早见于玄奘的《大唐西域记》，后来斯坦因（A. Stein）在新疆和田市丹丹乌里克（Dandan Oilik）遗址的一座庙内发现了几块木画板，经考证，画板上记载的故事与玄奘所写的完全吻合。

据玄奘记载，丝绸之路上有个小国叫瞿萨旦那，大概相当于现在新疆的和田地区，当地居民非常喜欢丝绸，但是缺乏蚕种。

唐初玄奘法师路过此地时曾有记录，其中一段内容提及：

> 闻东国有也，命使以求。时东国君秘而不赐，严敕关防，无令桑蚕种出也。瞿萨旦那王乃卑辞下礼，求婚东国。国君有怀远之志，遂允其请。瞿萨旦那王命使迎妇，而诫曰："尔致辞东国君女，我国素无丝绵桑蚕之种，可以持来，自为裳服。"女闻其言，密求其种，以桑蚕之子，置帽絮中。既至关防，主者遍索，唯王女帽不敢以验。遂入瞿萨旦那国，止麻射伽蓝故。方备礼仪，奉迎入宫，以桑蚕种留于此地。[1]

现存于大英博物馆的这块画板（见图 1）正好描述了这一故事。[2]画板中间的女性人物是东国公主，她头戴非常漂亮的花冠。公主两旁是她的两名侍女，右边的侍女正用织机织布，而左边的侍女则用手指着公主的冠帽，正在告诉别人蚕种就藏在这里。为什么能够肯定蚕种藏在冠帽中呢？这是因为侍女面前有一个碗，碗内有一颗颗圆圆的东西，应该就是蚕茧。把蚕茧、冠帽和织造联系在一起，便组成了东国公主偷带蚕种的故事。公主后面还有一个神像似的人物，他手上的各种小物件也与纺织有关。一手拿着刀子，可以割断纬丝；一手拿着剪刀，中间有一个"工"字形的工具，可能是用来绕线的。

瞿萨旦那几经辛苦获得了蚕种后，开始自行养蚕得茧，当地的丝绸生产也形成了独特风格。一般情况下，蚕成蛹约七天后便破茧化蛾，破了的茧子便成为蛾口茧。由于蛾口茧无法抽出长丝，所以中国人惯常在结茧后马上缫丝，或设法杀死蚕蛹，不让蚕蛹

图 1　传丝公主画板

破坏蚕茧，以保证缫丝时丝不会断。而根据瞿萨旦那的相关记载，当地人特别珍惜那些得来不易的蚕种，为了让所有蚕蛾都破茧、交配、产卵和培育新蚕，他们不允许杀死蚕蛾。因此他们只能等蚕蛾破茧后，将茧子拉松，再进行纺线，这样的工艺类似棉纺中的纺线，与中国缫丝的做法完全不同。也有一种说法指出，由于佛教不主张杀生，所以限制了他们缫丝的做法，只能纺线。

除了传丝公主这块特别有名的画板外，还有一些画板记载着类似的故事。在斯坦因发现的另一块画板上，当中的人物形象与上文提及的神像非常相似，特别是他手上拿的割刀，正是用来割断丝线的，现在新疆地区织地毯的工人也用一样的刀割断结好的彩色丝线。另外还有两块现收藏于俄罗斯的画板，其中一块显示某个人坐在织机前，另一个人正在穿筘，上面的神像被认为是丝织神像，因为他手拿着丝织机上的筘。“筘”是用竹子制成的一个定幅工具，用以规定织机上的每一筘都等宽等距，确保丝线可以整齐地排列。[3] 至于画板上神像的身份，现时还未能确定。

以中国新疆和乌兹别克斯坦为代表的中亚地区，是蚕桑丝绸的重要产地。直至今天，该地区仍有巨大的古老桑树。在吐鲁番的吐峪沟，很多人家里都种有大桑树，有些还专门供人参观，桑树愈老，愈是吸引人。从撒马尔罕（Samarkand）到费尔干纳的沿途，亦随处可见林荫道上的古老桑树；在布哈拉的清真寺前，还有几百年树龄的老桑；一些13世纪左右的遗址也种满了桑树。这说明中亚地区的桑树栽培史十分悠久，而当地的纺织和丝绸生产到现在还很兴盛。棉的生产始于印度，在中亚地区得到了广泛的应用，在费尔干纳一带，棉的种植可能比中国还早，下文将会作更详细的讨论。此外，在费尔干纳保存相对完好的丝绸产地是马吉兰（Magilan），那里有很多丝绸厂，其中一个厂里有一棵约五层楼高的桑树（见图2），要几个人合力才能环抱树干。马吉兰与现在新疆和田的生产丝绸方法比较一致，都是用蚕茧来缫丝，这与早期中亚地区用蛾口茧纺绵线的方法不同。

二、新疆的绵线织锦

正因为蚕种得来不易，所以新疆当时没有像内地一样煮茧缫丝，而是采集蛾口茧进行纺丝织绸。新疆当地不少文献都有记载，当时高昌锦、疏勒锦和龟兹锦等均为绵经绵纬。[4]在营盘、扎滚鲁克以及吐鲁番等地也发现了大量出土织物，其风格特点非常明显，一般都是平纹纬重组织。营盘出土的织物中还有一类绵线锦绦，虽然是用绵线作经作纬，但采用的也是平纹经重组织。

再看3世纪至4世纪新疆当地生产的绵线织锦。当地的丝在加工前都先被打成绵线，所以那里生产的织物都很有特色。要判断织物是否在当地生产，只需辨别绵线是否采用当地的做法即可。如果绵线是采用当地的方法制成，把绵线送到内地织好，然后再拿回来的可能性便较低；如果绵线采用内地的做法，则有可能是当地人先从内地买入绵线，然后送到新疆织，也有可能是从内地买下整块织品。把茧丝打成绵线后所织成的织物，很可能是在新疆或费尔干纳一带生产的。

有关新疆生产的绵线织锦，可从一些文献记载和出土文物中了解。《魏书》提到：

图 2　乌兹别克斯坦马吉兰的古桑

> 高昌（今吐鲁番）宜蚕；于阗（即当时的瞿萨旦那，今和田）土宜五谷并桑麻；焉耆养蚕不以为丝，唯充绵纩；疏勒（今喀什）土多稻、粟、麻、麦、铜、铁、锡、雌黄、锦、绵，每岁常供送于突厥。

后来《隋书》也提到高昌宜蚕：

> 疏勒土多稻、粟、麻、麦、铜、铁、锦、雌黄；于阗之王用锦帽。

这里提到疏勒为产锦之地，但宜种桑养蚕产丝之地则为高昌和于阗。

除此之外，新疆吐鲁番出土的文书也有不少提到当地生产丝绸的情况。例如，吐鲁番哈喇和卓 90 号墓出土的《高昌永康十年（475）用绵作锦绦残文书》提到“须绵三斤半，作锦绦”；同墓出土的《高昌主簿张绾等传供账》提到“出疏勒锦一张，与处论无根”；吐鲁番哈喇和卓 99 号墓中出土的《北凉承平八年（450 或 509）翟绍远买婢券》也提到举锦券（即借锦的合同）上，有“要到前年二月卅日，偿锦一张半”的规定。三年后，因阿奴无力偿还，只得以婢绍女抵偿，因此在买婢券中，便有“翟绍远从石阿奴买婢一人，字绍女，年廿五，交与丘慈锦三张半”的记录。另外，吐鲁番哈喇和卓 88 号墓出土的《北凉承平五年（447 或 506）道人法安弟阿奴举锦券》中，也提及“阿奴以翟绍远举高昌所作黄地丘慈中锦一张，绵经绵纬，长九尺五寸，广四尺五寸”。这里的“丘慈”就是丘兹，也可写作龟兹，即今天的库车一带。由此可见，丘慈锦的经线纬线都是用绵线织成的，这跟上文提及的故事相吻合。

由此，我们可以推断哪些织锦是用绵经绵纬来做的。早期的考古发现大都在吐鲁番，该地出土的文物年代相对较晚，数量也不多。其中一件是吐鲁番阿斯塔那 313 号墓出土的红地瑞兽纹锦（见图 3），在一个波折形的骨架里横着织了一个兽纹。另外一件是 330 号墓出土的红地联珠小花锦，从织品的外观来看，它们都是用绵经绵纬织成的。[5] 在塔克拉玛干沙漠南面的扎滚鲁克墓地，也出土了很多类似的织锦。但有一件比较重要的织锦在甘肃的花海墓地被发现。花海在河西走廊的西端玉门关附近，离新疆不远。这个墓葬的年代有详细的记录，墓主人的名字叫大狗女，葬于 376 年。她的墓里有一条简单的内裤，款式跟相扑运动员穿的裤子类似，内裤的下面部分用绵经绵纬的织锦制成，图案并不特别清晰，但可看出是一件红地云气鸟兽纹纬锦。根据记载，这是最早的有明确年份的绵经绵纬织物。[6]这个墓出土了很多丝绸，但只有这一件是绵经绵纬，因此估计这一类出土数量较少的织物，不是在当地生产的。

这类绵经绵纬织锦的技术特点是，织物的经纬线均是由手工纺成的丝绵线，所以绵线粗细不匀，而加捻的方向为“Z”捻。在汉唐时期，“Z”捻是当地或西方地区加捻的习惯，在中国内地则大多用“S”捻。绵经绵纬织锦的颜色以红色为主，常见色彩有白、红、灰、黄四种；组织结构是平纹纬锦，经线明经和夹

图 3　吐鲁番出土的红地瑞兽纹锦

经两组，明经通常为一根，而夹经则一般成双，其局部组织大多是 1∶1 的平纹纬二重，但总体色彩通常是三色。这些平纹纬锦的织物通常宽 1 米，长约 2 米，跟每匹宽 50 厘米、长十多米的内地织物不同。[7]

另一类新疆当地生产的织锦是一种比较窄的平纹经锦带，最早由斯文·赫定的同事贝格曼在楼兰发现。吐鲁番文书中提到的“绵三斤半，作锦绦”，可能就是指这种带子，亦即绦，这类带子在营盘出土的数量特别多。织锦上的绵线加有“Z”捻，从这个角度看，这种绵线是在当地生产的。此锦带采用中国内地传统的平纹经二重结构，但与内地的锦带区别在于它特别窄，只有

2~3 厘米宽，而内地的锦则一般宽 50 厘米。一般的纹经和地经比例均为 1∶1，但通常也是三色至多色，并通过换区使色彩更丰富。还有一个重要的特点是循环的图案。从收藏于伦敦的另一件动物纹锦带（见图 4）可见，沿着经线方向，一只动物到另一只动物之间并非有规律的重复；前一只动物有一双翅膀，后一只动物则没有翅膀。这说明这些纹样并非由提花技术织成。但在纬线方面，虽然每条锦绦都很窄，但上面总是三个并列的动物纹，完全重复；而中国内地的织锦技术则与新疆刚好相反，其纬向可以不一样，但是经向是重复的。这也是辨别中国内地和新疆织锦的重要依据。[8]

三、模仿汉锦和西锦

上文提及的平纹纬锦和平纹经锦绦带，都是在汉式织锦输入新疆后，模仿汉锦所产生的，因此与汉锦有很多相似之处。首先是平纹纬锦模仿了汉锦的组织结构，产生方向转了 90° 的平纹纬锦；另外亦模仿了它的图案，把云气动物纹复制到绵线纬锦上，还包括不明的汉字；第三是锦绦模仿了其挑花技术，产生了可以

图 4　收藏于伦敦的动物纹锦绦

进行经向挑花、纬向控制图案循环的方法。

新疆营盘墓地有一件棉布袍，其织锦被用来装饰边缘，锦缘被裁得很细，但还是可以看出里面连续的云气动物纹，云气隔开了带翅膀的动物。更有意思的是一个个小方块，它们其实模仿的都是汉字。汉锦上通常织有很多汉字，如“五星出东方利中国”“延年益寿长保子孙”等。新疆当地和中亚一带的民族不认识汉字，更不懂汉字的意思，只是为了模仿，就把汉字抽象化为方块图形，织入绵线纬锦。加上转了 90° 后的组织结构也与汉锦一样，如果撇开织机和幅边，可以说他们模仿得非常到位。另一组织锦在扎滚鲁克墓地出土（见图 5），这组织锦的残片较多，但仍然能清楚地看到锦上的云气动物纹非常明显，云气纹样连贯，动物的模样也很清楚，在文字的模仿上也更多样化，有的像“日”字，有的像“五”字。还有类似羽人的形象，在模仿的时候作了微小的

图 5　扎滚鲁克出土的仿汉式绵线纬锦

变化。[9]所以，我们不仅可以从动物造型上看出当地织锦模仿汉锦的痕迹，更可以从云气和文字的造型中，看出模仿的生硬。

另一类当地的绵线纬锦与汉锦的图案相差很大，不过也不能排除它是模仿当时的毛织物的可能性。这类织锦的纹样沿经向站立，同时以纬线成轴，形成对称的布局。新疆营盘一带曾出土过一些锦饰袍缘，将图案进行初步复原后，可见上面有鸟，中间有树，还有兽面纹，下面可能是一种建筑形式，也可能是一种伞盖，旁边是人物造型（见图6）。[10]这大致上是一个重复单元，但不是严格的循环，只是图案设计上的重复。笔者在英国还看到另外一件织物，上面也有树、叶子和果实，果实造型比较像葡萄，中间的造型更像一个伞盖，还有一对鸟和器皿，跟上文提及的毛织物非常相似，所以新疆生产的绵线织锦在艺术风格上，一方面模仿从内地运来的汉式织锦，另一方面也模仿西边传来的毛织物。

四、长丝类平纹纬锦

约在北朝晚期（即公元6世纪左右）的吐鲁番阿斯塔那170号墓中出现了一些由平直的长丝织成的平纹纬锦。这是一个有着明确纪年的墓，里面埋着三个人，都死于6世纪后期。[11]这些平纹纬锦仍然采用平纹纬二重的组织结构，但不再使用绵线作为经纬。其中一件盖在死者脸上的覆面（寿终后用以覆盖在死者面上的织物），中间是对羊纹锦。仔细观察后发现，它用的是平纹纬二重组织，所有经线都加有“Z”捻，这是当地技术的特点之一，而用的纬丝很漂亮，非常光滑、平直和鲜艳，织物的质量也很高。此外有一条属于墓中女主人之一——孝姿的裤子保存得非常好，腰后有一片红白色的织物。经过复原后可以看出，这块织物的图案主要由圆圈构成，圈中有对兽或对鸟，织物也采用具有当地特色的平纹纬二重组织。这条裤子在同时出土的《衣物疏》中被称为“合蠡锦裤”，但这个“蠡”字的确切解释仍有待考证。[12]考古学家在吐鲁番阿斯塔那墓地发掘了很多墓，出土的丝织品也

图 6　新疆营盘出土的人物兽面纹绵线锦

非常多，但很少有保存得较为完整的衣物，这条裤子算是一个例外。从织锦面料的细部可见，它用的纤维介乎平丝和绵线之间，色彩粗犷，纤维不很光滑，与加捻绵线相似，但仔细一看，虽然经线照惯例加有“Z”捻，但纬线的捻度无法找到，所以它的织造技术介乎长丝纬锦和绵线纬锦之间（见图 7）。把裤子上的图案复原后，发现差不多每隔一行都有兽面纹，隔着兽面纹的，则

图 7　吐鲁番出土的红地兽面对鸟对兽纬锦裤

是孔雀、陶罐、星星、对兽和另一种对兽（见图 8）。在同一个墓里出现一定数量的同类织物，说明这类织物当时已经比较盛行。在与阿斯塔那 170 号年代相近的墓里，也出土较多同类织物，有“王”字和“吉”字纹样，也有缎带纹样，或龟背形联珠纹，整体特点都是图案经向不重复但沿纬向对称。还有一类织锦有云气的骨架和对龙的纹样，被推断在6世纪或更晚时生产，这类织锦也属于长丝类的平纹纬锦。

图 8　吐鲁番出土的合蠡锦裤图案复原

五、蒙恰特佩出土的丝织品

以往有关丝绸之路的研究，主要聚焦在新疆境内，因为那里出土的织物种类非常丰富，有关的史料也很多。但是当考古学家研究西方文化如何在丝绸之路上产生影响时，便应该扩大研究范围至更西边的地区。离开新疆，翻过帕米尔高原，就到了中亚国家。费尔干纳一带是位于乌兹别克斯坦东部的一个盆地，跟丝绸之路的关系特别密切。新疆距离乌兹别克斯坦最近的地方只有 100 千米左右，车程很短。新疆的西南部是帕米尔高原，地势比较险峻，附近是吉尔吉斯斯坦和塔吉克斯坦，这也是经丝绸之路进入乌兹别克斯坦前必须经过的两个国家。进入乌兹别克斯坦后，第一站就是费尔干纳盆地（Fergana Valley），当地的气候和土壤都很适合养殖蚕桑和生产丝绸。过了塔什干（Tashkent），再到撒马尔罕（Samrkand）和布哈拉（Bukhara），就是唐代中亚“昭武九姓”的主要区域，包括康国、安国、何国、米国、曹国等。中亚地区有两条主要河流，一条是阿姆河，另一条是锡尔河，锡尔河一直流过费尔干纳盆地的西北部，那里有一个非常重要的遗址叫蒙恰特佩（Munchak-tepe）墓地。

蒙恰特佩墓群在现今乌兹别克斯坦共和国纳玛律干（Namangan）地区帕巴城（Pap）附近。这里的古城极大，分为两个区域，一个叫巴兰特佩（Baland-tepe），是当时的城区；另一个是蒙恰特佩，是当时的墓葬区。古代中亚的城市大都在伊斯兰化期间被毁，但后来还有人一直在那里生活，现在还能在那里发掘到 11 世纪至 13 世纪的器物、陶片等。当地发掘的墓葬，年代由1世纪前后至8世纪不等，相当于中国的汉唐时期。考古学家在蒙恰特佩遗址发掘了十多个墓葬，推断其年代主要在5世纪至8世纪。其中5号墓的年代在5世纪至6世纪，出土了丝绸、纺织品和服装。目前主要利用C-14同位素测定文物的年代，而经北京大学测年实验室利用此技术反复测定后，发现这些文物的年代都较当地考古学家所推断的还要早，在3世纪至4世纪前后。这些墓的情况与吐鲁番的不太一样，墓道都用泥砖封起，人可以爬下去；墓中的棺材用芦苇编成，然后一个个叠起来，令人联想到新疆扎滚鲁克的墓地。

马特巴巴伊夫是在20世纪80年代左右发掘这一墓地的（见图9），墓中出土了一些纺织品、陶器、木器、草编、铜器和首饰，不过纺织品的保存状况不太好。这一地区也有棉籽出土，说明当地有悠久的棉纺织生产历史。在复原衣服的过程中，领子起着重

图9　蒙恰特佩墓地考古发掘情景

要的作用。一般的衣服都有几层领子，通常是V字领，上面是圆的，而蒙恰特佩出土的衣服，其领子的造法与新疆一带比较接近，通常都用织锦（见图10）。虽然没有新疆出土的织锦保存得那么好，但其风格明显与新疆绵线平纹纬锦一致，衣服其他部位大部分是平纹的绢。2006年之前，笔者和一些学者认为这类织物都是在新疆当地生产的，但当我到访费尔干纳后，发现那里也出土了大量同类织锦，因而开始认为费尔干纳也是一个重要产地。

为了研究蒙恰特佩的纺织品，上海东华大学、中国丝绸博物馆与乌兹别克斯坦科学院的考古研究所展开合作，由乌方的考古学家巴巴杜拉耶夫提供发掘资料，笔者则带领几个学生和同事进

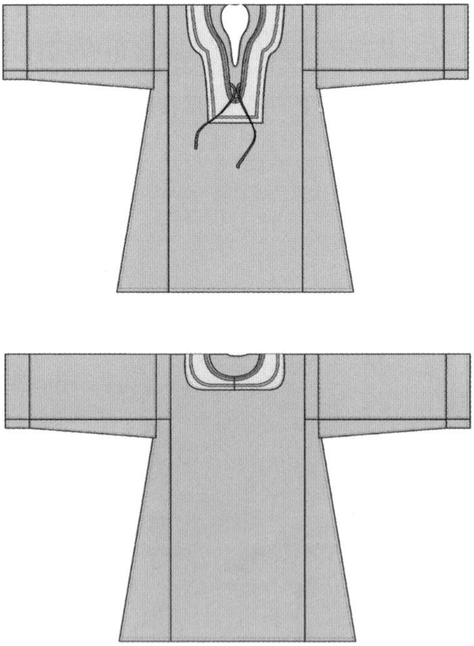

图10　蒙恰特佩出土的衣服款式复原

行测试、复原和其他相关研究工作。[13] 在讨论过程中，当地的考古学家认为，虽然这些纺织品中有一种锦很粗，比较漂亮，应是中国产的，但大部分服装上都有平纹的绢，其织造技法比较简单，所占的量也较多，所以他们认为这些纺织品是当地所产。我们的看法则刚好相反，那些平纹绢应该是从中国内地运来的，因为织物中包括一件单色的菱格纹绮织物，而绮是非常典型的中国织物。用于制作领子的绵线纬锦，则应该是当地生产。除了当地常见的绵线纬锦，还有几个比较重要的小发现。有一条特别窄小的领子保存得很好，从放大的照片可见，它属于长丝类的平纹纬锦。复原后可以看出，它是个横向排列的联珠纹，色彩一行一换（见图 11）。这类纬锦在当地的出土量比较少，其来历和年代引人关注。另一条带子也很有意思，宽度小于 1 厘米，但属于斜纹纬锦，这种组织结构是粟特织锦的重要特点之一。原先只在中国境内发现这类织锦，最早的年代大概在初唐，即 7 世纪初。但现在在年代这么早的墓葬里已经出现了这类斜纹纬锦，比中国境内的发现早了几百年，是否意味着早在 3 世纪至 4 世纪，粟特地区就已经有这种斜纹纬锦出产，然后再传到费尔干纳，再传到中国新疆呢？出土的织物虽然残破，但其中可能隐含重要的历史背景。

六、丝路上的野蚕丝

最后谈谈丝绸之路的野蚕丝。丝绸之路的蚕种和丝绸是从中国输出的，但笔者在印度访学时，当地人认为丝绸之路上的丝绸不只来自中国，也来自印度。的确，希腊的记载也提到，地中海

图 11　蒙恰特佩出土的联珠纹平纹纬锦

一些小岛上有野蚕丝出产，并被做成织物。玄奘在《大唐西域记》的第二卷中，也提到印度人穿一种叫 Kausaya 的织物，也就是野蚕丝：

> 衣裳服玩，无所裁制，贵鲜白，轻杂彩，男则绕腰络腋，横巾右袒，女乃襜衣下垂，通肩总覆。顶为小髻，余发垂下，或有剪髭，别为诡俗。首冠花鬘，身佩璎珞。其所服者，谓憍奢耶衣及（氎）布等。憍奢耶者，野蚕丝也。

历史上印度都是用野蚕丝的，当中主要有柞蚕丝、蓖麻蚕和琥珀蚕三大类。印度养蚕的资料则显示，虽然当地人也生产不少家蚕丝，但主要是在后期才培养发展的。早期用的应多是野蚕丝。近来，西藏阿里地区故如甲木寺发现了公元 3—4 世纪的墓葬出土了大量丝绸。其中部分丝绸经中国丝绸博物馆鉴定，应是来自印度的野蚕丝。

现在辨别家蚕丝和野蚕丝的方法，一是从形貌上，二是利用红外光谱，还可以做氨基酸的分析。家蚕丝的横切面总是呈不规则的三角形，角度比较钝。至于野蚕丝的横切面，角度则较锐。事实上，有关家蚕丝和野蚕丝的研究目前已经从图案、组织结构进入更深层次的材质层面，如果能分辨家蚕丝和野蚕丝的材质有什么不同，对于研究丝绸之路的文化交流将有重大作用。

同时，研究人员为营盘和蒙恰特佩出土的绵线纬锦做了大量观察和测试，发现有两类蚕丝确实存有一定差异。在营盘的绵线纬锦中，有一组经线单丝的横切面积比较大，横切面三角形比较工整，还有一组横切面积比较小，三角形比较扁平，意味着蚕吐的丝较少。家蚕的吐丝有一定的变化，它是从野蚕驯化而来的，进化规律一般是早期的蚕丝横切面积较细小，愈到晚期愈粗大。这就像人的进化——吃的食物愈有营养，人的身体便愈高大，寿命也愈长。至于费尔干纳出土的绵线纬锦，其蚕丝截面比较粗壮（见图 12 和图 13）。通过形貌观察和红外光谱等测试，研究人员认为在营盘和费尔干纳的织物里都使用过家蚕丝纤维，这一类纤维很可能是从中国内地传入的，这种情况与费尔干纳出土的平

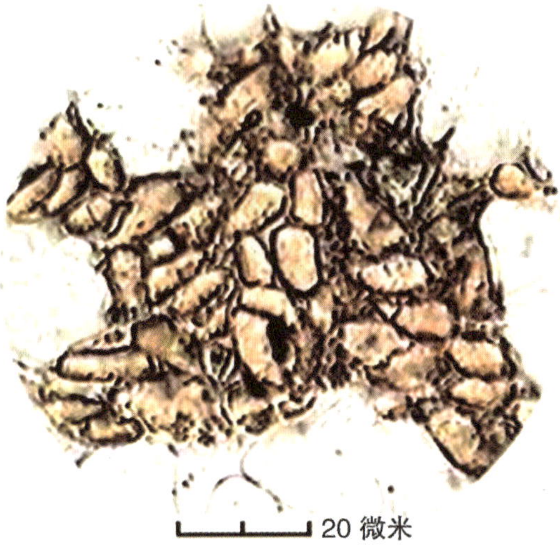

图 12　蒙恰特佩出土的家蚕丝截面图

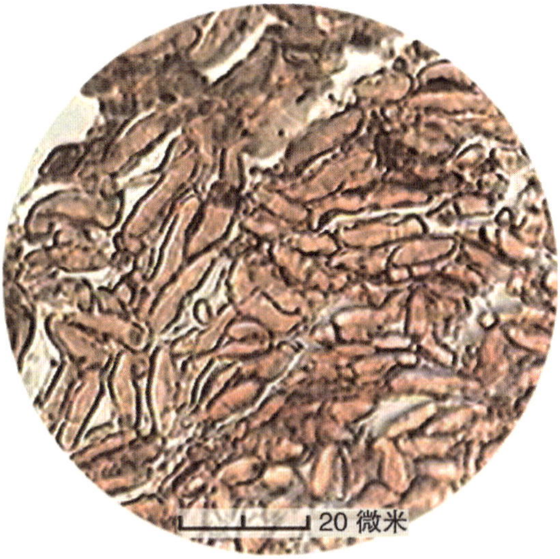

图 13　蒙恰特佩出土的另一类蚕丝截面图

纹绢的丝纤维大致相同。当时的传说提到，中亚和西亚人把中国传到当地的绫织物拆了重织，[14] 指的应该是把丝线打了绵线重新织造，生产出来的很可能就是这类绵线纬锦。当然，这类丝纤维的来历还有很多种可能性，例如这可能是传丝公主带来的蚕种在吃了新疆当地的野生桑树后吐出的蚕丝，至于如何变化则有待考证。要对中国和印度、中国和中西亚的丝绸和纺织品的交流进行更深入的研究，需要更良好的样本和研究方法，亦需要更长的时间。

注　释

[1] 玄奘，辩机 . 大唐西域记 . 季羡林，校注 . 北京：中华书局，1985：1021~1022.

[2] 斯坦因 . 斯坦因西域考古记 . 向达，译 . 上海：上海书店出版社，1987.

[3] 东京国立博物馆，等，编 . シルクレドの遺宝，1985.

[4] 唐长孺 . 吐鲁番文书中所见丝织手工业技术在西域各地的传播 // 文化部文物局古文献研究室，出土文献研究 . 北京：文物出版社，1985：146~151.

[5] 贾应逸 . 新疆丝织技艺的起源及其特点 . 考古，1985（2）：173~181.

[6] 赵丰，王辉，万芳 . 甘肃花海毕家滩 26 号墓出土的丝绸服饰 // 西北风格——汉晋织物 . 香港：艺纱堂 / 服饰工作队，2008：94~113.

[7] Zhao Feng.*Evolution of Textiles along the Silk Road, in China: Dawn*

of a Golden Age.the Metropolitan Museum of Art, 2004.

［8］赵丰．新疆地产绵线织锦研究．西域研究，2005（1）：51~59.

［9］王明芳．三至六世纪扎滚鲁克织锦和刺绣 // 西北风格——汉晋织物．香港：艺纱堂 / 服饰工作队，2008：18~39.

［10］树下对人文锦断片．新シルクレド展．东京：江户东京博物馆，2005：87.

［11］赵丰，万芳，王乐，王博．TAM170 出土丝织品的分析与研究 // 吐鲁番学研究——第三届吐鲁番学暨欧亚游牧民族的起源与迁徙国际学术研讨会论文集．上海：上海古籍出版社，2010：241~267.

［12］王乐．合蠡纹锦袴复原研究 // 包铭新，主编．西域异服——丝绸之路出土古代服饰复原研究．上海：东华大学出版社，2007：109~115.

［13］马特巴巴伊夫，赵丰，主编．大宛遗锦——乌兹别克斯坦费尔干纳蒙恰特佩出土的纺织品研究．上海：上海古籍出版社，2010.

［14］《魏略·西戎传》载大秦国“常利得中国丝，解以为胡绫，故数与安息诸国交市于海中”。

第六章　寻访赞丹尼奇：中亚粟特织锦的探讨

赞丹尼奇（Zandaniji）是粟特（Sogdiana）地区生产的一种织锦。粟特地区位于乌兹别克斯坦的西南部，以撒马尔罕和布哈拉为中心区。在唐朝年间，粟特人已经是那一带的主要居民，他们自小开始经商，也善于织锦，加上陆续迁徙移居至中国西北和内陆地区，使他们的织锦与中国的织锦相互产生影响，提升了双方的丝绸生产技术。

一、壁画上的织锦图案

考古学家一直依赖壁画上的资料来研究丝绸之路中亚和西亚段的丝绸，并以出土的墓葬壁画、佛教壁画和浮雕图案来判断织锦的产地。其中一个例子是位于伊朗克尔曼沙赫（Kermanshah）的塔克波斯坦浮雕（Taq–e Bostan）。该浮雕是萨珊波斯三世（Shapur III，383—388）时期的作品，上面的图案反映了当时国王等人的服饰图案。研究人员对浮雕上面的服饰图案进行摹绘和大量研究后，推测皇室人员身上的锦袍是波斯锦（见图 1）。波斯锦上的图案大多是一圈圈的团窠形；团窠的“团”是“圆”的意思，“窠”

图 1　伊朗塔克波斯坦浮雕上的服装图像复原

字之中的“穴”字，是指有一个特定范围，可以把一个题材加进去；其中联珠圈更被认为是波斯锦的典型图案，而新月、赛姆鲁

（Semuvue）、立鸟等亦是波斯锦的常见题材。[1]

粟特在6世纪至7世纪极为兴盛，由于生意兴旺，当地人极为富有，因此建有宏伟的都城。但阿拉伯人在阿拉伯半岛兴起后，便一路东征，占领了整个中亚，导致大量城市均在7世纪初被毁。萨珊波斯的国王被杀后，他的儿子流亡到中国，向唐朝求救。唐朝也曾派高仙芝率军出征，但是在葱岭一带战败，中亚从此开始了伊斯兰化的道路，那时形成的格局影响至今。考古学家后来发掘出被阿拉伯人毁灭的粟特城市，里面还存有富丽堂皇的宫殿和美丽的壁画，其中在布哈拉一个名为瓦拉沙（Varahsha）的遗址中，便保存了良好的壁画。在壁画上能隐约看到一个人坐在大象上，象鞍上有用联珠纹装饰的缘饰，鞍子中间是团花纹样。[2]

另一个非常重要的地点是撒马尔罕。这里有个名为阿弗拉西亚卜（Afrasiyab，7世纪）的遗址，它曾是粟特人的都城，遗址下也发现了宫殿，其中的壁画人物图像保存得非常好。建筑有三面，西面的墙上是穿着锦袍的国王和使臣，锦袍上的图案有衔着绶带的含绶鸟（见图2）；有长着狗头和翅膀、后面还有孔雀大尾巴的赛姆鲁怪兽，还有双人骑骆驼或者大象的图像，马鞍上也有大量的联珠纹。南面的墙上则有很多人物，其中最主要的人物是粟特王，所占的范围特别大。[3]

第三个粟特人的遗址片治肯特（Penjikent，5世纪—8世纪）位于今天的塔吉克斯坦（Tajikistan）境内，那里存有很多壁画，但保存状况都欠佳，当中不少壁画都被搬到首都杜尚别（Dushanbe）。根据当地学者复原的图像，可以看出其中的团窠纹和联珠纹图案，都属于粟特锦的纹样。

图 2　阿弗拉西亚卜遗址宫殿壁画上的服饰图案复原

类似的粟特锦或波斯锦纹样也曾在中国境内出现，但出现的时间并不长。在敦煌一个隋代洞窟里，有一个菩萨穿着的裙饰上便有联珠纹圈，圈里饰有翼马和驯虎的图案[4]，这类图案在其他朝代的洞窟中并不常见。在丝绸之路从事商贸的粟特人中，最东方的一支长期在山西大同和太原一带居住，代表佛教兴盛的三大洞窟之一的云冈石窟也在此处，可见这是一个东西交流频繁的地区。几年前，考古学家在太原发现了北齐徐显秀（571年）墓，墓室壁画上有很多人物，反映了墓主人生前的生活场面。在人物的衣服上可以看到画得非常仔细的联珠纹图案，有的联珠纹还有人物头像、狮子纹样或其他花卉纹样，各有不同。[5]

二、赞丹尼奇名物考

除了图案研究之外，我们还在丝绸之路沿途发现了大量的织锦实物，也有一些史料记载，但如何来把实物和名称一一对应起来呢？这类研究在中国古代被称为“名物考证”。

真正对中亚织锦进行名物考证研究的应该是从海宁（Hening）和舍费尔德（Sherfield）开始的。他们研究了收藏于比利时辉伊（Huy）大教堂里的一件保存完整的团窠对野山羊纹锦，锦的背后有两行墨书，被海宁释读为粟特文的“赞丹尼奇，长61拃”几个字。[6]赞丹尼奇，意为产于布哈拉以北的一个小村赞丹那（Zandana）的织物。因此，这件织物随后被看成是中亚粟特锦的标准器。由此出发，收藏于梵蒂冈博物馆、德国亚琛（Archen）主教堂、法国尚思（Sens）主教堂等的一大批同类织物都被确定为粟特系统织锦。俄罗斯学者也将出自莫谢瓦亚·巴尔卡（Mochevaya-Balka）墓地的一大批织物定为粟特织锦。[7]

然而，到了20世纪末，特别是在纽约大都会艺术博物馆屈志仁等举办了《丝如金时》展览之后，人们对这一赞丹尼奇的称呼有了质疑。质疑首先来自俄罗斯的考古学家马尔沙克，他提出了 61 拃的长度在 12 米左右，而这件织物只有 2 米左右，明显不符。[8]而更为致命的打击来自伦敦大学的粟特语言大家西姆斯–威廉姆斯教授，他在认真辨读这段墨书之后，认为这不是粟特语，又请教了阿拉伯语专家之后，把这两行文字释读为：“属于某军官，37 2/3 第纳尔。”[9]这样看来，这件织物与粟特织锦就没有什么关系了。

中国的文献几乎没有出现过“粟特锦”这一名称，只有“波斯锦”的记载。吐鲁番阿斯塔那（Astana）及哈拉和卓（Karakhoja）墓地中出土了大量 3 世纪至 9 世纪的文书，里面多次提到波斯锦，有时写作“波斯锦”，有时则以“钵斯锦”或“婆斯锦”表示。例如，在出自哈拉和卓 90 号墓的《高昌□归等买鍮石等物残账》（482 年前后）中，提到了“钵斯锦”；阿斯塔那 15 号墓的《唐唐幢海随葬衣物疏》中则提到“婆斯锦面衣一枚”。由此得悉，从 5 世纪末到 7 世纪，“波斯锦”这一名称曾在吐鲁番地区出现。[10]

波斯锦也经常在中国正史中出现。据《梁书》卷 54 记载，520 年，滑国以波斯锦进贡武帝。《隋书》卷 68《何稠传》记载：“波斯尝献金绵锦袍，组织殊丽。”一直到《旧五代史》卷 138，也有记载：

> 周世宗时，又以（曹）元忠为归义军节度使，元恭为瓜州团练使。其所贡硇砂、羚羊角、波斯锦、安西白緤、金星矾、大鹏砂、毦褐、玉团，皆因其来者以名见，而其卒立世次，史皆失其纪。

公元 822 年，呼罗珊地区在波斯人总督的领导下宣告独立，穆斯林波斯人的萨曼王朝于公元 900 年至 990 年在粟特人安国旧地布哈拉出现，因此中国史料中仍有“波斯锦”之称。

经过研究，我们认为中国史料中提到的波斯锦和现在学者所指的粟特锦是同一回事。当时的萨珊波斯帝国非常强大，中亚一带也就是它的一个行省。在中国境内，人们经常不知道西域来物具体产在什么地方，所以就大而化之地称为“波斯锦”，并不非常严格地查明这个锦是产于离中国远一点的波斯还是近一点的波斯。无论辉伊大教堂保存的野山羊纹锦是否就是布哈拉赞丹那生产的赞丹尼奇，都应该肯定这就是文献中经常提到的波斯锦之类。据《布哈拉历史》记载，当时中亚一带生产的同类织锦无论是否由赞丹那所织，都被称为“赞丹尼奇”。就像今天所有的像景织物都被称为“都锦生织锦”一样。所以，赞丹尼奇就是粟特锦或是中亚织锦的代称了。

从技术上分析，赞丹尼奇的特点有三。一是采用三枚斜纹纬重组织，属于唐式斜纹纬锦；二是其经线加有强烈的 Z 捻，通常由两至三根并列而成，纬线非常平直；三是其图案通常只有纬向循环而无经向循环，而且图案的勾边通常以二纬二经为单位。这三个特点都是辨别赞丹尼奇的依据。[11]

确定了赞丹尼奇的标准后，学者开始四处搜罗相似的织品。他们在欧洲的教堂里，找到很多中世纪时期销售到那里的织物，也有些是从墓葬发掘出来后重新修复的收藏品。其中一个例子是保存在法国巴黎以南的桑斯小镇教堂里的一件很大的窠尖瓣对狮纹锦（见图 3），上面有对狮子的团窠纹样。比利时的皇家博物

图 3　法国桑斯主教堂中的对狮纹锦

馆也收藏了很多类似的对狮织物。

德国的亚琛教堂也有一些当时的织物，其中一件红地含绶鸟锦的尾部，与青海出土的织物完全一样。梵蒂冈博物馆也保存了一些当时的织锦，其中最常见的是团窠中的立鸟纹锦和对狮纹锦。此外，俄罗斯南部北高加索地区也发现了很多出土文物，有来自中国的，也有来自西方的，其中有一批被认为是典型的中亚织物，织造相对比较粗糙。还有一件织得比较精细的赛姆鲁纹锦，身后拖着大大的孔雀尾巴，与中亚壁画上的服饰图案相吻合。美国很多博物馆，如纽约大都会艺术博物馆（The Metropolitan Museum of Art）和克利夫兰艺术博物馆（The Cleveland Museum of Art）都收藏了类似的织物。[12]这是因为在19世纪末，博物馆比较欢迎这一类藏品，故有人从教堂藏品中拿一些来出售，有的织物被剪成一块块小片，送往不同地点，于是好几个博物馆都分别收藏了同一织物的某一部分。

比起欧洲的考古学家，中国的考古学家很晚才读到有关赞丹尼奇的文章。[13]他们了解了之后，开始在中国翻查大量资料，发现了一些相关的资讯。例如，敦煌文书《太平兴国九年（984）十月邓家财礼目》（S.4609）里有关于“沙沙那锦一张”的记载，笔者怀疑“沙沙那”就是“赞丹那”，即生产赞丹尼奇的地方。徐梦莘的《三朝北盟会编》卷55也提到，1126年秋，宋朝遣李若水等前往榆次，向金朝西路军统帅完颜宗翰（粘罕）求和，和议虽未达成，但使臣仍收到赠礼，在副使得到的丝绸里，就包括了“赞丹宁”20匹。尚刚教授认为，这里的“赞丹宁”，指的就是“赞丹尼奇”。一直到元代，工部属下有一个撒答剌欺提举司，于至元二十四年（1287）设置，“札马剌丁率人匠成造撒答剌欺”，所以“撒答剌欺”无疑就是“赞丹尼奇”。[14]不过，笔者估计，“波斯锦”这一名称还是较普遍的。

三、吐鲁番和都兰的中亚织锦

通过将史料的记载和西方保存的实物对应起来，我们可以对中国出土的文物重新进行仔细研究，并分辨出在新疆和青海地区，哪些出土织物采用了中亚织锦技术。

吐鲁番阿斯塔那属于7世纪早期的墓葬出土了大量中亚织锦，基本上都以联珠为团窠，中间再填以主题纹样。当时比较著名的题材有猪头纹、大鹿纹、含绶鸟纹等，织造风格粗犷，经线加有Z向强捻，只有纬向的纹样重复。斯坦因最早在这个墓地发掘到一块猪头纹样的织物（见图4），认为它就是波斯锦。[15]由于那时发掘的文物有限，大家对这类织锦了解不多，后来中国的考古学家在新疆境内进行大规模考古发掘后，才发现有几类图案在当时特别流行，野猪头便是其中之一。有一件猪头纹锦的色彩由红、蓝、白组成，野猪头的造型也不狰狞，所以考古学家最初把它命名为“熊头纹锦”。第二类比较流行的图案是大鹿，又称“马鹿”（stag）。一般的马鹿长得像马一样雄壮，奔跑速度也很快，但在织锦纹样中，这种大鹿很胖，而且腿很细，不一定跑得快。第三类图案是含绶鸟，在萨珊波斯的纹样中便有出现。纹样中的鸟有时没有含绶，只是立鸟，绶的形状也有不同变化。鸟颈后面通常还有一个飘带，有时也系在鸟腿上。图案最简单的立鸟可见

图 4　吐鲁番出土的猪头纹锦

于吐鲁番一件红地团窠联珠对鸟纹锦，这件织物有两个对鸟的联珠团窠，可以明显看出上下两个对鸟并不相同，上面的鸟有飘带，下面的鸟则没有，因此图案在经向没有重复，但左右纬向完全对称，而且图案重复，这就是粟特锦的特点。[16]

青海都兰的丝绸文物发现始于上世纪80年代，地点是青海湖西面的大山。山里有一条河流，长200多千米，两侧有很多墓葬，传说是吐谷浑人留下来的。其中最大的墓，有可能是当时的一个王陵，此墓地像一个高台，和后面的大山连在一起，显得特别宏伟。墓里出土的一件织锦有比较特殊的单鸟图案，其正胸对外，双翅平展，两只爪子抓住了胸前的一个人形图案（见图5）。[17]经过考证，这应该是印度的金翅鸟，在克孜尔壁画里也有金翅鸟抓着人的图像。除了鸟之外，其他织锦也有对牛、对马、对羊等偶蹄类的动物，但并不常见。中国丝绸博物馆收藏了一件带

图5　都兰出土的灵鹫纹锦图案复原

着翼马图案的织锦，同样的形象也在阿弗拉西亚卜的粟特壁画里出现。[18] 还有一类题材是野山羊（ibex），青海发现的野山羊图像与收藏在辉伊大教堂的背面写着赞丹尼奇的织锦图像完全一样，只是外面的花环有所不同。

四、敦煌藏经洞发现的粟特锦

甘肃敦煌位于丝绸之路的要道上，是前往新疆的必经之路。敦煌丝绸主要发现于藏经洞，但洞里保存下来的织锦都很零碎，没有吐鲁番的织锦那么完好。经过仔细研究，我们发现其中有不少织锦都属粟特锦。根据敦煌文书的明确记载，粟特锦通常被称为“番锦”，并以“张”作单位，例如 P.3432《吐蕃时期沙州龙兴寺卿赵石老脚下佛像供养具经等目录》记载：

> 阿难裙，杂锦绣并杂绢补方，并贴金花庄严，番锦缘，及锦绢沥水，长肆箭，阔两箭，二。

在藏经洞发现的重要文物中，价值较高的现藏于英国，另一些则藏在法国，也有小部分藏在印度，其中有些还可以拼对出原先的完整图案。例如，一片藏在法国的和两片藏在英国的野山羊纹锦，被拼对之后，可以发现原来的图案是野山羊站在花瓣上面（见图 6），这与比利时辉伊大教堂中的野山羊图像完全一致。[19]

第二件拼对而成的是锦帙上的对狮纹锦。唐代的经文大部分呈卷轴状，而那时的绢织物大部分都是 50 厘米宽，对半裁开后

图 6 敦煌藏经洞发现的联珠野山羊纹锦图案复原

刚好可以用作写经，后来虽然大多数用纸取代绢织物，但经文的尺寸基本上没变。经帙用作包扎经卷的外封，其封口的地方另有系带，可以扎紧几卷相关的经文。有一件锦帙的封口处有一个“开”字，估计是寺庙的简称，可能性较大的是指开元寺，因为当时敦煌的藏经洞除了存放莫高窟的东西外，也存放周围寺庙的东西，所以要署上主人的名称，以标明来历。敦煌一共出土了两件这样的锦帙，把它们拆开并进行图案复原后，可发现颜色和图案风格都与欧洲大量收藏的中亚织锦相近，也许它们都是由同一个地方的同一批工匠制造的。[20]

除此之外，藏经洞内还有几件相当特别的织物。有一件团窠对鸟纹锦现藏于大英博物馆，其团窠已经不用联珠纹了，改用简单的花卉纹样，这说明联珠纹发展到后期已变得愈来愈漂亮。另一堆织物主要藏于英国维多利亚和阿尔伯特博物馆（Victoria and Albert Museum），以红色为主，共五十多块小碎片，可拼成一个非常漂亮的红地团花图案（见图 7）。[21]它运用的织造技术应该是中亚的，图案却是唐朝风格的。用中亚技术来织造唐代纹样织物的情况相当少见，可能是中亚当地居民学习唐代的图案设计

图 7　敦煌藏经洞发现的红地团花纹锦图案复原

后，制作了这件织物。最后是一件心形纹样的织锦，这件织锦有不少残片，收藏在英国维多利亚和阿尔伯特博物馆和法国吉美博物馆（Musée Guimet）中。心形纹样在中亚壁画所绘的衣服上也很常见，说明当时的人已广泛使用这种纹样。

敦煌文书提到番锦，也提到大红番锦，虽然有时没有直接提到“番”字，但我们可以从这些锦的规格，分析团窠的情况。P.3432《龙兴寺卿赵石老脚下依蕃籍所附佛像供养具并经目录等数点检历》提到“十八窠锦一张”；P.3410《年代未详（约840年）沙州僧崇恩处分遗物凭据》中也提到“八窠上锦一张”。当时一张锦的最大尺寸宽约1米、长约2米，比中国唐代的织锦更宽，可以做成三行六列的十八窠，或两行四列的八窠上锦。其纬向和经向的长度比例大约是1∶2。

敦煌文书对大红番锦的记载特别仔细。P.2613《唐咸通十四年（873年）正月四日沙州某寺交割常住物等点检历》是当时敦煌某寺清点财务的清单，上面写着“大红番锦伞一，新，长丈五尺，阔一丈，心内花两窠，又一张内每窠各狮子二，四缘红番锦，五色鸟九十六”。当时一尺约30厘米，一丈约3米长，所以这里提到的番锦伞长约4.5米、宽约3米。它的中心有两个对狮子纹样的团窠织锦，四周是大红色的番锦，共有96只五色鸟。我们试着按尺寸和织物特点进行复原，发现有些布局比较明确，有些则有多种可能性。按照惯例，中间两个团窠应该是长2米、宽1米，团窠的两侧是96只比较小的五色鸟。这样就会出现几种可能性：一张内18只，纬向3只，经向8只，共用五张锦多一些；一张内24只，纬向4只，经向6只，共用四张锦；一张内32只，纬向 4 只，经向 8 只，共用三张锦；一张内 48 只，纬向 6 只，经向 8 只，或纬向 4 只，经向 12 只，共用两张锦。

五色鸟的色彩特别漂亮，但一个团窠内还可以分单鸟和对鸟两种情况，甚至更多种可能性。中唐时期，在敦煌 198 窟佛涅槃壁画中所画的枕头，就有单只立鸟的团窠纹样，其五色鸟图案也与伞盖相近，而且红地的色彩接近，团窠纹样也用花瓣，中间衔绶鸟也很像。除了五色鸟外，中间还有狮子纹锦，这种纹锦自唐代开始已经出现，现存最大的一种团窠狮子纹样直径约 80 厘米。我们按两个方案进行复原，第一个方案是，中间有两个狮子团窠，外面是对鸟团窠，按照 4.5 米 ×3 米的外尺寸，鸟的纹样很小，中间狮子的纹样则特别大。由于这与原型出入较大，所以这个方案不太合理。第二个方案是，狮子团窠在 1 米 ×2 米左右，外面有两圈单只立鸟的团窠纹锦（见图 8）。相比之下，第二个方案可行性比较高，我们从其他实物上也能找到同类型的图案为依据。[22] 此时，96 只五色鸟最有可能来自三张五彩鸟锦，每张纬向 4 只、经向 8 只，共 32 只。

五、寻访赞丹那村

笔者的处女作是《唐代丝绸与丝绸之路》，正因对丝绸之路有着浓厚的兴趣，所以一直希望能对此进行深入详尽的研究，并考察丝绸之路上的各地，了解丝绸的生产与传播，其中赞丹那村是一个值得一看的地方。根据中亚的史料记载，赞丹那一直生产赞丹尼奇，中国的史料也记载，中国元代期间曾专设撒答剌欺提

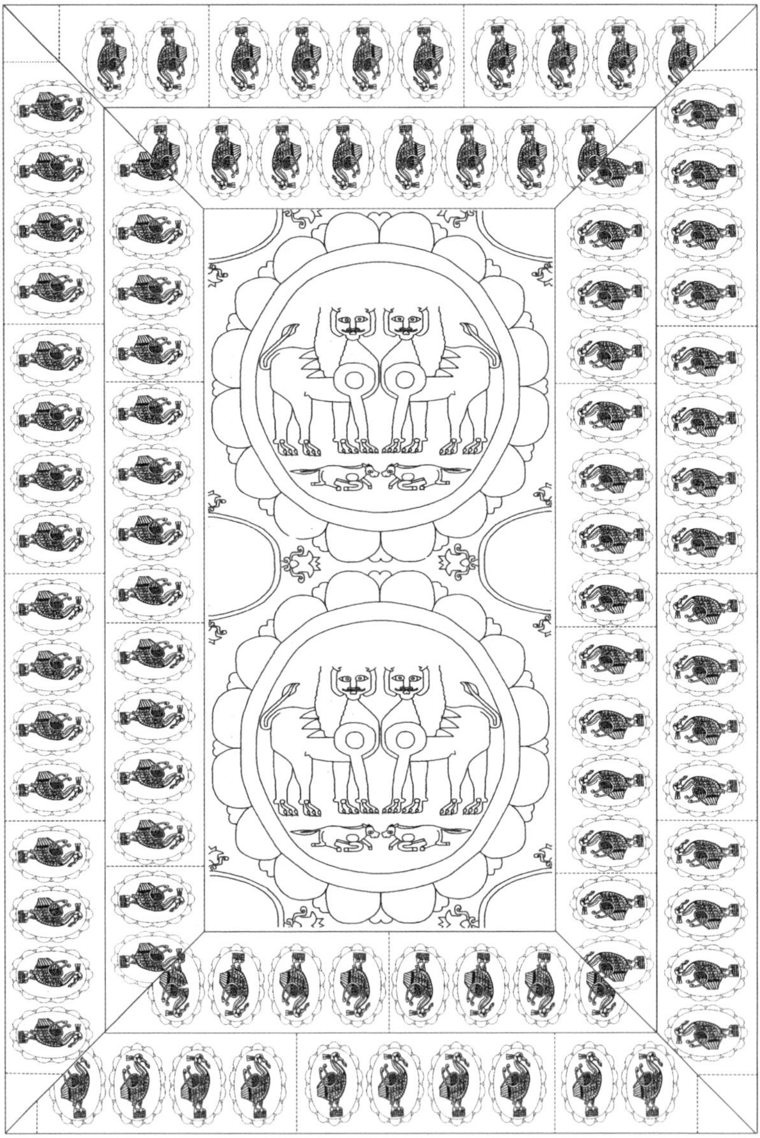

图 8　敦煌大红番锦伞复原方案

举司生产织锦，而工匠便很可能来自赞丹那一带。当时成吉思汗征服了整个亚欧大陆，从波斯和中亚地区掳掠了大量织工，一些如纳石失等著名的丝织品，应该是由中亚工匠织造的。2006年，笔者在大英博物馆研究斯坦因收集的中亚丝绸时，得到了一个基金的资助，终于有幸到访赞丹那。

8月21日，笔者到达布哈拉。布哈拉是一座美丽的古城，现存的建筑都是伊斯兰风格的，城中心有一个池塘，池边种着很多大桑树（见图9），其中一棵树上挂着牌子，说是栽种于1477年，说明布哈拉具有悠久的丝绸生产历史。赞丹那位于布哈拉北面75千米处，现在的赞丹那村已不同于古代的赞丹那，古赞丹那现在是一个遗址，还没有开始考古发掘，相信里面必定有很多文物。但当笔者到访现在的赞丹那村，并问起当地村民有关织布的历史，他们都不清楚，关于织造的人和物在这里早已荡然无存。虽然当年的赞丹那已发生了翻天覆地的变化，但笔者仍希望通过实地考察，了解织造的传统是否仍然保留，或出现了什么变化。村民指出，邻村库卡（Kukcha）或许还有人在织布，于是笔者到了该村，并向一位名叫何姆拉伊夫（Homraev）的老农问了很多问题。他的祖先一直居住在赞丹那村，后来才搬到库卡，这两个村过去是分工合作的，一个村负责织造，另一个村负责染色。当时的织造、染色都是由以家庭为单位的手工作坊完成的，是一种小农经济式的私有经营。后来，老人的父亲在十月革命时被杀，苏联政府要求停止私营经济，从此便再也没有赞丹尼奇了。

在布哈拉，每一个学生、导游或历史学家都要看一本10世纪的当地著作《布哈拉历史》，当中有四五处提到赞丹尼奇。有

图 9　布哈拉清真寺前的古桑

的地方虽然没有直接说到赞丹尼奇，但也提及某地生产织锦的历史。导游告诉笔者，早在 9 世纪至 10 世纪，中亚一带的丝绸生产已非常兴盛，不止赞丹那一个地方生产丝绸，只是正巧赞丹尼奇被保存了下来，算是最著名的一种织锦。[23]就如中国苏杭的丝织品特别有名，但事实上，苏杭以外，江浙一带有很多地方都盛产丝绸。

尽管赞丹尼奇并非在中国境内生产，但它对丝绸之路产生了重大的影响，因此，研究这段历史对于研究丝绸之路非常重要。

唐代前后，中国的丝绸生产技术已经传到了中亚，中亚一带起初是用自己的技术织成平纹纬锦，后来进行了技术提升，织出了斜纹纬锦。他们的斜纹纬锦比中国的更漂亮，以至唐朝开始仿制粟特锦，使中国在学习中亚技术的基础上，又进行了新一轮的技术革新。

注　释

［1］Splendeur des Sassanides.*Musees Royaux d' Art et d' Hstoire*. Bruxelles, 1993.

［2］东京国立博物馆，等，编．シルクレドの遺宝，1985.

［3］A.M.Belenizki.*Mittelasien Kunst der Sogden*.VEB E.A. Seemann, Buch– und–Kunstverlag, Leizig, 1980.

［4］常沙娜．中国敦煌历代服饰图案．北京：中国轻工业出版社，2001.

［5］山西省考古研究所，太原市文物考古研究所．太原北齐徐显秀墓发掘简报．文物，2003（10）：4~41.

［6］D.G.Shepherd and W.B.Henning.*Zandaniji Identified?*In *Aus der Welt der islamischen Kunst: Festschrift für Ernst Kühnel zum 75.* Geburtstag am 26. 10. Berlin，1959：15~40.

［7］Anna A. Ierusalimskaya. *Formation of the Sogdian school of artistic silk weaving, in Sredniaia Asiia I Iran*. Gosudarstvennyi Ordena Lenina Ermitazh. Leningrad, 1972：5~46.

［8］Marshak 2006 . *The So–called Zandaniji Silks: Comparisons with the*

Art of Sogdia.In Schorta 2006：49~60.

［9］Nicholas Sims–Williams and Geoffrey Khan. *Zandaniji Misidentified?* Bulletin of the Asia Institute, 2008.

［10］吴震．吐鲁番出土文书中的丝织品考辨//吐鲁番地域与出土绢织物．乌鲁木齐：新疆维吾尔自治区博物馆，奈良：奈良丝绸之路学研究中心，2000：84~103.

［11］Zhao Feng. *Jin, taquete and samite silks: The Evolution of Textiles Along the Silk Road, in China: Dawn of a Golden Age*（*200AD~750AD*）.The Metropolitan Museum of Art and Yale University Press, 2004：67~77.

［12］James C. Y. Watt and Anne E. Wardwell.*When silk was gold: Central Asia and Chinese textiles*.New York: Metropolitan Museum of Art, in co–operation with the Cleveland Museum of Art, 1997.

［13］姜伯勤．敦煌吐鲁番文书与丝绸之路．北京：文物出版社，1994.

［14］尚刚．撒答剌欺在中国//中国丝绸博物馆．丝国之路——5000年中国丝绸精品展．ROSIZO，圣彼得堡，2007：26~27.

［15］Aurel Stein.*Innermost Asia.Vol. III*.Oxford, Clarendon Press, 1928.

［16］新疆维吾尔自治区博物馆．丝绸之路——汉唐织物．北京：文物出版社，1973.

［17］赵丰．纺织品考古新发现．香港：艺纱堂/服饰工作队，2002：92~93.

［18］中国丝绸博物馆．丝国之路——5000年中国丝绸精品展．ROSIZO，圣彼得堡，2007：23~24.

［19］大英博物馆斯坦因藏品MAS.862. 吉美博物馆伯希和藏品

EO.1203/E// 赵丰，主编 . 敦煌丝绸艺术全集 · 英藏卷 . 上海：东华大学出版社，2007.

［20］大英博物馆斯坦因藏品 MAS.858. 吉美博物馆伯希和藏品 EO.1199// 赵丰，主编 . 敦煌丝绸艺术全集·英藏卷 . 上海：东华大学出版社，2007.

［21］大英博物馆斯坦因藏品 MAS.865. 维多利亚阿伯特博物馆藏品 L:S.642 // 赵丰，主编 . 敦煌丝绸艺术全集 · 英藏卷 . 上海：东华大学出版社，2007.

［22］赵丰，王乐 . 敦煌的胡锦与番锦 . 敦煌研究，2009（4）：38~46.

［23］Narshaki.*The History of Bukhara* (translated by Richard N. Frye).

第七章　从何稠到窦师纶：盛唐织锦风格的形成

古代丝绸之路的文化交流，在唐代形成了阶段性的小结。从早期的草原丝绸之路开始，到汉代丝绸向西方传播，以至中亚丝绸生产形成自身风格，并具一定规模，再到隋唐之际，中亚丝织品的设计和技术影响了中原地区的丝绸，最后中原丝织品吸收了中亚丝织品的风格，促成了唐代织锦艺术风格的形成。在这个过程中，何稠和窦师纶是很具代表性的人物。

一、北朝时期的胡风

汉晋时代的中国丝绸仍以输出为主。东晋时期，北方有十多个小国，其中一些国家由少数民族统治。大量少数民族进入中原后，有的被完全汉化，有的反而凭借过去四处迁徙的生活经历影响了汉族，令汉族的审美观念和生产技术出现胡化。到北朝晚期，中原地区很大程度上受到周边胡化的影响，丝织品上随处可见胡风荡漾。最明显的特点，是汉族传统的经锦在纹样和设计风格上，开始出现大量胡风题材。

中原本来没有狮子纹样，但在埃及、印度、波斯等国家，狮子纹样则被大量使用。在汉代，开始有周边国家进贡狮子给中国，狮子纹的装饰品也通过海路来到中国，狮子纹样从此出现在中原丝织品上。另一个例子是大象纹样，尽管中国考古也曾发现过象牙，但大象并不是中国的特产。相反，大象在东南亚特别多，印度人打仗时，最强大的部队往往骑着大象作战；波斯人与希腊人打仗时，也有大象部队。此外，大象也是重要的运输工具，从一些纹样中可见，有人坐在象背上，驾驭大象，象背上有象鞍，后面有伞盖（见图 1）。另外，在一些图像中，有人坐在象背上弹琵琶，说明大象也可作表演之用。

当时的丝织图案还经常有象、狮子和骆驼的组合。骆驼是沙漠之舟，现在的北非、中亚、新疆等地还大量使用骆驼运输。在一件胡王牵驼锦上，就有牵着骆驼的商人，他旁边织着“胡王”两个字，说明这位商人是胡人，应该是来自中亚地区的粟特商人。这种题材除了在丝织品上出现，在当时的彩陶、砖雕上也可找到。现时被收藏的团窠式胡王牵驼纹锦，都是隋代及其以前的产品。有一件收藏于中国丝绸博物馆的织物，尽管其图案结构不是团窠，但题材和团窠牵驼纹锦的十分相近。织物的近幅边一侧是骆驼，驼边织了一个“胡”字，还有一个牵驼的胡人以及狮子和大象。织物中间有一座建筑物，内有一尊神像，可能是佛像或菩萨之类，但面目不清（见图 2）。[1]

除了主题纹样出现胡风外，丝织图案的骨架也有新的特点，如丝织品上出现一些对波纹样，还有卷云纹和联珠纹，这些作为骨架的装饰纹样，都充分体现了波斯艺术对东方艺术的影响。吐鲁番阿斯塔那 170 号墓出土的对波动物纹锦原本是一件衣服的圆

图 1　新疆吐鲁番出土的方格兽文锦

领，经图案复原后可以看到，对波的骨架里有对凤或对鸟、对龙、对兽等纹样，主题都来自中原，但构成对波骨架的形式则来自西亚和希腊的联珠和涡云。[2]青海都兰墓地出土的太阳神图像织锦，也有联珠和涡云的元素。

图 2　胡王牵驼狮象纹锦

另一件包含西方题材的，是北朝晚期在中原十分流行的羊树锦。图案的最底部是大角羊，羊戴着飘带，两只羊之间有棵大树，所以叫作“羊树锦”。那棵大树与一般的树不同，树上有灯，发着光芒，树干形似罗马柱，被称为“灯树”，灯树之上还有葡萄树，都是西方的题材。[3]还有一件来自敦煌莫高窟藏经洞的织物，现藏于大英博物馆，根据残片把它的图案进行复原后，发现了用希腊风格的涡云纹样一层层叠起来的骨架，有点像古罗马斗兽场上的拱形门洞（见图 3）。[4]这种装饰风格，也许与古罗马的建筑艺术相关。

更明显的胡风图案是联珠纹。联珠纹是以一个个小圆圈连接而成的大圆圈，当时有很多织物都采用中原的经锦技术织出西方的图案，如联珠对马纹锦上的马，通常都是站立的，也有正在饮水的马。有时对波纹也采用联珠纹作骨架，里面是对龙、对凤、对狮子等。联珠纹也在吐鲁番阿斯塔那出土的一件陶俑上出现，

图 3　楼堞对龙凤虎纹锦图案复原（王乐绘）

其上半臂用了两个联珠团窠，团窠里是对鸟纹样；俑衣上还有联珠对羊纹锦，羊角又大又弯，身上长有翅膀。还有很多有趣的联珠纹锦，例如胡人联珠对饮纹锦（见图4），两个人拿着牛角杯喝酒，这种牛角杯被称为“来通杯”，二人中间是一个酒缸。胡人的外形特征十分明显，拥有鬈发高鼻，穿的袍子则是紧身束腰，袖口很窄，脚上穿着高筒皮靴。另一联珠圈里有两个胡人坐着，他们戴的帽子不同，但衣服非常相似。[5]

联珠纹的形式变化也非常丰富，有时会有大小联珠混在一起。例如有联珠对孔雀同字锦（见图 5），联珠圈中间是孔雀，外面是狮子，还有一个“同”字。孔雀图案也是来自西方的纹样，因为孔雀主要产自东南亚地区，而且很受欢迎，所以人们把孔雀尾

图 4　胡人联珠对饮纹锦

图 5 联珠对孔雀同字锦

巴的圆圈设计成铜钱的模样。[6]当时还有很多织锦种类，例如吐鲁番阿斯塔那出土的绯红锦，锦上的图案很小，里面织有“大王”两个字；也有很多西方的纹样，例如忍冬纹和卷草纹等。在6世纪前后，新疆一带流行树叶纹锦，树叶锦在吐鲁番文书里也被反复记载，种类有树叶纹锦、大树叶锦、树叶锦等。树叶锦在北朝时期特别流行，吐鲁番M170中有大量树叶锦出土，并有文书伴出。树叶在日常生活中随处可见，但把树叶作为纹样的并不常见，这种形状的树叶令人联想到扑克牌上的黑桃和红桃图案，而叶柄上面还系着飘带，相信这是西方人较喜欢的纹样。[7]

另一件收藏在新疆博物馆中的刺绣也很有意思，它曾经被剪破并缝成了手套（见图6）。把图案复原后，发现图案反映的几

图 6　新疆博物馆藏锦绣手套上的刺绣图案（万芳绘）

件器物，在斯基泰人的艺术品中也很常见。例如圆形的双兽头器物，在现实生活中有大有小，据说较大型的是斯基泰人在祭祀时绞杀牲口用的，较小的则用于饰品，如手镯等。而用作图案边饰的是涡云纹。[8] 涡云纹经常出现在各种艺术品中，是早期希腊艺术的装饰元素。

由此可见，从东晋到南北朝，中国的织锦出现了大量西方题材，这些题材也许是在西方的织物输入中国以后，深受中国人民喜爱而被模仿，也可能是内地的商人为了迎合西方消费者的口味而特意生产的。

二、何稠生平

中国人一方面完全依照西方人的图案做成波斯锦，另一方面吸收西方人的设计基础，再进行仿制，这在艺术和技术上都是一个吸收外来文化的过程。在此过程中有一个重要的人物叫何稠，一些史料如《北史》《隋书》中都有关于他的记载。从这些史料可以得知，何稠原是何国人，而何国为昭武九姓之一，即屈霜尼迦（Kushanika），位于康国与安国之间（今撒马尔罕和布哈拉之间），是连接东西粟特的枢纽。屈霜尼迦又名“贵霜匿”，在唐朝时被称为贵霜州。由于“何”为华夏旧姓，因此何国胡人入华后，其粟特身份较难辨认。《隋书·何稠传》记载：

> 稠性绝巧，有智思，用意精微。年十余岁，遇江陵陷（554年），随妥入长安。仕周御饰下士。及高祖为丞相，召补参军，兼掌细作署。开皇初，授都督，累迁御府监，历太府丞。稠博览古图，多识旧物。波斯尝献金绵锦袍，组织殊丽。上命稠为之。稠锦既成，逾所献者，上甚悦。

从史料记载可见，何稠很聪明，喜欢做一些精巧的手工。十多岁时，他跟随叔父从江陵县到了长安，在北周做过官。当隋文帝初任丞相时，他又参军，掌管制造金银细软的机构，到隋代开始，他便担任都督。史料提到“波斯尝献金绵锦袍，组织殊丽”，显示波斯曾经进献非常漂亮的金锦给隋文帝，后来隋文帝让何稠进行仿制，他仿制出的锦比原物还要精美。隋文帝很高兴，就把此事记在史册里。何稠在什么情况下仿制波斯锦，这对当时中国的织锦生产技术又产生了什么影响？我们不妨考察何稠家族在中原的发迹史。

何稠所处的时代属于北朝晚期。北朝起初是北魏，后来变成东魏和西魏，再后来变成北齐和北周，国号连连更替，政权也经常更改，直至隋统一为止。南方的南朝分为宋、齐、梁、陈四个朝代，最重要的是南梁（又称“萧梁”），它的皇帝就是梁武帝萧衍。梁武帝于502年建梁后，南方经历了一段相对安宁的年月。他在位的时间长达48年（502—549），最后在548年发生的“侯景之乱”中结束了他的统治。侯景是北魏鲜卑族名将，擅长打仗，但经常倒戈。当时他管辖长江流域附近一带，自称要投降南梁，梁武帝也接纳了他。不料侯景占领了南梁的京城南京，逼死梁武帝，另立梁武帝的养子萧正德为临贺王。临贺王是侯景控制的傀儡皇帝，他在位时，萧衍的亲生儿子还流亡在外——第七子萧绎在江陵，第八子萧纪在益州，并各自招兵买马，准备打回南京。552年，侯景杀死萧正德，萧衍的其他儿子遂争夺王位，萧纪率先称帝，但很快又被萧绎所灭。萧绎在江陵称帝，史称梁元帝，可惜在位只有两年多，就被西魏所灭。

关于何稠是哪里人，存有一些争论。有人认为中国本来就有何姓，何稠有可能是中国人，但现在大家都比较认同何稠来自中亚何国的说法。关于何稠家族，可追溯到他的祖父。有人说他祖父的名字是何细胡，又有人说他叫何细脚胡。有指他们家是胡人中的一个支派，但相关的记载中没有西胡或细脚胡的分类，所以“胡”应该是他祖父的称呼，估计叫细胡。史书上说何细胡“通商入蜀”，“主知金帛”，家住郫县，为梁武陵王萧纪掌管金银丝绸等贵重物品。当时丝绸和金银一样，可作货币使用，所以有“金帛”的说法。何家因此很富有，被称为“西州大贾”。这里的“西州”指的就是西部地区，并非一定指后来唐代的吐鲁番。萧纪精心经营西蜀，特别利用四川通往西域的捷径，进行丝绸贸易，同时促进东西文化交流。何细胡事奉萧纪的时间，应该正在此时。552年，萧纪在梁武帝死后于成都继承帝位，年号天正。《资治通鉴》记载，当他与梁元帝作战时，“以黄金一斤为饼，饼百为篋，至有百篋，银五倍于金，锦罽、缯彩称是，每战，悬示将士”。萧纪在临死前遭到樊猛的追击，又在舟中以金囊诱惑樊猛，说明萧纪在四川累积了大量金帛财富。这与何稠祖父为萧纪“主事金帛”有很大关系，说明丝绸之路上的贸易为统治者和商人带来了巨大的财富。

何稠的父亲何通是从事玉器加工制作的工艺大师，有人认为他从事的是昆仑玉或和阗玉的加工，但有关的证据不多。对何稠叔父的记载则相对较多。他的叔父叫何妥，字栖风，17岁时以伎巧事奉南梁湘东王萧绎，而所谓的“伎巧”，应该是与艺术相关的技术。史载何妥擅长文学、音乐，或许也包括丝织之类的技术。萧绎在552年称帝后，以江陵为都，但翌年就被西魏攻陷，西魏迁江陵十多万人口到北方。《隋书·何稠传》中说的“年十余岁，遇江陵陷，随妥入长安”正是此事，那年是承圣三年（554），何稠才十多岁。他很可能跟着叔父一起为萧绎工作，再从江陵迁到长安。当时有很多无辜民众在战争中被杀害，但是工匠免遭此难，因为任何一个统治者都需要能工巧匠为他进行生产建设。

经过整理，何稠的生平履历大约如下：

南梁大同六年（540）前后，何稠出生，字桂林。

西魏恭帝元年（554），何稠初到长安时，才十余岁。后在北周当官，御饰下士。

北周大象二年（580），周静帝死后，杨坚自封为左丞相，何稠被召补参军，兼掌细作署。

隋开皇初（581），隋文帝授其为都督，累迁御府监，历太府丞。

大业初（605），炀帝将幸扬州，拜太府少卿。稠于是营黄麾三万六千人仗，及车舆辇辂、皇后卤簿、百官仪服，依期而就，送于江都。守太府卿。后三岁，兼领少府监。是岁，加金紫光禄大夫。明年，摄左屯卫将军，从至辽左。

大业十二年（616），加右光禄大夫，从幸江都。

大业十四年（618），遇宇文化及作乱，为工部尚书。

唐武德二年（619），宇文化及败，陷于窦建德，建德复以为工部尚书、舒国公。

武德四年（621），窦建德败，归于大唐，授将作少匠，卒。

由此推算，何稠享年约80岁。

何稠于540年左右出生，554年跟叔父到了长安，并在北周做官。到580年，何稠被当时的丞相杨坚招补参军，掌管“细作署”，即制作金银细软的部门。杨坚称帝后，又给何稠加官，称为“都督”，累迁御府监、历太府丞。到了隋朝大业时，隋炀帝要下扬州。隋炀帝这次出行非常铺张，在一路的树上都要铺上锦。由于需要制作大量的精美器物，而何稠作为太府上卿，负责管理金银财宝，责任变得非常重大。他组织了36000人的仪仗队，备好车马，做好皇后的衣服和百官的礼服，完成后按时送到扬州。因为才华出众，何稠再次加官，又工作了12年。到大业十四年（618），隋炀帝因为过分残暴，被宇文化及所杀，其后宇文化及封何稠为工部尚书，掌管生产建设。不久后，窦建德打败宇文化及，并让何稠当他的工部尚书。后来，窦建德战败，唐朝政权建立，收归了何稠，授他为将作少匠、将作监，负责掌管生产建设，但他不久后去世，享年约 80 岁。

从何稠的生平可见，他毕生都在从事与手工艺品和丝织品相关的工作。从隋代开皇之初到大业前，即何稠 40 岁至 60 岁的阶段，他曾经仿制波斯锦。不过他仿制的金绵锦袍到底是怎样的，则没有明确记载。由于织金在当时的纺织品中非常罕见，所以笔者推测何稠很可能只是用西方的斜纹纬重组织，及在其基础上提升的大窠联珠对翼马或对鹿纹锦。[9] 这类联珠纹采用的不完全是波斯锦的技术，但是织出的纹样风格与中亚、波斯、粟特等地的非常接近。

三、仿波斯的中原织锦

前文已介绍过又称“波斯锦”的中亚织锦。波斯锦的联珠纹比较粗，很有棱角，装饰不算很华丽，重要的是将经线加 Z 捻这一技术特征。大量分析证明，经线的捻向是判断联珠纹锦产于中原或西域的重要依据。中原仿制波斯锦所用的是西方的斜纹纬二重组织，斜纹和纬重都是西方织锦技术的特点。但中原的联珠纹造型都很饱满圆润，珠子外的花卉纹样也经过精心设计，而不像波斯的联珠纹外面的花型般简单。日本大谷探险队队员橘瑞超在吐鲁番找到了一件花树对鹿纹锦（见图 7），其联珠所环绕的纹

图 7　新疆吐鲁番出土的花树对鹿纹锦

样主要是鹿，里面还有两列汉字“花树对鹿”，两列字一正一反。这时期的字不再像以前一样图案化，而是以类似楷书的形式出现，带有笔锋；联珠和飘带等元素让人感觉整个造型是仿制西方的，但已比粟特锦精细了不少。[10]

此外，此类织锦的题材通常与马和骑士有关。一件在吐鲁番阿斯塔那出土的骑士纹锦（见图 8），属于 7 世纪上半叶，从这件织锦上的图案可见，有个人站在马的旁边，双手挽着马脖子，身上的衣服很像云肩。[11]这也是目前看到的最早有关云肩的图像资料。最漂亮的骑士纹是收藏在日本法隆寺的“四天王狩狮锦”，长 250 厘米，宽 130 厘米，从技术上看，它也是中原生产的织锦。锦上纵横排列着 20 个联珠狩纹团窠，每个团窠内以生命树为中心，画着四位左右对称的骑士，头饰有日月纹的皇冠，骑着带翅的天马，这些马都是宫廷里的官马，所以身上会有编码烙字，如上面的马腿上烙有“山”字，下面的马腿上则烙有“吉”字。联珠团窠以十字唐草纹作为间饰，非常精美。据说此锦是 7 世纪后期由中国唐朝所制，由日本遣唐使带回日本，更曾是圣德太子的“御

图 8　吐鲁番阿斯塔那出土的骑士纹锦

旗”。这件织锦是波斯文化与汉文化交流的产物，是典型的唐代联珠纹锦。[12]

吐鲁番阿斯塔那还出土了一件被称为“大窠马大球锦”的织物，其年代约在唐武德三年（620），亦即唐代建立之初。[13]那时吐鲁番已出现了这类织物，说明这类织物产生的年代应该更早，与何稠仿制波斯锦的年代大致相同。无论在图案风格、组织结构，还是织造技术上，这类织物都有效仿波斯锦的痕迹，只在丝线捻向的细节上有所不同，但是最终的织品反而比波斯锦更精美华丽。这种情况与何稠的“锦既成，逾所献者”相吻合，代表了中原仿制并超越波斯织锦的技术水平。

四、窦师纶生平

窦师纶的年代略晚于何稠，正史里面没有他的记载，我们是从张彦远的《历代名画记》中知道他的。张彦远生于812年，卒于877年，当时已是唐代晚期，他所处的年代与窦师纶的年代相差很远，但关于窦师纶的传说一直流传着。较为重要的是“高祖太宗时内库瑞锦对雉、斗羊、翔凤、游鳞之状，创自师纶，至今传之”。唐高祖、唐太宗是在唐朝开国的时候，在650年以前。窦师纶首创的对鸡、斗羊等纹样到9世纪还在广泛流行。他和何稠的技艺分别代表了隋唐两个不同时期织锦的风格。在查阅了大量的关于窦师纶的资料以后我们知道，窦师纶出身名门，和唐太宗李世民是表兄弟。有意思的是，近年新发现了窦师纶的墓志，现藏于西安碑林博物馆，上有篆书“大唐秦府咨议太府少卿银邛坊三州刺史上柱国陵阳郡开国公窦府君墓志铭”，墓志内记窦师纶生卒年份。据碑记，窦师纶生于隋开皇十三年（593），卒于唐咸亨二年（671），享年78岁。而李世民生于598年，所以，窦师纶是李世民的表兄。[14]

窦姓家族在汉代已经存在，但是窦师纶的“窦”与原来的“窦”姓不同。他的家族不是汉人，而是改姓后的鲜卑族。据史料记载，最早的窦家始祖叫窦略，是北魏时期的将军。窦略的五个儿子中，以窦岳和窦善较为知名。窦岳的儿子窦毅在北周娶武帝的姊姊宇文氏为妻，窦毅的儿子又娶西魏文帝的女儿为妻，而窦毅的女儿则嫁给了唐高祖李渊，成为太穆皇后，李世民便是她的儿子。窦略的另一个儿子窦善又名窦温，他的儿子窦荣定娶了隋文帝的姊姊。由此可见，窦家本身是北魏的望族，与西魏的皇族有亲戚关系，与西魏和后来的北周、隋朝及唐朝的皇族都有亲戚关系。

窦荣定有两个儿子，其中一个叫窦抗，是隋文帝的外甥，与唐高祖的太穆皇后是堂兄妹。唐高祖李渊起兵后，原本在隋朝为官的窦抗投奔李渊，被封为将作大将，陪李渊饮酒作乐。唐代的外戚通常负责工程建设，被委以重任。窦抗在武德元年（618）兼任纳言，相当于丞相一职，但实为闲职，最后因侍宴暴死。窦抗有几个儿子在正史中都有记载，唯另一儿子窦师纶没有被记载。窦抗有一个兄弟叫窦琎，也曾当将作大将，并修建洛阳宫，但他把洛阳宫建造得太豪华，经费大大超出预算，唐太宗一怒之下将其革职，洛阳宫也随之被废弃。

幸运的是，窦师纶是唐太宗的表兄，也曾为唐太宗工作。唐太宗还是秦王的时候，窦师纶是秦王府的谘议，相当于秘书顾问一类的职务。在李世民拜尚书令的时候，窦师纶又任相国录事参军，属于幕僚官员。自他在益州大行台检校修造后，便开始主持工作。大行台是武德年间所设置的一个据点，类似现在国内的一级行政单位。益州即现在的四川，当时是生产蜀锦的重要基地，需要官员管理生产，检校修造。益州大行台于武德初年设立，于武德九年（626）被废。玄武门事件发生，李世民逼李渊退位，并杀掉自己的同胞兄弟，当上皇帝。这十多年来，窦师纶一直在四川一带工作，估计他正是在这一时期设计了陵阳公样。它一直被视为宫廷里最珍贵的瑞锦，风格延续到唐代晚期。到唐太宗即位后，窦师纶开始出任太府卿，与何稠和其祖父担任的太府卿一样，掌管金银器物。后来，窦师纶还担任过坊州刺史，唐玄奘在坊州去世时（麟德元年，664 年），窦师纶正在坊州任职，这时候唐太宗已去世 15 年了。

五、陵阳公样

陵阳公样的来历，源于窦师纶被封爵陵阳公。“样”指的是一种模式、风格，而按照一定规则设计出来的纹样，都叫陵阳公样。有关陵阳公样的史料只记载了纹样的题材，有对雉、对羊、翔凤和游麟，即像鹿一样的麒麟，但没有提及具体的形式。笔者把以团窠花卉作环，里面有对鸡、对鸟、对羊、翔凤等的纹样，都归入陵阳公样。[15]

隋唐之际流行团窠纹样，到了唐代初期，出现的团窠基本都是联珠纹，所展现的西方艺术风格特别明显。何稠等人仿制的波斯锦，终究还是属于联珠纹，只是看起来比波斯锦精美。但到了唐代晚期，联珠纹便不太常见，正是因为陵阳公样开创了新的团窠形式，替代了联珠纹，并在唐代一直盛行。我们举三类例子。

1. 变形联珠纹

第一类是变形联珠纹，周围是两圈联珠，外圈的联珠又分为内外两层，装饰性愈来愈强。在日本的正仓院有部分陵阳公样，里面是联珠纹，外面是花瓣或卷草，即使有联珠纹，其形式也日益弱化，花卉的形式则日益浓烈，主题纹样大多是对龙纹样。有一件在吐鲁番阿斯塔那出土的同类织物（见图9），背面还写着四川“双流”的墨书，正说明陵阳公样源于四川，而且对四川纺

图9 吐鲁番阿斯塔那出土的双珠团窠对龙纹绫

织品造成了很大影响。[16]

2. 宝相花外环

第二类可能是真正的陵阳公样，虽然整体而言它还是团窠，但其外环是像宝相花一样比较规则的花卉，环内有对狮或对鸟，两种图案的织物均在青海都兰出土，年代在盛唐到中唐之间。敦煌藏经洞也出土了一件团窠图案的“吉”字卷草葡萄立凤纹锦（见图 10），外面是卷草葡萄纹，中间是凤凰，一只脚站立，另一只脚跷起，是典型的唐代设计纹样，可惜凤凰纹样已残缺不全。[17]

图 10　敦煌藏经洞发现的卷草葡萄立凤纹锦

还有一件立凤纹锦出自青海都兰吐蕃墓地，它的外圈是宝相花环，中间也是凤凰，其造型相对稳重，两只脚都站着。日本正仓院收藏了一件团窠卷草凤纹织锦，其中的凤纹更有动感，姿势像是马上就要起飞。中国丝绸博物馆也收藏了一件可看作陵阳公样的织锦（见图 11），从它采用的辽式纬锦组织，可知其年代比较晚，属 9 世纪前后。团窠的环很大，花卉很复杂，纹样相当写实，更有不少侧面的花卉。团窠的中间有威武的小狮子，这种纹样也属于陵阳公样。[18]

3. 动物纹夹缬

图 11　中国丝绸博物馆藏花卉团窠立狮纹锦图案复原

到唐代晚期，陵阳公样有了很大变化，可算是第三种类型。在敦煌莫高窟藏经洞出土的对鹿纹夹缬（见图 12），也算是陵阳公样。夹缬技术在 8 世纪上半叶的唐玄宗时期出现，这件作品的年代可能更晚一些。中国丝绸博物馆有一件绣品类似马鞍，整个作品呈椭圆形，中间是对凤，周边是卷草，应该也是陵阳公样的延伸。[19]

经过详细研究，我们认为陵阳公样是在唐武德年间出现的，而且在提花和印花织物中均有存在，是结合了团窠花卉环和动物

图 12　敦煌藏经洞发现的对鹿纹夹缬图案复原

主题纹样的设计形式。联珠团窠出现的时间太早，延续的时间不够长，加上西方风格过于突出，所以不能被归纳为陵阳公样。由于窦师纶曾担任少府卿，他所设计的纹样风格，必然影响到宫廷其他工艺品，如贵重的金银器上也有陵阳公样类型的装饰纹样。何稠的作品则以仿制为主，因为他本身从中亚移居中原，仿制时比较驾轻就熟。到了唐代，本土设计师一方面要参考外来的设计，一方面也不断创新，寻求突破，做出具有唐代特色的作品，而陵阳公样就是其中的代表。

六、团窠宝花

除陵阳公样外，团窠宝花是唐代另一种吸收了外来精华的设计。团窠宝花经历了一个演变过程。曾经在汉代铜镜等器物上出现过的柿蒂纹还不算是真正的花卉纹样，真正的花卉纹样到了北朝才出现，有四瓣的、六瓣的、八瓣的花卉纹样，或正面的十字花及小型团花。唐代很多印花织物也有这类花卉，四个小花组合起来成为一朵大花，敦煌莫高窟壁画的服饰图案也有这种组合。到唐代初期，小团花有时也和联珠纹结合，但此时的联珠纹更像是一圈花蕾。后来宝花图案愈变愈复杂，装饰效果逐渐强烈。青海都兰出土的一件锦缘绣袜，其袜筒部分是织锦，下半部则是绫上刺绣，都采用了简洁的宝花纹样。盛唐时期出现了真正比较大型的宝花，其中，有两件比较重要，一件是在吐鲁番阿斯塔那出土的宝花纹样，经拼接后可以复原图案，另一件宝花纹锦在青海都兰出土，只剩一半。这种宝花被称为“瓣式宝花”。

唐代的织锦一般宽50厘米左右，1米宽的织锦则属特殊规格，被称为“大张锦”，是仿制的西域织锦，只有像粟特锦一类的织锦才用“张”的规格。据唐代史料记载，政府曾一度禁止织造大张锦，认为这样做费工费料。一件在日本收藏、用来做琵琶口袋的织锦，图案上有最华丽的宝花纹样。这件织锦复原后非常华贵，以蓝色为地，一层层的宝花有不同的造型，最外层的效果最立体，最内层的则最工整，这种花卉并不一定是确切存在的某种植物，只是现实中各种花卉的组合。[20]

从具有典型唐代风格的纹样——宝花来看，唐代的图案设计上下左右皆对称，充分体现了唐代超卓的织造技术。中国早期的织造技术是上下循环、左右不循环的，上文介绍过的西方织造技术，也只能满足左右对称，而不能满足上下对称。唐代吸收了西方的先进技术，终于出现了上下左右都能循环的技术，织出了团花。团花图案由小到大发展，最经典的就是团窠宝花及动物纹陵阳公样，这两种纹样在盛唐时期基本成型，对后世产生了深远影响。在唐朝这个兼容并包的时代中，无论是丝织品还是毛织物，中西方纺织品在技术和艺术风格上的交流，均促成了雍容华贵的唐代风格。

注　释

[1] 中国丝绸博物馆 . 丝国之路——5000 年中国丝绸精品展 . ROSIZO，圣彼得堡，2007：78~79.

[2] 赵丰，万芳，王乐，王博 .TAM170 出土丝织品的分析与研究

//吐鲁番学研究——第三届吐鲁番学暨欧亚游牧民族的起源与迁徙国际学术研讨会论文集．上海：上海古籍出版社，2010：241~267.

［3］武敏．织绣．台北：幼狮文化事业公司，1992：101.

［4］赵丰，主编．敦煌丝绸艺术全集·英藏卷．上海：东华大学出版社，2007：124.

［5］赵丰，齐东方，主编．锦上胡风．上海：上海古籍出版社，2012：96~99.

［6］新疆维吾尔自治区博物馆．丝绸之路——汉唐织物．北京：文物出版社，1973.

［7］赵丰，万芳，王乐，王博．TAM170 出土丝织品的分析与研究//吐鲁番学研究——第三届吐鲁番学暨欧亚游牧民族的起源与迁徙国际学术研讨会论文集．上海：上海古籍出版社，2010：241~267.

［8］王明芳．新疆博物馆新获丝织品．新疆文物，2007（2）：88~95.

［9］赵丰．唐系翼马纬锦与何稠仿制波斯锦．文物，2010（3）：71~83.

［10］［日］太田英藏．大瑞锦狮子狩纹锦について．太田英藏染织史著作集·下卷．京都：川岛织物文化出版局，1986：107~131.

［11］新疆维吾尔自治区博物馆．丝绸之路——汉唐织物．北京：文物出版社，1973.

［12］东京国立博物馆．国宝法隆寺展：法隆寺昭和资财账调查完成纪念．东京：日本放送协会，1994：157.

［13］武敏．新疆出土汉唐丝织品初探．文物，1962（7~8）：64~75.

[14] 王庆卫．新见初唐著名画家窦师纶墓志及其相关问题．出土文献研究·第十辑．北京：中华书局，2011：392~405.

[15] 赵丰．隋唐丝绸上的团窠图案．“故宫”文物月刊（台北），1996（7）：14~21.

[16] 武敏．织绣．台北：幼狮文化事业公司，1992：134~135.

[17] 赵丰，主编．敦煌丝绸艺术全集·法藏卷．上海：东华大学出版社，2010.

[18] 中国丝绸博物馆．丝国之路——5000 年中国丝绸精品展．ROSIZO，圣彼得堡，2007：93.

[19] 中国丝绸博物馆．丝国之路——5000 年中国丝绸精品展．ROSIZO，圣彼得堡，2007：95.

[20] 松本包夫．正仓院裂和飞鸟天平的染织．京都：紫红社，1984.

第八章　大唐新样：敦煌和法门寺的丝绸

窦师纶所设计的陵阳公样自初唐到中唐盛行多年，为世人所欣赏。“样”除了指一种图案外，更代表一种风格独特的图案程式。唐代文献中不乏对“样”的记载，例如唐代现实主义诗人白居易（772—846）在《缭绫》中写道：“去年中使宣口敕，天上取样人间织。”这里说的是前一年皇帝派官员带来口谕，命令批量生产缭绫，而白居易以其想象力，把此命令表达成“要求把天上的样式拿到人间来织”。事实上，“天上”和“人间”是指让寻常百姓按照中使所提供的样式，为皇家织造精美绝伦的缭绫。白居易的另一首诗《红线毯》也提到“样”字：“宣城太守加样织，自谓为臣能竭力。”这讲的是安徽一带的官员，为了讨好皇帝，自称还能生产更多更美的丝毯，而不顾百姓的劳苦。“加样织”的“样”不是来自宫廷，而是太守为取悦皇帝，另行设计的新织样。

一、唐诗说新样

“新样”在唐代史料中也经常出现。据西南大学卢华语老师的研究，“新样”最早可能出自唐开元年间皇甫恂之手。[1]《旧唐书》卷88《苏颋传》记载，开元八年（720），苏颋“除礼部尚书，罢政事，俄知益州大都督府长史事。前司马皇甫恂破库物织新样锦以进，颋一切罢之”。换句话说，在苏颋之前，皇甫恂曾在成都织造了新样锦献给皇帝，后因玄宗整治奢靡之风而停止织造。虽然如此，由于这种“新样”有别于以往的陵阳公样，呈现出新的风格，所以在开元后依然十分流行。

在盛唐时期，“新样”似乎名不见经传，但随着时间的推移，它变得闻名遐迩。唐代诗人王建（约767—约830）出生于安史之乱之后，其诗文常常提到关于四川织造织锦的故事，其中《织锦曲》提到：

> 大女身为织锦户，名在县家供进簿。
> 长头起样呈作官，闻道官家中苦难。
> 回花侧叶与人别，唯恐秋天丝线干。
> 红缕葳蕤紫茸软，蝶飞参差花宛转。

“起样”即设计及打样，由一个有“长头”地位的人负责。他是织造织锦的工匠，由他先设计并制作好样品，再提交到官员那里审批，通过后才能正式投产。王建后期在大量作品中提到这种新样，其中在《留别田尚书》中便以“犹恋机中锦样新”表达他对新样的喜爱之情。他还提及“劳动更裁新样绮”，这里的“绮”是一种暗花织物。《宫词一百首》中的“遥索剑南新样锦”，更反映了当时四川的织锦图案有多新颖。由此可见，唐代中晚期特别流行的“新样锦”与以往的丝绸图案有很大差别。

除王建外，很多诗人也提到不同的纹样品种。例如张祜（约785—约852）在《送走马使》中提到“新样花文配蜀罗”，而“罗”便是一种绞经的丝织物。浙江盛产越罗，四川则盛产蜀罗。唐末诗人郑谷（约851—910）也在《锦》一诗中写道：

布素豪家定不看，若无文彩入时难。
红迷天子帆边日，紫夺星郎帐外兰。
春水濯来云雁活，夜机挑处雨灯寒。
舞衣转转求新样，不问流离桑柘残。

此诗反映了当时的一种社会现象：如果穿的衣服没有花样，就很难被上流社会接受。“舞衣转转求新样”，情况就如现今的时装界和娱乐圈人士，单纯追求新鲜的图案。唐代社会高度看重时尚，设计并展示标新立异的图案成了一种风气。

至于“新样”的具体模样，则可在一些记载中找到相关的描述。王建的《织锦曲》提到“回花侧叶与人别”，这是说图案中有花有叶，而花叶和别的纹样不一样；“红缕葳蕤紫茸软，蝶飞参差花宛转”，说明“新样”有蝶鸟花叶题材的图案，并以花为主。另一位诗人张何在《蜀江春日文君濯锦赋》中写道：“布叶宜疏，安花巧密，写庭葵而不欠，拟山鸟而能悉。”[2]这说明蜀锦图案中也有花、叶和小鸟。另外，女诗人薛涛的《试新服裁制初成三首》中有一句“春风因过东君舍，偷样人间染百花”，形容新衣服的图案之美，怀疑那是神仙借鉴凡间的设计而染出的百花图。由文献可见，新样的选材很可能是写实的花鸟类图案。

花鸟纹样很少在唐代早期出现，但到盛唐时应已经成型，主要实物应该保存在日本正仓院内。在吐鲁番阿斯塔那一座中唐时期的墓中也发现了一件风格类似的织锦（见图1）。这件纹锦还存留早期的团窠花卉图案，但在团花纹旁边已出现了长尾鹊和其他小鸟图案。[3] 青海都兰出土的唐代丝织品的年代较集中在中唐时期，所以花鸟题材的织物更多，即使有些花卉丛中穿插了狮子等兽类，但还是以花鸟组合为主。而真正的花鸟纹样织物，最

图1　唐代花鸟纹锦

重要的出土地是甘肃敦煌莫高窟藏经洞和陕西扶风法门寺，那里的文物所属年代相对较晚。

二、敦煌莫高窟

敦煌是丝绸之路通往西域途中一个重要的地点。从长安出发，穿过狭长的河西走廊就可到达敦煌，过了敦煌可以经过哈密，也可以经过魔鬼城前往楼兰，还有一条南线通往尼雅。因此，丝绸之路在敦煌之后分为三条分岔路，可见敦煌在地理位置上十分重要。敦煌最著名的是莫高窟，窟中还存有大量完好的壁画。1900年，称为“道士”的和尚王圆箓发现了一个小洞窟，物藏丰富，该洞窟后来被编号为17窟，称为“藏经洞”。到1907年，英国籍匈牙利人斯坦因以低价从王道士手中买了大量文物带回英国，后又于1914年再次到敦煌进行收购，这段历史在中国家喻户晓。莫高窟最主要的藏品是数以万计的文书及大量帛画，斯坦因带回英国的文书目前大部分被收藏在大英图书馆，帛画则被收藏于大英博物馆。[4]在敦煌文物离开中国的一百多年间，全世界很多专家学者对这些资料进行过广泛且深入的研究，成果令人鼓舞，这些资料更衍生出敦煌学（Dunhuang Study）。后来人们把吐鲁番归纳在此研究中，在中国成立了“中国敦煌吐鲁番学会”，以研究文书为主，并已出版了大量专著。不过，在研究绢画方面，西方学者反而下了更多功夫，这与大量收藏品都在西方有关。

近年，中国的学者也开始研究英藏敦煌纺织品。从2006年开始，中国丝绸博物馆、东华大学、大英博物馆、大英图书馆及维多利亚和阿尔伯特博物馆（Victoria and Albert Museum）展开合作，把斯坦因收集的六百多件敦煌纺织品进行系统的整理（见图2），出版了专著《敦煌丝绸艺术全集·英藏卷》。[5] 其中收藏于印度新德里国立博物馆的敦煌艺术品，也是斯坦因收藏品的一部分，因为100年前，大英博物馆和印度政府共同资助斯坦因到中国西域探险，所以斯坦因必须用部分文物来回馈印度政府，可惜收藏在印度的文物不像在英国的文物那样，经过专业整理和充分研究。

法国汉学家伯希和（Paul Pelliot）是第二位走进藏经洞的重要人物。他和斯坦因一样以低价向道士收购文物，甚至比斯坦因更加幸运，因为他不用再和道士周旋、讨价还价，就获准亲自进入藏经洞挑选文物。从他留下来的照片可见，藏经洞本来堆满了经卷，帛画还没有露出来，但他离开时，洞里已经空无一物。他带回来的文物大部分被收藏在法国吉美博物馆，文献则主要收藏在法国国家图书馆，其中一些文献的封面为纺织品（见图3），[6] 但数量比在英国的收藏少。《敦煌丝绸艺术全集·法藏卷》亦已出版。[7]

日本的大谷探险队也算是较早踏入敦煌的队伍。赞助者大谷光瑞是一名僧人，曾为本愿寺法主，并在英国伦敦大学的亚非学院留学。当他听说斯坦因等人到敦煌探险的经历后，便立即组织队伍，以探寻佛迹为由前去中国西北地区盗宝。大谷本人到了印度，其探险队成员橘瑞超和吉川小一郎则于1911—1912年到了新疆和敦煌。橘瑞超到达新疆时还不到20岁。他们获得的文物原本收藏在京都的西本愿寺，但不久后，由于大谷破产，所以其中一部分文物被卖到韩国，一部分留在日本，而他本人则把大部

图 2　大英博物馆收藏的敦煌帷幔

图 3　法国国家图书馆收藏的佛经封面夹缬

分文物藏匿在当时中国的旅顺一带，后来转让给旅顺的相关机构，到目前仍收藏在旅顺博物馆。值得庆幸的是，大谷探险队取得的大多数文物留在了中国本土，只是远离西北地区。[8]这一百多件文物起初被传是来自新疆的文物，经研究鉴定后，才被确定为敦煌文物。不过，至今还有约一百件敦煌纺织品收藏在日本的国立东京博物馆。[9]

1913—1914年，俄国的鄂登堡考察队来到中国，也曾到敦煌等地，通过各种途径获得一些纺织品。这些纺织品目前被收藏在圣彼得堡的艾尔米塔什博物馆，收入了《敦煌丝绸艺术全集·俄藏卷》。[10]

敦煌研究院也有不少通过后期考古工作发现的文物（见图4），主要是1965年前后维修莫高窟南区时发现的。年代最久远的，要数北魏时期的文物。[11]根据当时的制造习惯，佛事用品上会明确标示生产年份。从一件有“开元”墨书的幡中，可以推测122号窟和123

图4 敦煌研究院发掘出土的绣幡

号窟里保存的都是盛唐时期的文物。[12] 现时敦煌莫高窟对外开放的区域主要是南区和中区，北区则比较荒凉，损坏程度也较严重。20世纪80年代，敦煌研究院展开了一次针对北区的考古发掘，出土的主要是西夏和元代的文物。[13]

对于敦煌莫高窟藏经洞文物所属的年代，考古学家进行了大量研究。由于藏经洞的文书中，最晚有题记的年代是北宋初年，所以大家相信藏经洞文物的年代应该到北宋初年为止。从实物来看，敦煌保存的文书绝大部分属晚唐到五代时期；从图案风格分析，也有不少中唐时期、初唐时期甚至更早期的文物。学术界比较赞同把藏经洞中文物的年代定为中唐到晚唐时期。[14]

敦煌的壁画是纺织品以外又一别具价值的研究材料。早期的敦煌壁画绘于东晋南北朝时期，从中可发现当时人们想象中的人物形象及服装款式，还能看到很多纺织品所用的纹样。隋代以后，人物壁画愈来愈多，图案风格也愈趋写实，由此可以了解当时丝绸图案的风格。敦煌研究所第一任所长常书鸿的女儿常沙娜女士在这方面进行了大量研究，她在中央工艺美术学院（今清华大学美术学院）工作，曾经和同事黄能馥、李锦璐一起到敦煌写生和临摹，主要研究敦煌壁画和彩塑中的服饰图案，并著有《中国敦煌历代服饰图案》一书。[15]

三、敦煌丝织品

敦煌丝绸文物中，以幡的数量为最多。幡的最上面是幡头（又称“幡首”），三角形部位是幡面，旁边是幡头斜边，两侧的飘带称为“幡手”，中间的主体称为“幡身”，下面是“幡足”。为了防止幡足随风飘摆而缠在一起，幡足下面还有木板作悬摆，固定同一个幡上的几条幡足。幡主要用于佛教场合，所以主体上所绘的都是佛像等与佛教相关的题材。法国吉美博物馆收藏有大量的幡，幡身都有精美的装饰纹样。其中有一件是极漂亮的彩绘幡身（见图 5），可惜幡头、幡手和幡足都已残破。幡身共有三朵花，上面和下面的花不太显眼，中间是一朵石榴花。跟上下左右都对称的宝花相比，这样的花卉更有真实感。[16]

图 5　法国吉美博物馆藏敦煌彩绘幡身

还有一些小型纹样被画在幡足和幡头斜边上，如斜边上有蝴蝶形象和被折叠过的痕迹，幡足上有小小的花朵，还有当时很常见的衔花鸟，与王建的诗描绘的非常吻合。值得一提的还有童子图案，这种题材在唐代初期不常见，到唐代中晚期才因佛教盛行而开始流行，到了宋代便随处可见。大量的花卉类刺绣残片目前都藏于法国，图案经复原后，可见一簇叶子托着几朵花，再往上可能还有叶子（见图6）[17]，这类图案在敦煌壁画中经常出现。这种纹样和张何对蜀锦的描述一样，“布叶宜疏，安花巧密”，即稀疏的叶子在旁边，密集的花朵在中间，是唐代盛行的图案。这可能是当时写实风格的簇花纹样模式，有一些还加入了写实风格的鸟类图案。这种图案设计可能与秦韬玉在《织锦妇》中描写的图案一致：“合蝉巧间双盘带”，系起来的盘带，有点像今天的中国结；“联雁斜衔小折枝”，就是雁衔小折枝花。

在藏经洞发现的刺绣品中还出现了不对称的花鸟图案。其中白地绣缠枝鸾凤有把彩线绣在红罗地上的，花样排列比较疏，也有花样排列比较密的。其采用的针法也有钉金绣，花朵和叶子里面都有金线，叶子外面有金线钩边，还特意在花丛中用金线绣了鸾（见图7）。[18]张何的《蜀江春日文君濯锦赋》中就有“稍辨回鸾，全分舞凤”，意谓鸾和凤有时很难分辨，而在敦煌出土的刺绣品中，就有跟这句诗完全对应的纹样。从另一件绿地刺绣残片里，可看到更丰富的内容，除了主体部位有花，旁边还有蝴蝶、白鸟以及鹿和各种温和的动物，不像唐代早期出现的大鹿、野猪和狮子般凶猛。张何的诗还写道“戏蝶时绕，娇莺欲弄”，意谓有歌声曼妙的黄莺，有美丽的蝴蝶围绕花丛。这正是这类刺绣新样的真实写照。刺绣和织锦的颜色都比较艳丽，相比之下，绮的

图 6　法藏敦煌刺绣图案复原

图 7　英藏敦煌卷草鸾鸟刺绣

颜色则略显单调。绮和绫都是单色织物，图案纵向循环，在纬向上则是不同的图案，有鸟，有花，还有石榴。

很多敦煌丝织品都相当残破，我们无法从这些残片看出图案的全貌，但仍可看出花卉和鸟类的题材。在唐代晚期，这些丝织品还有变化更丰富的花鸟图案，但是采用了跟团花不同的“喜相逢”对称模式。“喜相逢”里有狮子纹样，也有对雁纹样（见图 8）。[19] 两只鸟就像中国的太极图案，头尾相接，称为“一顺循环”。

图 8　法藏敦煌手绘双雁图案

在中国，葡萄纹样较早出现，自西域传入后，从初唐、中唐一直到晚唐时期都很流行。敦煌壁画中有葡萄纹，施肩吾（780—861）《古曲》诗说的“夜裁鸳鸯绮，朝织葡萄绫”正是这种纹样。

常沙娜老师临摹的服饰壁画上有小花图案，上衣是朵花，裙子有折枝小花，还有排列得特别整齐的花鸟。[20]这让人不禁联想到白居易在《缭绫》中写的“织为云外秋雁行，染作江南春水色”。绫是暗花织物，花和地的颜色接近，只能用光泽来显花。除了较小的联雁图案之外，唐代中晚期盛行较大面积的鸟衔花纹样，花鸟已经成为图案中的主角。在张议潮和曹义金两大家族执政时期，敦煌壁画的供养人服装纹样都经过精心安排，双肩和胸部都有鸟和花环装饰，袖口上有很多衔枝鸟装饰，其中较特别的是鸟儿飞动时衔着长长的折枝的形象，这就是秦韬玉《织锦妇》中提到的“联雁斜衔小折枝”。当时流行鸟衔花枝，是因为《新唐书》说百官服饰的规矩是“三品以上服绫，以鹘衔瑞草，雁衔绶带”，由于是官服所用，所以很受大众欢迎。在晚唐时期，这种纹样成为官服的象征，很多诗歌里都提到以雁、鹘、鸾、鹤和鹏为图案的衣服。

四、法门寺地宫

法门寺始建于东汉末年桓灵年间，距今约1700年，有“关中塔庙始祖”之称。1981年8月24日晚上，法门寺塔在风雨下突然倒塌。1987年4月6日，一支由西安、宝鸡、扶风专家组成的考古队打开了地宫。该次法门寺考古工作中，有三位重要人物：第一位是队长石兴邦，他是陕西省考古所所长；另一位是研究金银器的专家韩伟；第三位是法门寺博物馆前馆长韩金科，他曾以当地地方官员的身份，参与考古工作。

地宫一共有前中后三个小室，最重要的文物都在最里面。在法门寺的考古过程中，负责研究丝织品的，是王矜和王亚蓉两位老师。当时的科研条件非常有限，很多丝织品都难以完好地保存，他们唯有打开少量的丝织品，并把大部分丝织品存放在冰箱里，一放就是15年。待陕西省考古研究所请了德国专家过来一起处理，才慢慢地打开了其中一部分。到目前为止，对法门寺出土丝绸的研究进展比较缓慢，能公开的文物不多。从这些为数不多的丝绸文物可见，很多图案属于“新样”类型。唐朝国力强大，各地都向李唐皇室进献丝绸，起初为了保持公正廉洁，对地方丝绸贡品都要严格控制数量，到后期才放宽限制。由于最上等的丝绸都献给了皇室，而皇室又挑选了上品献给佛主，所以在法门寺里发现的文物都是精品中的极品。

法门寺地宫内的丝织品保存状况欠理想，有很多被包起来的丝织品现在仍未打开。王矜先生说，最后一包被发掘的丝织品从侧面看有七百多层，当然，一件衣服可能已经占了很多层，因为有表层、里层，加上当时的刺绣背后都要有垫衬，往往有三层之多。多件衣服叠起来，层数就更多了。[21]所以大家推测，这七百多层不一定代表有七百多件织品。有一件印金丝织品包着铁函，丝织品几乎已经完全破烂，不过上面的金没有损坏，现在还能看到非常写实的穗状花卉和一排排蝴蝶，这些纹样也可归入大唐新样的范围。

较早出土而且保存得最好的，是一套五件的小僧衣。这是捧真身供养菩萨手中所捧的模型，有袈裟、裙子、上衣和坐垫等。据发掘人员忆述，刚打开地宫时，有很多金线，一碰就会断。一些当时做的丝绸帐子，绣进了金线，丝绸腐烂之后，金线并没有烂掉，就这样挂在上面，但又拿不下来，因为已经没有丝绸衬底了。这类刺绣是单纯的蹙金绣，其图案与佛教有些关系，但也是以花卉为主。

要了解地宫里埋藏了多少宝物，可以从地宫旁边的物账碑开始。物账碑上一一列举出供奉的丝绸数量，有各种袍子、下盖、披帛和罩、褥子，也有帽子、幞头、鞋子、袜子、手帕、枕头等各种物件。虽然藏量丰富，但很难将名称和实物一一配对。法门寺出土的丝织品中，最引人关注的是武则天的绣裙。考古学家曾经说，只要它还在地宫里，他们就肯定能发现武则天的裙子，因为武则天生活的年代，与法门寺最后封闭的年代已相差约两百年。但是，由于地宫里的东西还没有全部整理一遍，所以一时无法找到，后来博物馆人员拿了一张丝织品的照片暂时定为武则天的裙子，以满足大家的好奇心。不过，这照片上所示的肯定不是一条裙子。织物中间是一个很大的莲花图案，还有莲蓬和莲子，旁边也是莲蓬、莲子和团花，所以它必定是团花纹样（见图9）。[22]法门寺出土的其他织物也有同类型的绣品，都是四方形的罗质包袱，估计这件绣品也作包裹之用。

另一块罗质包袱的四边上都绣着孔雀，中间是蝴蝶，中心是喜相逢式的对孔雀；中间用彩色的丝线绣，加上金线勾边，这种绣法称为“压金彩绣”。从法门寺的丝绸残片可见，当时非常流行写实风格的花卉和花鸟纹样。

图 9　法门寺地宫出土的莲花纹蹙金绣

近年，陕西省的考古学家开始与德国学者合作，又打开了一些丝绸文物。最早打开的是一条裙子，其腰部的织金锦绣着一对喜相逢式的凤凰，裙脚则是手绘的泥银，现在已氧化成黑色。另外还有一块有着一只雁的织锦残片（见图 10），其形象与同期金银器上那些站在花团上的雁非常相似。[23] 虽然这些织品已变成一块块残片，但它们确切反映了花和雁结合在一起时的生动形象。

图 10　法门寺地宫出土的雁纹锦残片

注　释

[1]卢华语，主编.全唐诗经济资料辑释与研究.重庆：重庆出版社，2007.

[2] 张何.蜀江春日文君濯锦赋.全唐文·卷457.

[3] 新疆维吾尔自治区博物馆.丝绸之路——汉唐织物.北京：文物出版社，1973.

[4] Sir Aural Stein.*Serindia.Vol.2*.Oxford at the Clarendon Press, 1921.

[5]《敦煌丝绸艺术全集》项目开始于2006年，由东华大学资助，被列入国家“十一五”和“十二五”重点出版项目，并获得国家出版基金资助。初拟将散藏于英国、法国、俄罗斯、印度、日本、中国等国家和地区的敦煌纺织品进行全面整理和研究，分卷出版。其中《敦煌丝绸艺术全集·英藏卷》分为中文版和英文版两种，东华大学出版社2007年出版。

[6] 伯希和，等.伯希和西域探险记.耿升，译.昆明：云南人民出版社，2001.

[7] 赵丰，主编.敦煌丝绸艺术全集·法藏卷.上海：东华大学出版社，2010.

[8] 橘瑞超.橘瑞超西行记.柳洪亮，译.乌鲁木齐：新疆人民出版社，1998.

[9] 笔者于2011年初访问日本国立东京博物馆时询问所得。

[10] 俄罗斯国立艾尔米塔什博物馆.俄藏敦煌艺术品.上海：上海古籍出版社，1997.

[11] 敦煌文物研究所.新发现的北魏刺绣.文物，1972（2）：

54~60.

［12］敦煌文物研究所考古组．莫高窟发现的唐代丝织物及其他．文物，1972（12）：55.

［13］彭金章，王建军，敦煌研究院．敦煌莫高窟北区石窟·第一、二、三卷．北京：文物出版社，2000，2004.

［14］荣新江．敦煌学十八讲．北京：北京大学出版社，2001.

［15］常沙娜．中国敦煌历代服饰图案．北京：中国轻工业出版社，2001.

［16］同［7］.

［17］同［7］.

［18］同［7］.

［19］同［7］.

［20］同［15］.

［21］王抒．法门寺织物揭展后的保存状况和已揭展部分的初步研究．香港：艺纱堂/服饰工作队，2001：120~122.

［22］韩金科，主编．法门寺．香港：香港出版有限公司，1999.

［23］杨军昌，路志勇，张静．法门寺唐代地宫出土糟朽丝织品的保护性揭展与研究//国家文物局博物馆与社会文物司，主编．博物馆纺织品文物保护技术手册．北京：文物出版社，2009.

第九章　长河东到海：中国丝绸向日本的传播

中国丝绸主要在7世纪至8世纪（即隋唐时期）传到日本，使日本成为丝绸之路最东面的终点。日本历史悠久，但只是一个岛国。据相关史料记载，从中国三国时期开始，日本逐渐壮大，在与中国交流的过程中，吸收了很多中国文化的精粹。6世纪末至7世纪初，中国正经历隋灭诸国，同一时期新罗势力在朝鲜半岛大增，此时日本也展开一系列的改革，在7世纪下半叶开始学习隋唐的经验，并在8世纪上半叶，正值盛唐时期的开元、天宝年间，派大量使者前往中国学习。在这种环境下，日本渐趋稳定，整个东亚地区社会安定，经济发达，为丝绸贸易、文化交流、佛教传播等提供了良好契机。

一、从圣德太子到圣武天皇

每当谈到日本接受中国丝绸和佛教的问题，总会提到两位重要人物——圣德太子和圣武天皇。

圣德太子（574—622）是日本飞鸟时期的杰出政治家。日本第33代推古天皇于592年即位后，圣德太子便被立为皇太子，翌年辅助天皇摄行朝政。他有一个别名——丰聪耳，原因是他天生聪颖过人，据说即使有十个人同时在他面前讲话，他都能一一分辨。虽然他没有当过天皇，但他对日本的发展做出了重大贡献，如曾经推行多项措施，包括在603年制定《冠位十二阶》及在604年制定《十七条宪法》，确立以天皇为中心的中央集权制，借此抑制豪强。他强调改革开放，并于607年派遣隋使小野妹子及其他留学生到中国，吸收先进文化制度，并建立邦交。他致力于振兴佛教，除了建法隆寺、四天王寺外，还著有《三经义疏》，后人尊称他为“日本佛教始祖”。除此之外，他还采用历法，编纂《国记》《天皇记》等史书，政绩颇多。

另一位重要人物是圣武天皇（701—756），他生活的年代比圣德太子的年代晚了约一百年，与唐玄宗的年代大致相同。他是日本第45代天皇，于714年被立为皇太子，724年即位，749年让位给他的女儿。圣武天皇一共有三个年号，其中两个都与天平有关，所以他执政的时期又称“天平时代”。虽然圣武天皇体弱多病，但其执政能力很强，在位期间曾两度派遣唐使到中国，极力采纳唐代文化制度，以充实国政。他笃信佛教，建造了国分寺、东大寺等寺庙，促进佛教在日本的发展。

与圣武天皇同岁的光明皇后（701—760）由藤原家嫁入皇宫，一直在背后操持朝政。圣武天皇退位后，光明皇后更是大权在握，她将皇后宫职改名为紫微中台，并由其甥儿藤原仲麻吕担任该宫职之长官。圣武天皇于756年去世，光明皇后则于760年去世。现时还能看到她的画像以及相传她在不惑之年留下的署名为“藤三娘”的书法作品。在这时期，日本曾经出现多位女天皇，也有数位皇后亲临朝政，皇室女性在政界一度风光无限。

二、遣隋使和遣唐使

圣德太子和圣武天皇执政的时期分别是日本遣隋使和遣唐使出行的高峰期。圣德太子摄政时，先后四次（600、607、608、614）派遣隋使到中国，标志着中日两国正式开始交往，也是日本统治者采取积极态度、派遣大型文化使团直接吸收中国文明的开端。大唐帝国建立后，经济文化空前繁荣发达，成为东亚最强大的帝国，对日本和亚洲各国都有巨大吸引力。623年，遣隋使僧惠齐、惠日等人在中国留学多年后回国，向天皇报告说，大唐国是法律制度最完备的国家，建议派使节赴唐学习。此后，日本政府决定组织大型遣唐使团，差派优秀人才为使臣，并带同留学生、留学僧到中国。

日本遣唐使的出行共分三个时期，每个时期的路线也不同。初期（630—669）共出行七次，使团规模较小，船只100至200艘，成员100至200人，航线是朝鲜半岛沿岸的北路；中期（702—752）成行四次，使团规模非常大，每次五百多人，坐大船沿南方诸岛进入中国；到了后期（759—874），由于安史之乱后唐朝由盛转衰，日本学习中国文化的兴趣减弱，所以减少派出人员，航线主要是直接横渡东海的大洋路。日本历史上很多绘画都表现了当时遣唐使坐船出使中国的场面。2010年上海举行世博会，6

月 12 日是日本馆日，当日一艘仿制遣唐使坐的船开进上海黄浦江，对面就是中国船舶馆。这艘船在中国江苏制造，然后出海到日本巡回，最后回到黄浦江。日方希望借这次行动重现当时遣唐使的风采，只是现在的船用马达作动力，已经不是当年的风帆人桨。

遣唐使当初来到中国时，唐朝认为自己是泱泱大国，必须拿出大国风范，因此热情款待使者。据史料记载，当时有关州府收到使团将要到达的报告后，便马上迎客进驿馆，安排好食宿，同时飞报朝廷。与现今的政府代表团出国访问一样，每团 500 位使者，包括了官员、商人、学艺者、僧人等，到达中国后分头行动。使团的官员到达中国并经报批后，由唐朝政府安排到长安，有朝廷内使出来迎接，请他们喝酒吃肉，并接他们到四方馆，规格好比现在的迎宾楼。使团多数会准备礼物送给中方，朝廷官员也会接见和宴请他们。遣唐使团的成员一般留在中国一年，很多专程到中国的留学生，还可以多留好几年，学习更多知识。回国时，遣唐使由内使监送至沿海，满载而归。

遣唐使对日本的贡献，首先是引进唐朝典章律令，推动日本社会制度的革新。其次是汲取盛唐文化，提高日本文化艺术水平。遣唐使每次带回大量汉籍佛经，朝野上下争相撰写唐诗汉文，白居易等唐代著名诗人的诗集都在日本广泛流传。留唐学生、僧人还借用汉字偏旁或草体，创造出日本的假名文字，更把唐朝书法、绘画、雕塑、音乐、舞蹈等艺术，经过消化改造，融为日本民族文化，围棋等技艺，相扑、马球等体育活动也是从唐朝传入的。

三、法隆寺和东大寺

与圣德太子和圣武天皇相关的，还有法隆寺（见图 1）和东大寺。法隆寺又称“斑鸠寺”，位于日本奈良生驹郡斑鸠町，是圣德太子于飞鸟时期建造的佛教木结构寺庙，据传始建于 607 年，但已无从考证。法隆寺占地面积约 187000 平方米，寺内保存了自飞鸟时期以来的各种建筑及珍贵文物，被评为国宝和重要文化遗产的文物约 190 类，合计 2300 多件。法隆寺分东西两院，东院建有梦殿，西院则保存了金堂和五重塔，而西院伽蓝更是世界

图 1　位于奈良的法隆寺

上最古老的木构建筑群。法隆寺建筑群在 1993 年被列为世界文化遗产。

东大寺建于圣武天皇时期。728 年，圣武天皇与光明皇后的皇子菩提早逝，为此，天皇在若草山麓设山房，常住僧侣，称为“金钟寺”。天平十二年（740）发生藤原广嗣之乱，社会陷入极度混乱的状态。为求国泰民安，圣武天皇下诏让各国兴建国分寺和国分尼寺。东大寺是全国 68 所国分寺的总寺院，因为建在首都平城京以东，所以被称为“东大寺”。鉴真和尚也曾经在东大寺设坛讲经，很多到过奈良的人都对东大寺留下美好而深刻的印象。东大寺于 1998 年作为古奈良历史遗迹的组成部分被列为世界文化遗产，其中的大佛殿（见图 2）为世界上现存最早的大型木构建筑，里面放置着高于 15 米的卢舍那佛，气势宏伟。

东大寺有一个著名的仓库，从 750 年开始建造，到 756 年开始启用，这个仓库现在被称为“正仓院”（见图 3），它是当时最重要的仓库，所以被称为“正仓”。圣武天皇驾崩后，光明皇后把天皇日常用的遗物捐给东大寺，东大寺于是把这些物品收入正仓院。起初正仓院只收藏天皇和圣武天皇的物件，后来也收藏如东大寺大佛落成仪式用过的各种物品及信徒捐献物等。到了明治时期，正仓院不再隶属于东大寺，而是由日本皇室直接管理。

正仓院的木结构就如中国西南少数民族的民居一般，人住在上层，下层可以喂养家畜。这是一种杆栏式建筑，上部为“校仓造”结构，即不用柱子，而是将三角形木材搭成“井”形，并不断叠加的建筑形式。现存的正仓院全部为木构建筑，屋顶为四阿式，内分北仓、南仓和中仓。正仓院平常不让外人进入，每年会在国立奈良博物馆举行约三个星期的展览，供大众参观。

四、正仓院宝物

现时对丝绸之路的研究往往离不开正仓院的宝物。中国历史上的改朝换代非常频繁，不同民族为争夺统治权，在战争期间严重破坏文物古迹。从汉代开始有五胡乱华，到宋朝后，元代蒙古人的统治冲击汉族文化的传承，明代以后又有清政权。虽然故宫留下了一些清代的传世实物，但基本上没留下明代以前的传世宝

图 2　位于奈良的东大寺中的大佛殿

图 3　位于奈良的正仓院

物，我们只能通过考古发掘进行研究，例如发掘著名的帝陵，不过明代前的帝陵早已被盗墓者洗劫一空，只有武则天的乾陵还没有被盗。在研究丝绸之路时，正仓院里保存完好的唐朝物品就是重要的实物资料，所以这些物品被称为“正仓院宝物”，还有大量相关的书籍。[1]

正仓院宝物以圣武天皇的遗物为主，而圣武天皇的年代正好是唐朝最繁荣昌盛的时期。圣武天皇去世后，光明皇后捐给东大寺的物件主要有三个来源：第一是当时的遣唐使在中国搜罗的精美物件；第二是在中国购买、从波斯等地进口的物件；第三个来源则是奈良时期日本仿制的大量器物。唐朝的物品引领国际时尚潮流，日本人非常喜欢。

图 4 《东大寺献物账》

光明皇后把捐赠的所有遗物都一一记录在册，上面钤满天皇的玺印，被称为《东大寺献物账》（见图 4）。献物账前后共有五卷，分别是：

天平胜宝八岁，756 年 6 月 21 日，七七忌日，捐献 650 件珍宝，《国家珍宝账》；

天平胜宝八岁，756 年 6 月 21 日，捐献 60 种药物，《种种药账》；

天平胜宝八岁，756 年 7 月 26 日，捐献屏风等 82 件，《屏风花毡等账》；

天平宝字二年，758 年 6 月 1 日，捐献王羲之、王献之父子书帖，《大小王真迹账》；

天平宝字二年，758 年 10 月 1 日，捐献其父藤原不比等书写的屏风，《藤原公真迹屏风账》。

这其中最重要的是在天平胜宝八年、圣武天皇去世 49 天后，光明皇后献出的第一批共 650 件的珍宝，有《国家珍宝账》为证。

同一天，光明皇后还捐献了一批药物，载于《种种药账》。一个月后，皇后又捐出第二批珍宝，以屏风、地毯、鞋子为主，立《屏风花毡等账》。现存的部分物品还能跟当时的账目一一配对，但毕竟已历经千年，有些已经无法考证。

在《国家珍宝账》里，首先载录的是袈裟，共有九件。袈裟最早来自印度佛教，早期的苦行僧生活艰苦，衣衫褴褛，穿的衣服叫“粪扫衣”，大多是由从死人身上剥下、还未完全腐烂的衣料制成，破旧不堪。随着佛教的发展，皇室贵族愈来愈重视佛教，开始采用上好的材质和技术织制袈裟，但为了保持传统的视觉效果，所以特意采用仿旧工艺制成树皮色的袈裟，造工考究。[2]

琵琶是胡乐的一种，产自西域，不少琵琶在制作时都采用螺钿工艺，有的琴面上还有绘画装饰。《国家珍宝账》中提到“螺钿紫檀琵琶”，传世品中就有琵琶以骑驼人弹琵琶的图像作装饰。琵琶的装套通常都是丝织品，其中一件收藏在正仓院的大型唐代宝花织锦，就是用于制作琵琶袋的。[3]

屏风是另一种与丝绸关系密切的珍宝。屏风的种类很多，现在还保存着的“山水夹缬屏风十二叠”，还能和账目上的名称配对（见图 5）。[4]除了夹缬屏风外，还有蜡缬屏风，今天称为“蜡染工艺”。鸟毛立女屏风上的仕女画的风格，与唐朝的仕女图完全一样，“曲眉丰颊，衣裳劲简，彩色柔丽”。鸟毛贴羽屏风，是用篆书写成的。

第二批捐献物共 82 件物品，均载于《屏风花毡等账》上，其中包括屏风两具，每具各有十二扇，即十二屏，第一具屏风是欧阳询的真迹，第二具是王羲之的临摹，可惜都已失传。

目前能在《屏风花毡等账》中找到的其中一批捐献物，是“花毡六十毯”。毡子是一种毛料的无纺布，产自西域，当时在中国内地不常被使用，现在中国人练习书法时或许会用作垫子。另外一批是“绣线鞋八两”，即八双刺绣鞋子，以及“紫丝结鞋一两、绯丝夹纳鞋一两、银薰炉一合、银平脱梳箱一合”。在我们研究的毡子中，保存得最完好的是大花毡，像唐代的宝花一样，富丽堂皇（见图6）。[5] 也有一些比较素雅的花毡，例如中间有童子，旁边是折枝花的图案，风格和在敦煌看到的折枝花相同。还有飞鸟的喜相逢图案，在中国内地发现的喜相逢图案，年代都比正仓院的这件藏品晚，说明喜相逢真正出现的时间可能更早，但早期只是于上

图5　正仓院藏山水夹缬屏风

图6　正仓院藏的宝花纹花毡

流社会流行。

从《种种药账》中可以看到当时所捐献的药物，大部分都是香料。在中国和印度丝绸之路的贸易中，中国向印度输出丝绸，印度则通过海上丝绸之路向中国输出大量香料。香料被广泛用于佛教场合，如近年南京大报恩寺宋代地宫里发掘的金银容器，所盛载的都是香料。

在向东大寺献物的同时，光明皇后还把一些珍宝捐给圣德太子所建的法隆寺，《法隆寺献物账》的账目比较简明，物件不多。除了装刀的盒子，还有“香二十节”，盒子都是用丝绸做成的，包括高丽锦、蜡缬、夹缬等当时的重要丝织品，其中高丽锦是指产自朝鲜半岛的织锦，或是模仿朝鲜风格所生产的织锦。

五、整理和研究

法隆寺的丝织品文物整体保存良好，现在也有专人进行整理研究。据日本提供的资料，正仓院有 170000 件染织品，法隆寺估计也有 3000 件染织品。纺织品的考古情况比较特别，因为纺织品不易保存，可能当初下葬的时候是一整套的服装，但千百年后发掘出来已变得破损不堪，变为成千上万的残片，考古人员要为每一件残片编号，所以工程量浩大。

在法隆寺发现的幡面积非常大，单是用于挂在屋顶上的部分就有 2~3 米长。现在看到的幡大多已成为带状，因为后来纬线断了，只剩下经线。现时法隆寺大部分染织品都收藏在东京国立博物馆，因为当初法隆寺内的染织品文物保存状况不乐观，天皇下令将其转移至东京，于是东京博物馆又专门增建法隆寺馆，由泽田女士专门负责修复和整理法隆寺的纺织品。该馆常年陈列传世珍宝，展品每隔三个月更新一次。[6]

正仓院中的纺织品的考古研究由不同的专家负责，例如松本包夫专门研究总体文化[7]，布目顺郎做纤维分析，太田英藏做织物分析，研究染料方面的佐藤昌宪则专门做技术研究。一些民间手工艺家喜欢复制工艺品，所以他们受正仓院邀请为皇室工作。近年最大的学术活动是2010年末正仓院和东京国立博物馆联合组织的“上代染织国际研讨会”。“二战”时日本政府决定把一些重要文物从奈良运到东京，战乱中把一批法隆寺的文物错误地运到了东京国立博物馆，时隔多年才发现。这就使我们能在这次活动中探讨并研究日本所收藏的这个年代的纺织品。关于文物的年代，尽管正仓院文物的年代基本上都在圣武天皇生前的时期，即8世纪上半叶左右，但实际年代存有偏差。至于文物的产地，同样有不少争论，例如看起来分明是唐朝的织锦，却写着是高丽锦，所以要通过研究查证朝鲜半岛何时开始采用高超的织锦技术，并查明高丽锦究竟是产自高丽，还是经高丽传入日本。现时的研究也涉及染料的分析测试、艺术史的研究和丝绸之路的文化交流等。

六、风从西方来

从正仓院和法隆寺的织品收藏，可以了解日本丝绸与中国丝绸和丝绸之路的关系。收藏在日本正仓院的织物中，有一件黄地龟背纹绫（见图 7）被定为唐代织物。[8] 在中国的古文献里，六边形的龟背框架往往被称为“龟甲绫”或“龟背绫”，龟甲有龟和花的纹样，这些特点与在青海都兰和新疆吐鲁番出土的织物很相似。都兰的文物一般被认为属盛唐到中唐时期，正仓院的文物则大约属盛唐时期，但吐鲁番的龟背纹绮出自一个北朝时期的墓葬里，龟背的纹样有两个龟形，旁边是小花。相似的图案，不同的年代，让人猜想无限。

正仓院还收藏了一件有趣的兽面纹锦，图案除了有兽面，还有一个很接近北魏时期的飞天，像是一个人正拖着长长的袖子奔跑。[9] 兽面纹织物在新疆一带大量出土，楼兰出土了一件兽面

图 7　正仓院藏龟背纹绫

豹纹织锦，营盘其后也出土了一件带有佉卢文的兽面纹锦。楼兰和营盘的织锦一般被定为3世纪至4世纪的产品，但直到6世纪，兽面纹仍然继续流行。从技术和图案推算，正仓院这件织锦的年代在5世纪至6世纪，即北魏时期。

另一件收藏在正仓院的织物被称为“佛殿纹锦”（见图8）。[10]它有着龟背六边形框架，织物中间是当时较少见的建筑纹样，建筑中间坐着一个佛或菩萨，旁边站了四个人，柱子内外各有一个人，柱子内侧的人手持一件器物。2011年在中国丝绸博物馆举办的《锦上胡风》展中，也有一件龟背狮象莲座纹锦（见图9），与正仓院这件织物纹样的框架类似，都是六边形，中间是莲花座和宝珠，象征佛的座位，两侧的大象脚踩莲花，步步生莲，也是表现佛教的主题。正仓院这件佛殿纹锦在两侧出现了一种较奇怪的纹样，很有可能就是狮子纹样。笔者想，这两件织物应该有一定关联。

团窠联珠对龙纹绫在唐代早期十分流行。唐代的龙的形象大致都是龙头昂起，身子盘在柱子两侧，身前有爪子，身后有尾巴。正仓院收藏了十多件这类风格的织物，而同样的织物不仅在新疆吐鲁番、青海都兰出现，在俄罗斯西伯利亚地区的突厥人墓中也有出土，甚至在更西的乌兹别克斯坦一个粟特人的遗址里，也发现了这种纹样的织品和壁画，足见它在当时的流行程度。[11]

收藏于法隆寺的四天王狩狮锦（见图10）应该是作挂饰用，但没有出现在法隆寺的任何献物账上，所以不清楚它何时被收藏在法隆寺。这件织物有一个很大的团窠，其中有四个人在骑马狩猎，可以明确判断它来自中国，并属于何稠仿制波斯锦的一类。[12]

图 8　正仓院藏佛殿纹锦

图9　龟背狮象莲座纹锦图案复原

图 10 法隆寺藏四天王狩狮锦（局部）

在中国吐鲁番出土的文物中，就有不少属于这类纹样的织锦，与四天王狩狮锦采用的织造技术一样，但在日本很少被使用，所以日本学者认为它是在盛唐期间由中国传入。

现时新疆还有一种扎经染色的绸叫“艾德莱丝绸”。染色匠先把经线分成一组一组，然后把每组经线一段段地扎经染色，每段颜色不同，日本人称之为“絣”，东南亚人则称之为 ikat，广为流行。在正仓院内，这种织物叫“广东裂”，意思是从广东来的织物残片。[13]敦煌的壁画也有类似的图案，现时中国新疆维吾尔自治区和乌兹别克斯坦还生产这种纹样的丝绸。这种纹样通常以红色为主，真正的名称很可能叫作“朝霞䌷”，意思是它像朝霞一样绚丽。中国的史籍中提到，当时朝鲜半岛生产朝霞䌷，曾经进贡给唐朝皇帝。也许它在更西边的地方也有生产，甚至可能远到印度一带。

七、五彩的夹缬

正仓院还收藏了一种特殊织物——夹缬，数量很大。《国家珍宝账》中多次提到夹缬和夹缬屏风，例如“古人鸟夹缬屏风四叠”“鸟草夹缬屏风十叠”“鹰鹤夹缬屏风一叠”等。花树对鹿纹夹缬（见图 11）是一件屏风作品，团窠鹿纹夹缬则是一件普通织物，团窠中的鹿纹是盘坐的鹿，鹿头上均有花盘，当时中亚鹿的造型多半带有花盘，所以专家推断这种图案跟中亚有关。

夹缬是中国人发明的一种印染工艺，是用两块版对称地把织物夹在中间，再进行染色。唐《因话录》载：

图 11 正仓院藏的花树对鹿纹夹缬

玄宗时柳婕妤有才学，上甚重之。婕妤妹适赵氏，性巧慧，因使工镂板为杂花象之，而为夹缬。因婕妤生日，献王皇后一匹，上见而赏之，因敕宫中依样制之。当时甚秘，后渐出，遍于天下。

意思是在唐玄宗时期，宫中有位叫柳婕妤的女官，才华横溢，备受器重。她的妹妹冰雪聪明，嫁到赵家，她叫工匠打版做成各式花朵，称为“夹缬”，在婕妤生日时献给皇后。皇帝看见后非常喜欢，不但重赏她，还命令宫中依样制作。起初是秘密制作，后来传遍天下。玄宗在位时正值盛唐阶段，也正值日本的天平年代，而现在最早出土的夹缬文物，则出现在吐鲁番的阿斯塔那。

现时浙江南部仍保存单色的夹缬染色，名为“浙南夹缬”或称“蓝夹缬”。做法是将织物夹在两块版子凸出的地方，颜色因而染不上去，而凹进去的地方就可以染色。如果要染多种颜色，就要先让不同的染料流过某些小孔染上被夹的织物。在敦煌藏经洞发现的大量夹缬，现在分藏在世界各地，有单色的，也有五彩的，图案都很漂亮，例如一件有对雁纹样的夹缬，对雁站在花盘上。俄罗斯收藏了一件对鹿夹缬，大英博物馆也有类似的图案，其中一件是团窠格力芬夹缬，外面有一圈卷绳的纹样形成团窠，团窠内有动物蹲在地上，可以看到它有奇怪的头，有鹰的尾巴，有耳朵、翅膀以及一个有装饰性的尾巴。这就是西方神话中的格力芬，狮身鹰嘴，专门守护黄金宝藏，早期在欧亚草原流行。[14]

夹缬在丝绸之路上的许多国家都流行，在日本也不例外。笔者和其他研究人员曾在国家指南针计划《中国古代夹缬工具及其技术研究》中仿制夹缬作品，其中最大的织物是一件辽代的作品，由郑巨欣完成。可惜唐代作品在中国都保存得不如日本正仓院好。发明夹缬的年代有明确记载是在唐玄宗时期，当年柳婕妤的妹妹所嫁的赵家有可能就在浙江，她的工艺到底是从民间学习的，还是自己发明的呢？我们查阅了敦煌文献、吐鲁番文书等资料，包括所有从出土文物中获得的资讯，没有发现一件夹缬作品是在盛唐以前制成的，说明关于发明者的记载应该属实。在日本，最早的夹缬作品也是在盛唐时期制成的，当时圣武天皇只派了两次遣唐使，在短短两次出使中如何获得这么多夹缬？是他们已经学会夹缬工艺，还是从中国直接引进呢？如果他们已经学会夹缬技术，对于重视保留传统的日本而言，为什么现在还可以看到蜡染、扎经一类的古老工艺，唯独看不到夹缬？反观不擅于保留传统的中国，到辽代和元代仍可见到夹缬作品，直到明清，在浙南地区还保留蓝白夹缬工艺，在西藏地区还保留五彩夹缬。我们猜测日本人那时大概未学会夹缬技术，但若推测他们进口大量各式各样的中国夹缬作品，似乎也不太合理。日本到底有没有仿制中国的夹缬作品以及中国夹缬传入日本后发生了什么变化，仍是研究者们今后要探讨的问题。

注　释

［1］米田雄介，杉本一树，编著．正仓院美术馆．东京：讲谈社，2000.

[2] 第五十八回正仓院展 . 奈良：奈良国立博物馆，2006.

[3] 第六十一回正仓院展 . 奈良：奈良国立博物馆，2009.

[4] 第六十二回正仓院展 . 奈良：奈良国立博物馆，2010.

[5] 第五十九回正仓院展 . 奈良：奈良国立博物馆，2007.

[6] 东京国立博物馆 . 法隆寺宝物馆 . 东京：东京国立博物馆 .1999.

[7] 松本包夫 . 正仓院裂と飞鸟天平の染织 . 京都：紫红社，1984.

[8] 同 [7].

[9] 同 [7].

[10] 同 [7].

[11] E. I. Lubo-Lesnitchenko.*Western motifs in the Chinese textiles of the Early Middle Ages*, in National Palace Museum Bulletin 28.Nos. 3~4. 1993：1~28.

[12] 东京国立博物馆 . 国宝法隆寺展：法隆寺昭和资财账调查完成纪念 . 东京：日本放送协会，1994.

[13] 同 [7].

[14] 赵丰，主编 . 敦煌丝绸艺术全集・英藏卷 . 上海：东华大学出版社，2007：192~195.

第十章　北国风光：契丹、西夏、回鹘之间的丝绸交流

唐朝灭亡后就是五代十国。由五代十国至北宋时期，中国北方的形势比较复杂。北宋时期，中国北面是辽国，中间夹着西夏，西北有回鹘，西南有大理和吐蕃。10世纪左右，中国少数民族在北方建立的几个政权都与丝绸交往有关，其中以中原与契丹、西夏和回鹘的丝绸交往最多。

一、北国群雄

契丹就是辽国，辽太祖耶律阿保机在916年定“契丹”为国名，他的第二子辽太宗耶律德光于938年把国名改为“大辽”。契丹人在其领土上一共建立了五个重要城市，分别是东京、上京、南京、西京和中京。

辽国的发展大概分三个阶段。第一阶段从太祖到穆宗（907—969）为止，这时期辽国逐渐壮大，其中最重要的人物是太祖和太宗，他们征服中原，打败邻国，建立了契丹帝国。其实契丹人早在唐代就已经存在，并跟唐朝帝国一直保持联系。唐朝衰亡后，契丹人开始征服天下，太宗耶律德光几乎攻下了所有北方的疆土，

而且几次占领中原。第二阶段是从 970 年至 1055 年，在辽圣宗和兴宗的领导下，辽国的政治、军事、经济和文化发展均处于巅峰。于 1004 年签订的澶渊之盟，更确定了宋辽南北方的疆域界限，带来近一个世纪的和平。最后阶段是道宗和天祚帝的时期（1055—1125）。随着辽国的腐败，女真部落开始反抗，宋朝借机联合女真合击辽国。耶律阿保机的八世孙耶律大石逃到西部建立西辽，但西辽在 13 世纪初被蒙古人吞并。虽然辽国在这场战争后灭亡，但宋国的疆土边界也继续被迫南移。

回鹘基本上占据中国甘肃和新疆一带以及中亚大部分地区。它原本是铁勒的一部分，在唐初称为“回纥”，在盛唐时建立汗国（744—840），还经常协助唐作战，讨伐吐蕃等邻国。到唐贞元四年（788），回纥改称“回鹘”，有“回旋轻捷如鹘”之意。但到 840 年，回鹘被黠戛斯分裂成多个小汗国。回鹘的多个政权中，以高昌回鹘、河西回鹘（主要是甘州回鹘）和喀喇汗王朝（即黑汗王朝）为主。

高昌回鹘又称“西州回鹘”，自称是回鹘的嫡系。其首府位于现今吐鲁番附近的别失八里，称为“北庭”，属新疆北部的区域。当时唐代在高昌回鹘设立西州，管理西域地区，信奉佛教和摩尼教。12 世纪左右，高昌回鹘被西辽所灭，其中一支军队跟随耶律大石一直西征到中亚地区，并成为西辽的属国，西辽灭亡后则成为蒙古的属国。

喀喇汗王朝又称“黑汗王朝”，“喀喇”在契丹语中的意思为“黑”。10 世纪中期，回鹘人联合当地人推翻以布哈拉为首府的萨马尼王朝，并建立喀喇汗王朝。喀喇汗王朝的整个疆域都在西边，第一首府位于八拉沙衮（今吉尔吉斯斯坦境内），第二首府则位于新疆喀什。始祖沙兔克布格拉汗（942—955）首先信奉伊斯兰教，其子喀喇汗继位后，在11世纪初征服了和田的于阗国，全境伊斯兰化。12世纪30年代，喀喇汗王朝已属于西辽，后来臣属于蒙古。

河西回鹘又称“甘州回鹘”，主要分布在甘肃的河西走廊。这是回鹘人最大的聚居地，当时回鹘人主要在甘州（张掖），还有沙州（敦煌）、凉州（武威）、肃州（酒泉）、秦州（天水）等地居住（到明代称为“黄头回鹘”）。五代之后，吐蕃人离开敦煌，虽然这一带先后由张议潮家族和曹义金家族掌权，但河西走廊整体仍属回鹘人的势力范围，汉人也要对他们俯首称臣。河西回鹘最终在1028—1036年被西夏赵德明父子攻取，先成为西夏的属国，后来臣属于蒙古。

党项本来是羌人的一个支派，唐宋年间活跃，在今天的宁夏和内蒙古西部，后来向甘肃扩张，占领了整个河西走廊。但直至1038年才正式建国，史称“西夏”。当时西夏政权十分强大，回鹘被赶出河西地区，流亡的黄头回鹘成为裕固族的祖先（裕固族人现居甘肃）。

二、一国两制

据《辽史》记载，契丹人早年也是“网罟禽兽，食肉衣皮”，直到辽太宗时期才定衣服之制，并采用“一国两制”。《契丹国志》记载：“国母（皇后或皇太后）与蕃官皆胡服，国主（皇帝）

与汉官即汉服。”从辽代墓室的壁画中也可看出这一点，例如在辽庆陵甬道壁画中，左右两侧有南北两班官员侍立，穿着不同的服装。只有契丹人的国服才真正反映了契丹的特点。

契丹和北宋之间虽有战争，但同时也加强了两个民族的交流——有汉人被俘虏为工匠，也有汉人进入契丹的上流社会。而契丹人在本民族和汉人的服饰问题上，也采用了不同的规则：凡皇后、皇太后以及本族的民众都穿着胡服，皇帝和汉官则穿汉服，所以辽代墓室的壁画分别展示了身穿汉服和胡服的人群。从现存的辽代陶俑可以看到，当时的女装与汉人的大致相同，但男装仍是胡服左衽。契丹人的发型是独具民族特色的髡发，中间剃光，旁留小辫，衣服为圆领左衽，袍子后面开叉，以便骑马。[1]关于汉服为右衽、少数民族服装为左衽的说法，早在汉代前已经存在。现时山西和北京一带是当时汉人的聚居地，那里保留的大量壁画也明显展示了汉服，说明当地的汉人虽然被契丹人统治，但仍坚持穿汉服。而契丹人可能在与大唐交往的过程中，养成了接受汉人先进礼制的习惯，所以他们也喜欢汉服。我们举三个例子。

1. 刺绣团窠龙袍

保存至今的辽代服装不多，其中罗地刺绣团窠龙袍应该是中国最早的龙袍，修复后可以看到龙袍上下各有一个两条龙的团窠（见图1），袖子也见单只团龙。这种黄色团龙袍只有皇帝才能穿着，虽然紫色龙袍的级数也很高，但是文武百官也可穿着。染料分析结果显示，当时的紫色是用紫草染成，颜色愈深表示工序愈多，因此也愈珍贵。文献也有记载，宋辽时代那些紫得发黑的面料叫“黝紫”，特别珍贵。绣龙的针法是用金线绣的钉绣，金线紧密

图 1　辽代刺绣龙袍上的团龙

并排，当时称为“蹙金绣”或“盘金绣”，也有用银线绣的，不过现时看到的银线经氧化后已发黑。

2. 刺绣团窠凤袍

辽代服装中还有凤袍。凤袍用的是团凤和对凤图案（见图2），与龙袍的团窠比较接近，但袖子上是一只凤的小团窠。龙凤图案的概念和团窠的形式都来自中原，从唐代至五代时期的绘画中可以看到，当时的人喜欢用上下两个团窠的纹样来装饰服装。凤袍主要为当时的贵族女性所穿着，但不一定是皇后才能穿。

图2　辽代刺绣凤袍上的团凤

3. 雁衔绶带锦袍

辽代百官的服装也很有意思，其中一种叫雁衔绶带锦袍（见图 3）。内蒙古阿鲁科尔沁旗的耶律羽之墓发现过这种纹样，在兴安盟的代钦塔拉墓中也有，两个墓都出土了使用相同织锦的衣服。雁衔绶带的题材在唐代就有记载，例如《唐会要》提到，唐德宗时（780—805）“顷来赐衣，文彩不常，非制也。朕今思之，节度使文以鹘衔绶带，取其武毅，以靖封内。观察使以雁衔仪委，取其行列有序，冀人人有威仪也”。也就是说，唐德宗要赐衣给节度使和观察使等高官，他们的级别比现在的省长级官员还要高。节度使是武官，赐衣的图案是鹘衔绶带；观察使是文官，赐衣的

图 3　辽代雁衔绶带锦图案（杜晓帆绘）

图案是雁衔仪委。仪委是一种瑞草，将以鸟衔带或衔草的造型赐予官员，其实是向官员提出要求。鹘是一种猎鹰，性格凶猛，相反雁是有组织和秩序的，皇帝借赐衣要求武官要英勇，文官要懂规矩、讲秩序。跟其他雁衔绶带锦袍比较，代钦塔拉墓出土的雁衔绶带锦袍是斜领左衽，耶律羽之墓出土的则是圆领左衽。雁衔绶带锦的面料特别难织，一件衣服的锦料需要 20 对雁，所以织一件袍子需要两个织工花费约一年的时间。

耶律羽之墓和代钦塔拉墓都属辽初时期，估计其中的雁衔绶带锦应该在唐朝生产，因为当时辽国还未具备这种生产能力，也很可能是耶律德光在 936 年南侵灭后唐时抢夺到北方，并在会同四年（941）为高官赐锦时，赐给耶律羽之和代钦塔拉墓的墓主。[2]其实契丹人很了解唐朝礼制，知道哪些官员要用哪些图案。《新唐书》记载，唐文宗时实行“袍袄之制”，“三品以上服绫，以鹘衔瑞草，雁衔绶带及双孔雀”。龙凤、雁衔绶带和双孔雀等图案都是契丹人从中原学到的，即使他们依然沿用北方服装的款式，但还是选用来自南方的图案。

三、辽代丝绸考古发现

辽代的考古一般分为三个时期。第一阶段是在 10 世纪下半叶，即唐代晚期到辽代初期，第二阶段是在 11 世纪中叶，即辽代最兴盛的时期，第三阶段则是辽代末年。考古出土的辽代丝织品文物则可分为两种风格。

1994 年 9 月，考古学家在内蒙古阿鲁科尔沁旗宝山的南坡发现两个相邻的墓，但这两个墓已几乎被盗空，幸好1号墓还存有大量颜色鲜艳的壁画，2号墓还存有十多种丝绸残片。从1号墓的壁画题记可见，墓主人是“大少君”（即长王子），年代是923年，是目前有明确时间记载的最早的辽墓。笔者曾对2号墓出土的所有丝绸进行过分析研究，并完成了鉴定报告，其中出土丝绸包括平纹、纱罗、提花平纹、斜纹地显花和纬锦。不过，墓里最著名的不是服装，而是精美的辽代壁画，其中有很多与当时风格迥异的形象，例如带有唐人风格的仕女。其中一幅被考证为《寄锦图》，描写了苏若兰（生于357）的故事。画上有个人挑了一副担子准备出门，担子上有包裹和盒子，送他的还有几位仕女（见图4）。[3]

苏若兰又称苏惠，丈夫叫窦滔，他在前方打仗当了将军，后来移情别恋。苏若兰知道后非常伤心，把幽怨之情写成一首回文诗，并织在锦里，送给丈夫。窦滔看到织锦，把这首诗念完后非常感动，马上回心转意了。这幅壁画反映的正是送锦的场面，是一个辽代以前的反映汉族文化的故事。画上竹子、芭蕉之类的植物是中国北方没有的，即使是今天内蒙古赤峰一带，还是没有竹子。所以，壁画描绘的并不是当地的内容，而是人们向往的场景。另一幅壁画被认为是《杨贵妃调鹦图》，表现了杨贵妃边写字边逗鹦鹉的情景。

耶律羽之墓是笔者多年研究过程中最重要的辽墓。1992年得知墓葬被盗时，笔者正好在附近的巴林右旗考察，一接到考古队通知，便马上赶到现场。该墓明确标示耶律羽之是墓主，而耶律羽之在正史中也有明确记载。他生于890年，是耶律阿保机的堂兄弟。阿保机有两个儿子也是重要的历史人物，长子耶律倍研习

图 4　内蒙古宝山辽墓壁画中的仕女

汉学，造诣颇深，崇尚汉文化，曾经建议父亲建造孔庙，但不如弟弟骁勇善战。他们的母亲述律皇后偏爱次子耶律德光，于是最终立次子为皇帝。在辽灭渤海国后，附属国东丹国由耶律倍统治管辖，耶律羽之担任东丹国的右次相，地位很高。耶律德光即位后，耶律倍逃到后唐，后来死于后唐。耶律羽之死于941年，葬于942年。在他下葬18天后，他的夫人也因悲伤和劳累去世。1992年6月，耶律羽之夫妇的墓被盗后损毁严重，幸好还有一些珍贵的金银器物被追回，并有大量丝织品残片被遗弃在墓中。齐晓光率领的考古队对墓室重新进行整理，并带回了每一片丝绸残片。墓中共有六百多片丝绸残片，包括近一百个种类，有平纹、单色提花、平纹地显花的绮，斜纹地显花的绫，复杂绞罗，绉，斜纹纬锦和缎纹纬锦等加金织物，墓中有很多印绘和刺绣织物。由于它们有准确的断代、丰富的技术种类和精美的纹样设计，这些织物对研究辽代纺织品有非常重要的意义。[4]

在辽代中晚期几个比较重要的塔中也有丝织品被发现。其中山西应县木塔于1056年建成，在1970年的修复过程中，祁英涛带领的维修队伍发现了一些画绘的佛经以及三幅用夹缬方法染成的南无释迦牟尼夹缬绢。这是迄今发现的唯一一件明确用三套色夹缬并加画绘而成的辽代夹缬丝织品。[5]另一个重要的塔是巴林右旗的庆州白塔，位于守护皇陵特建的小城庆州，于1049年建成，此时正值辽代最鼎盛的时期。1988年，庆州白塔正值维修之际，考古人员在塔顶天宫发现一批共276件织物。这批丝织品颜色鲜艳，但尺寸都很小，主要用作包装。包装用的纺织品一般都是方形，边长28~30厘米，用来包裹小型木塔，每个木塔上都缠有一块小小的佛幡。剩下的那些织物用来装饰佛经或其他封面，这些织物包括平纹、斜纹地显花绫，锦，复杂纱罗，夹缬和刺绣。[6]

辽代丝绸的最新考古发现是吐尔基山辽墓，中央电视台曾播出节目《凤冠迷雾》，说的就是这座墓里的棺材上的凤冠。墓葬的年代为唐末辽初，面积不大，没有被盗过的痕迹，而墓中出土的纺织品大多属唐代晚期至辽代初期的风格。墓主是一位三十多岁的女性，但身份不明。有的考古学家认为，她可能是辽太祖耶律阿保机和述律皇后（回鹘人）唯一的“长公主”质古，这位公主约 35 岁病逝。另有人认为她是辽太祖的妹妹余庐睹姑公主，是一位“奥姑”，即女萨满，于 907 年参与叛乱而死。[7]还有人则认为墓主为辽太祖孙女、耶律倍的女儿、辽世宗耶律兀裕（汉名耶律阮）的妹妹阿不里，因随其夫萧瀚谋反而下狱。种种推测都和耶律阿保机有关，现在还没有明确结论。但通过这个墓葬，我们可以对契丹的丝绸有更深入的了解。

四、辽代丝绸风格

契丹人取得丝绸的第一个来源是中原。耶律阿保机早年攻打了很多唐朝边城，掳掠了大量汉人。905 年冬天，河东节度使李克用派使者与契丹结盟，耶律阿保机“以骑兵七万会克用于云州（今山西大同），宴酣，易袍马，约为兄弟”[8]。这是最早有关契丹人得到中原丝绸服装的正式记载。后来，耶律德光于会同元年（938）从后晋手中得到燕云十六州。会同九年（946），耶律德光占领后晋首都汴州（今河南开封）并大肆掠夺，后把物品运回辽上京，在内蒙古出土的早期辽墓的丝绸中，也应该包括从上述地方掠夺的高级丝绸。此外，中原王朝还向辽国贡纳丝绸。石敬瑭每年提供30万匹丝绸给辽国，作为辽国退回云、冀两州的回报。1004年澶渊之盟后，宋朝每年向辽送上10万两银和20万匹丝绸，后来更增加至30万匹丝绸，都是绢帛之类。

另一个来源是汉人工匠为契丹人所生产的丝绸。汉人工匠大多是俘虏，在以前的战争中，工匠是受到保护的，他们被俘虏后还要为敌国工作。这些俘虏包括宦者、翰林、伎术、教坊、角觝、秀才、僧尼、道士等，都是汉人，尤其以并州（今山西太原）、汾州（今山西汾阳）、幽州（今北京）、蓟州（今河北蓟县）人居多。世宗时"以定州俘户置弘政县"[9]，定州生产的白瓷非常精致，丝织品制造也很有名，尤其是北宋时的缂丝，考古界权威宿白先生也曾建议笔者研究定州丝织品与辽代丝织品的关系。所以我们估计俘虏中有大部分是熟悉丝织品生产的工匠。除汉人外，还有渤海人和回鹘人等都被俘虏，例如祖州（东林西南），"东为州廨及诸官廨舍、绫锦院，班院祗候蕃、汉、渤海三百人，供给内府取索"[10]。定州工匠被安置在弘政县，那里也有很多生产锦和绫的作坊。尽管工匠主要都是汉人，但凡在契丹境内为契丹人而生产的工艺品，总带有契丹民族的特色。北宋和契丹有一百多年的和平时期，边境贸易一直十分兴旺，政府之间也有一些丝绸礼品的往来。

1. 中原风格

正因为辽代丝绸有两大来源，当时的丝绸也有两大风格。一是中原风格，二是北方风格。从现存辽代织物图案可见，它们都受中原风格的影响，特别是花鸟样式。唐代前期的图案以陵阳公样等样式为主，后期发展成以花鸟图案为主的大唐新样，但仍然脱离不了团窠的形式，愈到晚期图案才愈分散。到了北宋及辽代，这类图案如花树对鸟纹开始非常流行。花树对鸟纹在唐朝早期已经存在，起初是在联珠圈里，花树下面两侧是对狮对鸟之类，中间的花树通常被称为生命树，似乎含有较多神话的成分。而辽代的花树对鸟纹，外面不再有团窠环或其他框架，中间的树形非常写实，粗壮之余还带有花叶，花树两侧的鸟通常都是雁，少量出现鸽子。还有一些灵活多变的小型花鸟图案，例如柿蒂窠中的对鸟和莲花、花盘上的交颈对鸟等，两鸟首尾相衔的喜相逢始于唐代晚期，到辽代仍然流行。还有一些花鸟栩栩如生，优美如画，例如刺绣图案中的山石、小鸟和小花（见图5）。代钦塔拉墓中出土的手绘团扇，可能是中国考古所发掘的年代最早的扇子，里面也是一对站在园林石上的鸟，背景为花树。[11] 这与北宋时期文人喜欢园林美景有关，当年宋徽宗大量建造园林，不远千里将太湖石运来做假山。这些作品不一定出自大艺术家，但是手法娴熟，运笔流畅，也应出自经验丰富的能工巧匠之手。

最大的花树对鸟纹出自耶律羽之墓的一件袍子（见图6）。这件衣服经复原后，可见中间是一棵不对称的树，树上长满海石榴花，同时还停着长尾鸟，与同为辽代画家萧融的画比较，推测这可能是鹧鸪鸟。树干两侧是一对狮子绣球。在丝绸图案上，狮子的形象虽然较早出现，但狮子和绣球一同出现的形象是后来才有的。这件袍子长一米多，只有一棵花树，这类图案在辽代极为少见。到了清代，这种图案被称为“一枝花”。缝制袍子的时候，

图 5　辽代刺绣花鸟图案（杜晓帆绘）

这棵树被分为左右两边，分别呈现不同的图案，一边简单一边复杂。复原后可见图案的排列大致是前片分大小襟，外面有一大一小图案相结合，里面方向与外面相反，后片是完整的，由两边的图案拼合在一起，挂在墙上就像一幅一米多高的大型花鸟画。这种图案一定需要大型的束综提花机才能织成。[12]

还有一种图案风格带有明显的汉文化特点，但以前人们一直以为它在元代以后出现，因为青花瓷上有很多这类图案，人们称它为“锦地开光”（见图 7），意思是像织锦的地一样有细密的花纹，然后在上面开窗让光线透进来。明清时的窗户上有较多这类纹样密密麻麻的图案，例如“万字不断头”等。笔者和研究人员曾经

图 6　辽代花树对狮对鸟妆花绫袍图案（赵丰绘）

图 7　辽代锦地开光图案（杜晓帆绘）

以为这种纹样始于元代，因为元代的青花瓷经常出现柿蒂窠以及柿蒂窠中间的纹样搭配。从丝绸史的角度看，这种纹样可能在辽代甚至在唐代晚期已很流行，通过致密锦地上开辟的视窗，可以看到百花争艳、百鸟齐鸣的景象。

2. 北方风格

第二类是北方风格的山间林下。在汉人织工和工匠的协助下，辽代疆域内已能生产各种丝绸，因此出现了用汉人技术生产的契丹风格。尤其在辽代中期，各种丝绸也被作为辽国特产送给宋朝，包括刻丝、花罗、透背、细锦、楼机绫、红罗匣金（压金）线绣等。这些丝织品的高档程度令宋朝官员和皇帝都很吃惊。史载，宋真宗“以礼物宣示近臣，又出祖宗朝所献礼物示宰相，其制颇朴拙，今多工巧，盖幽州（今北京一带）织工耳”[13]。这是北京的织工迁移到契丹境内的结果。

松鹤是典型的北方题材，在庆州白塔里也发现过塔松、雪松的图案。有些山和树看起来似乎带有南方风格，但事实上也是北方的设计。在山里奔跑的鹿一般是北方狩猎民族特别喜爱的题材。鹿的造型比较真实，有时和云山组合在一起。还有些很特别的北方风格图案，大都以狩猎为主题，辽庆州白塔出土的一幅红罗地联珠鹰猎纹绣中，也见狩猎者是典型的契丹人装束，契丹人穿着厚厚的皮袍，戴着皮帽子，骑着马，手上有两只小猎鹰，马上也有很多披挂（见图8）。[14]这两只猎鹰就是契丹人非常喜欢的海东青，通常是白色的，体型不大，但很凶猛，主要产地在黑龙江境内，在图案上多以捕捉奔鹿的形象出现，例如耶律羽之墓出土的飞鹰逐鹿纹刺绣（见图9）。女真人的部落在黑龙江，契丹

图 8　辽庆州白塔出土的骑马人物刺绣

人曾要求女真人定期为他们进奉海东青，为此还特意开辟送鹰的专用通道。契丹人也亲自到黑龙江挑选猎鹰，借机吃喝玩乐，压榨女真人。一段时间后，女真人不堪契丹人的欺辱，有一次就地杀死了前来挑选猎鹰的契丹使者，然后集体造反，终于推翻了契丹人的统治。

3. 南北混合风格

最能反映南北风格混合的文物是梦蝶轩捐赠给中国丝绸博物馆的一件绣囊（见图 10）。[15] 囊的两面恰好分别反映了两种不同的艺术风格，绣囊的口缘是织锦，主体是刺绣，刺绣很硬，绣迹很密，很可能是在皮上刺绣的。一面是花树对鸟，中间有一棵树，

图 9　辽代的飞鹰逐鹿纹刺绣

树上有像牡丹一样大的花，下面的鸟很像仙鹤，还有两只比仙鹤大的蝴蝶，明显是南方的花树鸟蝶风格。另一面的气氛就完全不同，空中飞的都是体型很大的雁或天鹅，中间在跑着的小兔子楚楚可怜，根本无力抵抗身后那长着有力翅膀的猎鹰的追逐，随时都有可能被叼走。这就是秋山狩猎图案的典型范例。

契丹人后来非常喜欢佛教和仙道，当时也有很多反映这类题材的壁画、织物和刺绣，例如与道教有关的仙鹤、手持香花的仕女等。应县木塔里出土的夹缬作品是一件佛教作品，上面有“南无释迦牟尼佛”的字样，是迄今发现的唯一一件用三套色夹缬并加画绘而成的辽代夹缬丝织品。内蒙古阿鲁科尔沁旗耶律羽之墓出土的“龙凤万岁龟鹿”泥金（见图 11），上有“龙凤万岁龟鹿”等字句。古人认为“麟体信厚，凤知治乱，龟兆吉祥，龙能变化”，龙凤龟麟因此成为中国传统文化最具象征意义的吉祥物，无论帝王还是宗教都将四灵神化。此外还有大量伞盖、莲花、绶带、盘长结等与法器相关的图案，据说它们也跟仙道神灵有关。

图 10　中国丝绸博物馆藏锦缘绣囊

五、贺兰山阙

蒙古大军攻灭西夏期间，西夏遭受了毁灭性的破坏。因此西夏遗留下来的文物也很少。西夏王陵虽然存在，但内有的文物不多。迄

图 11　龙凤万岁龟鹿泥金（杜晓帆绘）

今为止最重要的西夏文物来自黑水城的考古发现，但其文物主要收藏在俄罗斯艾尔米塔什博物馆。此外，虽然近年宁夏部分佛塔被毁，但也出土了精美的丝绸和佛教文物。

黑水城原本是西夏的一个城市，在蒙古人入侵时被毁，后来蒙古人继续在那里居住了一段时间。俄罗斯考古学家科兹洛夫进入这个遗址，拿走了不少文物，现时文物收藏在艾尔米塔什博物馆。黑水城最主要的发现是唐卡，很多唐卡做工精致，尤其是整件都采用缂丝工艺制作的唐卡。缂丝绿度母唐卡（见图 12）被认为是典型的西夏时期作品，作者也许是来到西夏的回鹘人。近年宁夏的佛塔遭严重破坏，因为人们知道这里有价值连城的文物，所以大肆盗掘，像拜寺口双塔般的遗迹也难逃一劫。塔里出土的文物很有趣，有很多平时不太常见的图案，例如印花婴戏莲，也有唐卡和刺绣。总体而言，西夏出土的文物不多。

辽和西夏的关系也因宋的存在变得更加紧密，共有三位辽国公主嫁给西夏王室。由于西夏本地基本不产丝绸，因此，发现于西夏墓葬、佛塔及遗址的纺织品基本上都是进口的，且大部分来自宋境，部分来自辽，小部分来自回鹘，所以西夏发现的纺织品与辽代丝绸有大量相似之处，例如在西夏陵区 108 号墓发现的辽式纬锦、黑水城的缂丝等。在西夏佛塔发现的印花绢，也跟耶律羽之墓出土的绫织物有相同的排列和题材。在黑水城发现、现藏于艾尔米塔什博物馆的蓝地云雁杂宝纹夹缬，也与庆州白塔出土的云雁纹夹缬绢十分相似。其只有极小部分可能为西夏本地所产。

图 12　黑水城发现的缂丝绿度母唐卡

六、西化的回鹘

契丹和回鹘的关系极为密切，辽太祖耶律阿保机的述律皇后就是回鹘人，辽上京（今内蒙古巴林左旗林东）有专门供回鹘商人（或许也包括织工）居住的回鹘营，回鹘传入的缂丝技术也反映了两地在纺织生产方面的交流。此外，收藏在旅顺博物馆的菱格斜纹纬锦，也显示了两地之间的某些相似之处，例如辽代织物上就有类似唐代所说的“胡旋舞”图案，即西域人穿着靴子和长袍跳舞，这是非常回鹘化的图案。从敦煌壁画里可见，回鹘已明显受到中原文化的影响。高昌回鹘戴的帽子别具民族特色，但是服装和丝绸上的图案还是与其他地方比较接近。他们衣服上的对鹰图案可在辽代丝绸上找到，也可在敦煌藏经洞的幡上发现。这说明唐和辽时与回鹘的往来尚算频繁。

喀喇汗王朝文物的情况则不一样。这个王朝的领地在中亚一带，吞并了于阗后，其势力范围甚至扩大至青海。20 世纪 50 年代在新疆南部近青海一带，发现过一座将军的墓葬，墓葬所在地属于青海的区域，这也是一个无人区。墓里的文物都保存完好，并引起考古学界的注意，例如一件对灵鹫纹锦袍就被长期保存在故宫博物院内。这件袍子上的图案是对鹰（或称灵鹫），外圈是球路纹样和小小的联珠纹。[16]另一件锦袍目前收藏在新疆博物馆，上面有对羊和孔雀的图案，经复原后，发现虽然图案造型在各个单元中都一样，但颜色一直变化（见图 13）[17]，例如一个单元中有两只对羊，上面有一只双头孔雀，两脚踩在花枝上，其羊体和羊角的色彩一直在变化。类似的图案在西方 11 世纪及 12 世纪

图 13　回鹘时期的对羊孔雀纹锦图案复原（王乐绘）

的艺术品中也可找到。同一座墓里还有一件更为西化的图案，其中羊的造型和当时伊斯兰风格的铜镜上的几乎一样，在团窠环里还有一种像伊斯兰早期字形库菲体的变体。其他两个回鹘王朝主要信奉佛教和摩尼教，但喀喇汗王朝只信奉伊斯兰教。

喀喇汗王朝进入新疆后，促进了整个新疆的伊斯兰化。于阗国灭亡后，回鹘人经过漫长发展，成为现在的维吾尔族人的主要来源。喀喇汗王朝出土的部分文物也带有东方特点，仍然有大鸟和小动物的元素，属秋山系列。某些织品用了和伊斯兰教铜器相同的纹样作为布边的装饰。现在新疆喀什发现的喀喇汗王朝缂丝，差不多对应于北宋年间，看起来也很像元代的缂丝，说明回鹘人的缂丝技艺同样高超。

七、最后的于阗

于阗是一个几乎被人遗忘的国家。有一天，在和田山普拉古墓区（为战国至三国时期的墓葬）边上，突然洪水暴发，很多棺材从山上的布扎克墓地被冲下来。棺材很中国化，有四方神灵图案的装饰，即“前朱雀后玄武，左青龙右白虎”，棺中一块织物用了卷曲的花卉纹，还用汉字写着“李枉儿”，背面用于阗文书写，让人联想到被大唐赐李姓的于阗国君“大宝于阗国王李圣天”。[18]李是于阗王族的姓，曾与敦煌联姻，敦煌壁画上也有“大宝于阗国王李圣天”的形象。墓主也许是王族成员，也可能是同宗。墓主鞋子上的织锦图案似乎比较古老，但是织制工艺比较新颖，还有的鞋子上有着精美的刺绣。于阗距今年份久远，也许它原先的风貌与李唐极为相似，但在伊斯兰化后就发生了巨大的变化。

注 释

[1] 赵丰．辽代丝绸．香港：香港沐文堂出版，2004.

[2] 赵丰．雁衔绶带锦袍研究．文物，2002（4）：73~80.

[3] 吴玉贵．内蒙古赤峰宝山辽墓壁画《寄锦图》考．文物，2001（3）：92~96.

[4] 内蒙古文物考古研究所，赤峰市博物馆，阿鲁科尔沁旗文物管理所．辽耶律羽之墓发掘简报．文物，1996（1）：4~31；赵丰．辽耶律羽之墓出土丝织品鉴定报告 // 中国丝绸博物馆鉴定报告第 XI 号，1996.

[5] 国家文物局文物保护科学技术研究所．山西应县佛宫寺木塔内发现辽代珍贵文物．文物，1982（6）.

[6] 德新，张汉君，韩仁信．内蒙古巴林右旗庆州白塔发现辽代佛教文物．文物，1994（12）：4~33；赵丰．辽庆州白塔所出丝绸的织染绣技艺．文物，2000（4）：70~81.

[7] 王大方．吐尔基山辽墓主人身份辨析．内蒙古社会科学，2008（29）.

[8] 脱脱等．辽史・太祖本纪．

[9] 脱脱等．辽史・地理志．

[10] 脱脱等．辽史・地理志．

[11] 同 [1].

[12] 赵丰．契丹人的丝绸服饰 // 松漠风华：契丹艺术与文化．香

港：香港中文大学文化馆，2004：38~49.

［13］叶隆礼．契丹国志·南北朝馈献礼物．

［14］德新，张汉君，韩仁信．内蒙古巴林右旗庆州白塔发现辽代佛教文物．文物，1994（12）：4~33.

［15］Zhao Feng and Yu Tingting. *Liao Silk Textiles: the Elegant Lifestyle of the Kitan Royals*.in Orientations, 2011：43~49.

［16］魏松卿．考阿拉尔木乃伊墓出土的织绣品．故宫博物院院刊，1961（2）.

［17］赵丰，王乐，王明芳．论青海阿拉尔出土的两件锦袍．文物，2008（8）：66~73.

［18］赵丰，王乐，万芳，李甍．和田布扎克彩棺墓出土的织物与服饰//赵丰，伊弟利斯·阿不都热苏勒，主编．大漠联珠——环塔克拉玛干丝绸之路服饰文化考察报告．上海：东华大学出版社，2007：90~99.

第十一章　蒙古与高丽：中国与朝鲜半岛的丝绸交流

蒙古帝国与高丽王国，在历史上有很长一段时期是并存的。本章内容的背景比这个时期略早，其范畴则主要涉及女真人、蒙古人与高丽人之间的丝绸交流。

一、金元与高丽

高丽的地理空间大约相当于今天朝鲜半岛上的朝鲜和韩国。高丽与中国在地域上紧密相连，两国往来密切。在陕西西安发现的一幅唐代壁画，呈现了鸿胪寺（相当于现在的外交部礼宾司之类的机构）接待外宾的场景。画中有一位身穿宽衣大袍的人，他的服装与中国人接近，但他戴的帽子与中国人不同，据说他就是当时的新罗人，相当于现在的韩国人。这幅图画记录了当时中国与东北亚国家和地区的交流情况，而这种交流持续了很长时间。在唐代，朝鲜半岛还被称为新罗，后来新罗被高丽取代，地区局势从此发生变化。

我们先来看看在女真、蒙古和高丽时期，中国以至整个东北亚地区的概况。在中国版图上，1125 年，女真人灭辽，占领中国北方，与南宋对峙。1206 年，蒙古建立汗国，并于 1234 年灭金。1271 年忽必烈建立元朝，1279 年灭南宋，1368 年元亡。由此可见，12 世纪至 14 世纪，当时的中国比较动荡，但同期朝鲜半岛的局势则相对稳定。918 年，新罗将军王建建立了自己的小国家，称之为高丽。他于 935 年灭新罗，936 年灭后百济，基本上统一了朝鲜半岛。1392 年，高丽被李氏朝鲜取代。由于高丽王系王姓，所以一般称为王氏高丽。

高丽自古与中国相邻，作为一个小国，与大国为邻难免会比较艰难。北方游牧民族的契丹人、女真人和蒙古人的政权多少都会恃强凌弱。993 年，高丽被辽国击败，被迫向辽称臣，1127 年被迫臣服金国。1231 年起，蒙古军队连年对高丽用兵。1259 年，高宗派遣太子，即后来的元宗，向蒙古请和。1275 年，元宗还都开京，高丽完全依附蒙古。1260 年，元世祖忽必烈即位后，在其给高丽的诏书中宣布“完尔旧疆，安尔田畴，保尔家室”，间接承认了高丽拥有独立身份和完整疆土。但是，高丽对元要尽“纳质、助军、输粮、设驿、供户数籍”等义务，所以高丽实际是处于藩邦地位。换言之，高丽名义上是一个独立国家，但实际要对这些政权俯首称臣，每年需要给他们进贡，情况尤以蒙元时期最为显著。当时高丽也曾经和蒙古国联姻，迎娶蒙古的公主，同时高丽也向蒙古国进贡大量本国女子，希望通过亲密关系维持国家稳定。1356 年元末各地起义，高丽趁机恢复独立。这就是当时蒙古与高丽的关系。

在服饰和生活习惯方面，蒙元要高丽依旧按照“衣冠从本国之俗”，无需更改制度。但从王倎开始，每位高丽世子都要到蒙古国做质子（即作为抵押的人质），再加上贵族联姻，蒙古与高丽的交往事实上非常密切，蒙古人的习俗对高丽人也产生了很大影响。例如高丽元宗王倎从小就在蒙古做质子，当时高丽内部混乱，另立的太子被废，于是蒙古人把王倎送回高丽即位。在王倎统治时期，双方关系比较融洽。

二、《老乞大》和《朴通事》

当时，往来于朝鲜半岛和蒙古之间的交通十分便利，大大促进了商业发展，大量商人因需要翻译人员，又促进了翻译行业的繁荣，很多精通多国语言的中间人都专门从事翻译工作。现在还有高丽时期流传下来的两本翻译作品，一本叫《老乞大》，另一本叫《朴通事》，都是会话课本，书中有日常情景会话，特别为前往王京（元大都）经商的高丽商人学习汉语而设。这两本书从高丽时期开始编纂，沿用到朝鲜时期，多次改版，每次逐渐加入新内容。现时《老乞大》共有六个版本，《朴通事》则有三个版本，从书中可以看到古人在进行丝绸贸易时的趣闻。[1] 笔者和研究人员比较关注蒙古的织金织物，以下作些介绍。

《老乞大》里有很多对话，其中第 10 条《绫绢绵子价钱》的对话如下：

"你那绫绢绵子，就地头多少价钱买来？到王京多少价钱卖？"

"我买的价钱，小绢一匹三钱，染做小红里绢。绫子每匹二两家，染做鸦青和小红。绢子每匹染钱二钱。绫子每匹染钱，鸦青的三钱，小红的二钱。又绵子每一斤价钱六钱银子。到王京，绢子一匹卖细麻布两匹，折银一两二钱。绫子一匹，鸦青的卖布六匹，折银子三两六钱，小红的卖布五匹，折银子三两。绵子每四两卖布一匹，折银子六钱。通滚算着，除了牙税缴计外，也寻了加五利钱。”

这一节最后说：“到王京，绢子一匹卖细麻布两匹，折银一两二钱。”这样看来，其利润是蛮可观的。

还有第72条的《买段子》，其中提到：

> “卖段子的大哥。你那天青胸背、柳青膝襕、鸭绿界地云、鹦哥绿宝相花、黑绿天花嵌八宝、草绿蜂赶梅、柏枝绿四季花、葱白骨朵云、桃红云肩、大红织金、银红西蕃莲、肉红缠枝牡丹、闪黄笔管花、鹅黄四云、柳黄穿花凤、麝香褐膝襕、艾褐玉砖阶、蜜褐光素、鹰背褐海马、茶褐暗花，这们的纻丝和纱罗都有么？”
>
> “客人你要南京的那？杭州的那？苏州的那？”
>
> “大哥，南京的颜色好又光细，只是不耐穿。杭州的经纬相等。苏州的十分浇薄，又有粉饰，不牢壮。”

以上一连串问题都与颜色和图案有关。纻丝即今天的缎，纱罗则是一种轻薄织物，主要产自南方。卖缎子的大哥问客人要南京、杭州还是苏州的纻丝，南京、杭州和苏州就是中国明清时期“江南三织造”的三个产地，而苏杭到今天仍然是中国主要的丝绸产地。这说明两位顾客其实是很在行的，他们说：“大哥，南京的颜色好又光细，只是不耐穿。杭州的经纬相等。苏州的十分浇薄，又有粉饰，不牢壮。”这样说来，还是杭州的品质较好。从这段对话可见，杭州、苏州和南京等地生产的丝织品北上运往北京，又从北京卖到高丽，东北角上的丝绸之路，就是这样形成的。

第 73 条《卖绫子》还提到绫子、绢子和丝：

“你有好绫子么？”

“你要什么绫子？”

“我要官绫子，那嘉兴绫子不好。”

“客官你要绢子么？我有好山东大官绢、谦凉绢、易州绢、倭绢、苏州绢、水光绢、白丝绢。”

“我只要大官绢、白丝绢、苏州绢、水光绢。其余的都不要。你有好丝么？我多要些。”

“要什么丝？”

“我要白湖州丝、花拘丝。那定州丝不要。”

这里提到绫、绢和丝有很多产地，包括山东、易州、日本和苏州等地。客人挑了四种绢，然后就买丝，虽然丝是原料，但也可以买卖。丝可以做线，也可用来织绸。元代就有“五户丝”制度，即要求每五户人家一定要上缴若干数量的丝。统治者收取后，用来织造自己喜欢的面料。至于客人要的白湖州丝，从宋代开始就一直很有名，有一种近代湖丝叫“辑里丝”，更经常在国内外博览会获大奖。定州位处北方，虽然制作缂丝的技术很发达，但是丝的品质不如南方。

《朴通事》里面第6条《买段子》也讲到丝绸买卖，提到丝绸的长度，也很有趣。

> “拜揖，哥哥，那里去来？”
>
> “角头买段子去来。”
>
> “你将来我看。这的几托？”
>
> “满七托。你猜的么？”
>
> “我猜。这的大红绣五爪蟒龙，经纬合线结织，上用段子，不是诸王段子，也不是常行的，不着十二两银子，买不得他的。”
>
> “咳，真个好标致，便猜着了。”
>
> “你说什么话，好物不贱，贱物不好。”

从《老乞大》和《朴通事》的故事可见，蒙元时期高丽与中国的丝绸往来非常频繁。相比文献资料，保存丝绸实物的确很不容易，何况在朝鲜半岛区域，四面环海，空气潮湿。现在能看到的丝绸实物，多数是朝鲜时期的文物，高丽时期的实物则有少量仍然存放在佛寺。这些珍贵材料也是研究的重要依据。

三、高丽佛腹藏

高丽时期佛教盛行，建国者王建更是虔诚的佛教徒，把佛教定为国教，并自称“佛教护法仁王”，借此祈求国泰民安。礼佛因此成为高丽王室的一大传统，其中以雕印《高丽大藏经》最具历史意义。韩国海印寺保存了高丽时期制作《大藏经》的 8 万多块雕版，现已列入世界文化遗产。高丽时期的佛教发展，大致分为两个时期，前期为 918—1105 年，以中国佛教传入为主，华严、法相、禅宗法脉持续，国师大觉义天由宋回国后，又成立天台宗（汉传佛教十宗之一）；中后期为 1106—1392 年，是指睿宗即位后形成的民族佛教，主要指智讷所创的曹溪宗，获广泛接受，超过禅门九山。

佛腹藏则指建寺塔时，在佛像的腹中藏入一些珍贵文物。收藏物以喉铃筒为主，还有其他重要物品，如五宝瓶、真心种子、五轮种子和四方咒，其中五宝瓶装有五谷、五药、五香、五彩幡、五丝和五香草等。纺织品是佛腹藏的主要材质，其中纺织品种类包括平织物、绫织物、罗织物、织金织物和印染织物，服装则包括各寺院佛腹藏出土的腰线贴里、搭胡、窄袖衣及直领、绡汗衫等。[2] 其他收藏物包括法华经、陀罗尼经、银制或铜制圆筒形的舍利函以及如水稻、大米、大豆等农产品。佛腹藏除有信仰的含义之外，更是判断佛像建造时期的重要文化证据。

佛腹藏在同一时期的中国也曾经出现，虽然保存至今的实物很少，但史料也多次提及。宋代陈师道在《后山谈丛》中提及：“徐之南山崇胜院主崇璟，故王姓也。熙宁中修殿大像，腹中得画像，男女相向，衣冠皆唐人也，而题曰‘施主王崇璟’，岂其前身也耶？”由此可见，佛腹藏在唐代已经存在。明代郎瑛在《七修类稿·佛腹藏经》又提及一些小型佛像：“杭永昌门外有梵宇曰正定，其佛像大不盈丈，小仅尺许，绘塑之制，皆极精巧。一日，与友鉴赏间，偶见小佛背木微露缝痕，随用簪发，则木已启，而满腹皆纸，取而视之，乃写楞严咒，并书舍佛姓氏年号，始知为宋物也，纸甚坚白，字极庄肃，殊为可爱。”这里指宋代的佛腹藏，主要是经文。宋周密《齐东野语》卷十五《腹笥》载：“咸淳辛未年（1271）三月，雪川南景德寺，火忽起自佛腹，其中藏经数百卷，多五代及国初时人手写，皆垂碧纸，金银书。间有舍利、珠玉、金银钱之类，多为宗子所得。尝见一仆得金银书《心经》一囊，凡十卷，长仅二寸，卷首各绘佛像，亦颇极精妙。”虽然中国佛教也有佛腹藏的传统，但保存至今的实物不多，最重要的实物是辽代应县木塔的文物。佛像坐在每一层塔的中间，但在“文革”时期遭到破坏，遂发现里面藏有经书和丝织品，其中最著名的是印有释迦牟尼像的三件夹缬。

佛腹藏的背面有一块可移动的小板，打开后便可看到里面藏有什么东西（见图1）。至今已发现十多座高丽时期的寺庙有佛腹藏，主要是藏在佛像里，也有藏在菩萨像里。里面主要包括发愿文（介绍许愿供奉佛像的目的或记录有多少人供养佛像）、佛教典籍、写经、陀罗尼、喉铃筒、五宝瓶和各种服饰织物。五宝瓶象征世界万物，使佛像有灵气。

据目前所知，最早的高丽佛腹藏是藏在一尊1302年的阿弥陀佛像内，未知出自哪座寺庙，但收藏的物品很齐全。其中有放在喉铃筒内的五色丝线，象征五脏六腑，而五种颜色则象征五行。此外还有收藏服装的，风格与蒙元时期的中国服装大致相同，有长袖的辫线袄和短袖的搭胡。有些衣服还贴着写上供奉者姓名的

图 1　佛腹藏示意

条子（见图 2）。[3]

佛腹藏还保存了大量纺织品残片。这种情况与早期的墓葬相同，一块残片就代表一匹布，因为在古代，布是一种货币，布匹可以用来纳税，所以织物最主要象征了货币和财富。也有人认为，也许是每位供奉者都从自己的衣服上剪下一块布的缘故，所以布的残片愈多，就象征供养者愈多。的确，这些碎片的花纹都不尽相同，说明它们来历不一。出自这一个佛腹藏的织物残片，多数是元代典型的织物，其中有龙纹、曲水地花纹、锦地开光、岁寒

图 2 阿弥陀佛像佛腹藏中发现的衣服

三友、凤凰、牡丹、仙鹤等图案，有时还盖上有六字箴言的织金绢（见图 3）。[4]

四、东方织金系统

据说，西方人本来比较喜爱金，中国人则较喜欢玉。但丝绸之路开通后，有愈来愈多中国织物都用了金。早在 3 世纪至 4 世

图 3　盖有六字箴言的织金绢

纪，已经有贴金织物在新疆营盘出现。织金技术在唐代发明后，用金情况就更普遍；到辽金时期，北方少数民族更是大量使用金。织金织物分为东西方两个系统，这里主要讲东方系统。

东方织金系统的风格是在已经有组织的织物上再织入金属丝线，形成织金绫、织金绢或织金缎等，图案以花和鸟最为常见。图案的外形通常都做成一块块小花朵图案。在元代，这些小花朵叫“搭子”，意思就是“一块”，而搭子图案都属于东方的织金系统，这在当时的小说中也有提及。

东西方系统的不同，在于纹样图案的差别。黑龙江阿城金墓出土的织金衣服，采用了搭子的云鹤纹样。当时这种设计被称为“清地”[5]，与满地和密地图案相对应。锦地开光是典型的满地，但清地干干净净，基本上没有地纹图案。阿城金墓也有满地图案的印金织品，与清地差别很大。原收藏在西藏寺院里的著名蒙元时期春水纹织金绢（见图4）[6]，类似的纹样曾在当时的玉雕上出现，现在还能找到出土或传世的春水玉，也能看到一只大雁一头钻进芦苇丛，和一只海东青正在捕雁的场景。这件春水纹的织金绢通经断纬，技术上与后来的妆花相同。

春水外还有秋山题材，表现了鹿在山林或花丛里静卧或奔跑的情景，这也是一种清地的搭子图案（见图5）。奔兔也属秋山题材，有时兔子往前跑，有时则边跑边回头看，耳朵长的被认为是野兔，耳朵短的则是家兔。这些图案明显体现了搭子图案的概念，因为地面都是空旷的。清地的搭子织金在蒙元时期很流行，在伊斯兰教地区也如是。这种织金都可被纳入典型的东方织物体系。

图 4　纽约大都会艺术博物馆藏春水纹织金绢

五、《出猎图》中的服装

元初有一位非常重要的画家叫刘贯道，他是河北中山人（今定县），曾任御衣局使，专门为皇帝管衣服，能画非常写实的工

图 5　纽约大都会艺术博物馆藏秋山纹织金绢

笔人物画。他在至元十六年（1279）写裕宗为御容，翌年二月画《元世祖出猎图》（下称《出猎图》，见图 6）。《出猎图》长 182.9 厘米，宽 104.1 厘米，现藏于台北故宫博物院，是元代的绘画精品。[7] 他所画的元世祖忽必烈是成吉思汗的孙子。忽必烈的主要功绩是

图 6　《出猎图》中的人物

灭南宋和建元朝，主要统治区域在中国境内，领土的西南边界更与缅甸交接。很多汉人都在元朝朝廷里做官。这些汉官在内蒙古东部出生，继承的都是东方传统，穿的也是东方服装。

《出猎图》中一共画了 10 个人，其中忽必烈穿大红色衣服，外面穿裘皮大衣，尽显其贵族身份，他身旁是皇后察必，其他人物的身份已无从考证。忽必烈的服装包括一顶银鼠暖帽、一套银鼠质孙服、一件红织金缠身龙襕袖辫线袍、绿印金答子贴里和绛丝缠枝莲靴套连靴，其中红织金缠身龙襕袖辫线袍绣上大型的织金龙纹，在膝盖部位还有一条龙襕，外加一条金线缘饰（见图7）。皇后察必的服装是暖帽、白织金云肩襕袖海青衣加绿贴里，其中海青衣的地为白色，胸前有一个织金龙纹云肩图案，上面有很多花样，袖子的上半部有图案，下半部则没有，袍子的下摆有一条线。这种衣服又称“云肩襕袖”，其名称首见于元至元十年（1273，相当于南宋咸淳九年）。[8]这种款式在元代并不常见，但到了明代，皇帝的衣服都用了这些元素。红衣黑脸的扬鞭者头顶襆头和钹笠，身穿红织金花鹿胸背海青衣（见图8），脚穿红云头靴套和靴，其衣服也是织金的，双肩也有图案。整体而言，所有图案都是织金显花的，并经常在某个部位出现，不是云肩，就是在肩头、袖子或下摆，而且整体也体现了东方系列清地搭子图案的概念。

《出猎图》涉及的服装种类有不少。辫线袄或腰线袍，即在腰部有带状装饰的袍子。《元史·舆服志》载：“辫线袄，制如窄袖衫，腰作辫线细褶。”《黑鞑事略》载：“用红紫帛捻成线，横在腰，谓之腰线。”海青衣，即在前袖开一道口，露出里面的衣服。这种设计其实可方便穿衣者伸出手来，特别是准备射箭的时候，因为游牧民族平时都在马背上，脱衣服不方便。衣服后片肩部还用了纽扣固定住袖子，使袖子和衣身不会脱离，这是很科学的设计。海青衣在整个草原丝绸之路上都有，其他游牧民族也有穿海青衣的，但在没有游牧民族生活的其他地区就不多见。因

图 7　《出猎图》中穿红织金缠身龙襴袖辫线袍的忽必烈

为被广泛运用，所以当时的史料也有关于海青衣的记载。宋代郑所南《心史》载："衣以出袖海青衣为至礼。其衣于前臂肩间开缝，却于缝间出内两手衣裳袖，然后虚出海青两袖，反支悬纽背缝间，俨然四臂。"搭护又写作"答忽""搭忽"或"搭胡"，即为"皮

图 8 《出猎图》中着海青衣者

袄”“袄子”之意。一般人穿的是羊皮或羊羔皮制成的答忽，也有人穿貂鼠和银鼠等材质较好的答忽。《元史》提到质孙服时说“银鼠比肩俗称襻子答忽”，但韩国的研究显示，搭胡是一种无袖或半袖长衣[9]，在高丽到朝鲜时期均十分流行，至今也如是。

六、胸背西传

胸背是织在衣服胸前背后的一块方形图案。元朝《通制条格》卷九《服饰》中有一条大德元年（1297）三月十二日的圣旨："胸背龙儿的段子织呵，不碍事，教织者。似咱每穿的段子织缠身大龙的，完泽根底说了，随处遍行文书禁约，休教织者。"当时的行政机构上书皇帝，告诉他街市上卖的缎子，就是东方系统的织金缎，有很多与皇帝御用的大龙很相似，只是比皇帝的少一个爪子。后来丞相尚书奉旨回应，要求让百姓织造胸前背后的龙缎，皇帝、大官的有缠身大龙图案则除外，并要求把文书发到百姓能看到的地方。《朴通事·段子》也有一条相关记载，说明了在大都买胸背的情况：

> "那卖织金胸背段子的，将来我看。这回是真陕西地面里来的？"
>
> "舍人敢不织好物么？道地的好胸背。"
>
> "你瞒不得我，我又不是生达达、回回。生达达、回回如今也会了，你怎么瞒的我高丽人？"

《朴通事·结相识》也记载了两兄弟换衣服纪念的事：

> "咱们结相识，知心腹多年了，好哥哥弟兄们里头，一遍也不曾说知心腹的话，咱有一件东西，对换如何？"
>
> "咱对换什么东西？"

“我的串香褐通袖膝栏五彩绣帖里，你的大红织金胸背帖里对换着。”

“我的帖里怎么赶上你的绣帖里？”

“打什么紧那？咱男儿汉做弟兄，那里计较？咱从今已后，争什么一母所生亲弟兄，有苦时同受，有乐时同乐，为之妙也。”

《朴通事·操马》记载两个将来操马比赛舍人的对话：

夜来两个舍人操马，一个舍人打扮的，脚穿着皂麂皮嵌金线蓝条子、卷尖粉底、五彩绣麒麟柳绿纻丝抹口的靴子。白绒毡袜上，拴着一副鸦青段子满刺娇护膝。衫儿、裤儿、裹肚等里衣且休说，刺通袖膝栏罗帖里上，珊瑚钩子系腰，五六件儿刀子，象牙顶儿，玲珑龙头解锥儿，象牙细花儿挑牙，鞘儿都全。明绿抹绒胸背的比甲，鸦青绣四花织金罗搭护，江西十分上等真结综帽儿上，缀着上等玲珑羊脂玉顶儿，又是个鵕老劳翎儿。骑着一个墨丁也似五明马。鞍子是一个乌犀角边儿幔玳瑁，油心红尽水波面儿的鞍桥子。雁翅板上钉着金丝减铁事件，红斜皮心儿，蓝斜皮细边儿，金丝夹缝的鞍座儿。黄皮软座儿。蓝斜皮细边刺灵芝草羊肝漆占，银丝珥狮子头的花镫，电皮心儿蓝斜皮边儿的皮汗替，大红斜皮双条辔头，带缨筒，秋皮束儿、秋根都是斜皮的。攀胸下滴溜着一个珠儿网盖儿罕答哈。

朝鲜时期的崔世珍（1515—1517）在这里加注：“胸背，凡于纱罗段制之上以彩绒织成胸背之纹，裁成衣服者也。”

胸背就像后来中国官服的补子。在韩国，补子到今天依然叫作“胸背”。山东元代李裕庵墓曾出土一件短袖衣服，是典型的元代搭胡，衣服中间有一块绣上梅花和五只喜鹊的方形图案。这类织物以前被认为是绫，但笔者认为应该是织金，只是上面的金也许已被洗掉。[10]另一件蓝地鹰兔纹织金胸背袍（见图9），它也是织金的秋山图案，只是金已经被完全洗掉，里面只剩下白色的芯。在蓝色的地上，仍然可以清楚地看见一只海东青在扑猎

图9　蓝地鹰兔纹胸背

逃跑的兔子，旁边还有一只鸟。[11]

2005 年中国丝绸博物馆“黄金丝绸青花瓷”展览展出过一件云龙织金胸背日月双肩大袖袍。这件袍是女性穿的，袖口很紧，袖笼很大。除了在地上有很多小织金搭子外，在胸前和肩膀也有装饰。两个肩部有着分别代表太阳的三足鸟和月亮的玉兔捣药，下面三角形图案则是两条龙，分别托着太阳和月亮，胸前和背后的方形区都有五爪龙（见图 10）。[12]在元代，大部分龙都是三爪龙，只有皇帝才能用五爪龙，说明这件衣服属于贵族女性；头

图 10　大袖袍上的龙纹胸背

戴罟罟冠，身穿大袖袍，本身就是蒙古贵族女性的标志。至于这件大袖袍出现五爪龙纹的原因，专家也无法考证。

其实，《出猎图》中也有三个人穿着不同胸背的衣服，其中一个人的胸背是条龙，另一个人的胸背是秋山图案，有一个蹲着的鹿在回头看，其双肩上也有山石和鹿的图案。最后一个人穿的是胸臆肩袖，《金史》也提及这种图案的做法，即在胸前和肩膀上装饰春水秋山："其衣色多白，三品以皂，窄袖，盘领，缝腋，下为襞积，而不缺袴。其胸臆肩袖，或饰以金绣，其从春水之服则多鹘捕鹅，杂花卉之饰，其从秋山之服则以熊鹿山林为文，其长中骭，取便于骑也。"[13]胸臆肩袖指的是胸背和肩部的织绣装饰，从女真人开始一直传到忽必烈时期，是东方系统的织金，使用范围相当广泛。

后来，波斯的细密画也大量使用此类东方胸背。波斯细密画的年代都在元代之后，而女真人则约在 12 世纪开始使用胸背。因此可以推测，胸背的装饰方法是在蒙古人快速占领欧亚大陆期间向西传播的。现藏于纽约大都会艺术博物馆的 *Bizhan Slaughters the Wild Boars of Irman*，其年代约为 1300 年。其中狩猎者身穿一件浑身织金的短袖袍（搭护），并正在回首刺杀一头野猪（见图 11）。这件短袖袍的胸前是一个方形的胸背，中间有兔纹，双肩也有三角形区域的肩饰。[14]这大概是我们所知最早出现胸背图像的西亚绘画。另一本 1314 年版拉施特丁（Rashid al-Din）《史集》的细密画中，也至少有三位身穿织金胸背搭护的军人正进行战斗。[15]到 15 世纪，此类绘画作品更多，例如帖木儿时期的波斯细密画，画中有很多人都使用胸背，袍子下面也出现织金襕。

图 11　纽约大都会艺术博物馆藏波斯绘画中的狩猎图

就服装的装饰方法而言，中国通常用云肩和膝襕，西域一般用胸背和膝襕。观察这些图画，便可以分辨他们所穿的服装，到底属东方还是西方系统。

最有名的是现藏克里夫兰博物馆的《列王纪》（*The Book of Kings*）的卷首插图，是 1444 年设拉子（Shiraz）的作品。其为 1410 年的作品。画中是一个宴会场面，不仅有西亚及西方各国宾客，还有三位来自中国明朝的使者；他们都身穿织金的胸背服装[16]，说明胸背服饰在当时东西方都很流行。《明实录》的相关史料中有正统八年（1443），明朝皇帝赏赐可汗的物品包括织金胸背麒麟、白泽、狮子、虎豹青红缘共四匹，还赏赐可汗妃二人白泽、虎、豹的朵云细花等缎十六匹，前面四件胸背袍料的等级应与可汗相同，又赐丞相把把只织金麒麟、虎、豹、海马的八宝骨朵云纻丝四匹。[17]

洪武二十四年（1391）起，中国的官服制度已正式出现补服制度。这种形式起初并不称为补子，因为补子是指后来补进去的一块，且之前都是一次就已织好。元代开始都是按妆花缎的织法，首先规划好图案将要在哪里出现，再用通经断纬的方法织入。到明代中期，这种织法改叫花样，有时也保留胸背的叫法，这时的装饰图案大都和官职的大小有关。因为细密画的作者不是中国人，所以画上的几个中国官员衣服的图案可能不是特别准确。

由此可见，胸背这种装饰方法从女真人开始沿用到蒙元时期，并传播到西方，可谓对纺织服装产生巨大影响。即使元的统治结束后，影响依然存在。在高丽，胸背也频频在《老乞大》《朴通事》等文献里出现，折射出当时与胸背有关的贸易往来。后来在朝鲜时代，其官服制度也仿效中国的补服制度。胸背的设计风格和织造技术，都属于东方系统。通过以上内容，可了解到在金元、蒙元和整个高丽时期，胸背的装饰方法如何东传到高丽和西传到波斯。

注　释

[1] 关于《老乞大》和《朴通事》两书的研究论文和专著近年有不少种。最全者为汪维晖编《朝鲜时代汉语教科书丛刊》（共四卷），中华书局 2005 年出版。笔者较多使用朴在渊校点《〈老乞大〉〈朴通事〉

原文谚解比较资料》，鲜文大学校中韩翻译文献研究所 2003 年出版。

［2］Sim Yeon-Ok.*The Textiles of Buddhist Statue Enshrinements in the 14th Century Korea, in Textiles in Art: from the Bronze Age to the Renaissance.* Early Textiles Study Group —— 12th biannual conference, 5th~6th December.

［3］Lee Sun-Yong and Sim Yeon-Ok.*The Costumes and Textiles found in Buddhist Statue of Goryeo Dynasty, in Silk Road and Mongol-Yuan Art.*Hong Kong: ISAT/Costume Squad Led, 2005：279~296.

［4］Sim Yeon-Ok.*2000 Years of Korean Textile Design.*I.S.A.T. Seoul, 2006：82~95.

［5］赵评春，等．金代服饰——金齐国王墓出土服饰研究．北京：文物出版社，1998.

［6］James C. Y. Watt and Anne E,*Wardwell.When silk was gold: Central Asia and Chinese textiles.*New York: Metropolitan Museum of Art, in co-operation with the Cleveland Museum of Art, 1997.

［7］大汗的世纪：蒙元时代的多元文化与艺术．台北："故宫博物院"，2001.

［8］元典章·工部．

［9］Ahn In-sil: *Reconstruction of Men's Robe in the Goryeo Period Based on the 13th Century's Yoseon-Cheollik and Dappo, in Silk Road and Mongol-Yuan Art*, Hong Kong: ISAT/Costume Squad Led, 2005：318~327.

［10］山东邹县文物保管所．邹县元代李裕庵墓清理简报．文物，1978（4）：14~19.

［11］赵丰、金琳主编．黄金丝绸青花瓷：马可波罗时代的时尚艺术．香港：艺纱堂/服饰工作队，2005：50~51.

［12］赵丰 . 蒙元龙袍的类型及地位 . 文物，2006（7）：85~96.

［13］脱脱等 . 金史・舆服 .

［14］Marie Swietochowski and Stefano Carboni: *Bizhan slaughters the wild boars of Irman, in Illustrated Poetry and Epic Images: Persian Paiting of the 1330s and 1340s*, The Metropolitan Museum of Art, 1994：77.

［15］Roderick MacFarqubar: *The Forbidden City, in Newsweek*,New York, 1972.

［16］Basil Gray: *Prisoners before Khusrau, in Persian Painting*, Booking International, 1995：77.

［17］明英宗实录（卷 100）.

第十二章　金色纳石失：蒙元时期中国与波斯织工的交流

蒙古人据说是鲜卑人的后代，唐时主要在蒙古高原一带生活，在10世纪至12世纪臣服于辽、契丹和女真人。到12世纪，随着女真人势力减弱，蒙古人势力日渐壮大，并开始反抗女真人的统治。1206年，铁木真集合了众多蒙古部落，推选自己为新的统治者，称为大汗。然后他指挥蒙古大军东征西战，直至打通了丝绸之路的欧亚大道，使丝绸之路在沙漠、草原和海洋等地并肩而进。这是丝绸之路历史上最为壮观的时代。

一、五大汗国和马可·波罗

铁木真又称成吉思汗，其统治范围最初以蒙古国和中国内蒙古为主。在蒙古人统治范围附近，还有势力强大的女真人、党项人、回鹘人以及西辽等政权。铁木真成为大汗后，多次向周边区域发动战争。自1205年起，成吉思汗三次攻打西夏。1211年，蒙古铁骑进攻金朝，并占领中都。1218年，蒙古为消除敌人屈出律，出兵灭掉被屈出律篡位的西辽政权。1226年，病危中的成吉思汗再次征西夏，西夏在翌年被灭。

经过成吉思汗的征战，原本四分五裂的版图也出现了改变。当时波斯帝国有个著名国家叫花剌子模，它兼并了几个邻国，国力相当强大。花剌子模曾经提议与蒙古国结盟，共同治理亚欧大陆，并以花剌子模为西方盟主，蒙古国则为东方盟主。两国友好相处，互相保护。然而，1219 年，蒙古国的使者和商团抵达花剌子模后遭到洗劫，背信弃义的统治者并没有加以制止，事件引发蒙古国与花剌子模的战争。1222 年，花剌子模被灭，统治者摩诃末苏丹逃到里海的孤岛后病逝。

1227 年，成吉思汗病逝。当时蒙古帝国包括蒙古高原，中国西北、东北和华北的一部分以及中亚和西亚的大部分地区。此后，成吉思汗的四个儿子继承父志，率领军队继续西征，征服了很多欧亚大陆国家，建立了四个历史地位重要的汗国。成吉思汗之后，欧亚大陆已连成一片，蒙古本部和中国北部的窝阔台汗国，后来与忽必烈的大汗国合并，新疆中亚一带于是成为察合台汗国，俄罗斯成为金帐汗国，阿拉伯地区则成为伊尔汗国。

窝阔台汗国（1225—1309）位于西辽故土一带（今新疆、中亚一带）。1229 年，成吉思汗三子窝阔台（元太宗）继承大汗之位，将封地赐给其长子贵由。1246 年，贵由汗继位，两年后病故。大汗之位由窝阔台系转至拖雷系。1251 年，新任大汗蒙哥对窝阔台系诸王进行镇压，除处死、谪迁一部分王公外，又将窝阔台汗国国土分授诸王子孙，以弱其势。1310 年，窝阔台汗国为察合台汗国所败。

察合台汗国（1227—1369）是成吉思汗次子察合台（元圣宗）的封地，初领有西辽旧地，包括天山南北及阿姆河、锡尔河之间的土地，以阿力麻为都城（今新疆霍城县）。1310 年，察合台汗国又合并了窝阔台汗国的大部分封土。14 世纪中期，汗国分为东、西两部分。东察合台汗国领有窝阔台汗国旧地，以西辽的疏附为都，其后进一步分裂，16 世纪先后被明朝吞并。西察合台汗国领有河中之地，以撒马尔罕为都城。帖木儿是西察合台汗国人，出生在乌兹别克斯坦的撒马尔罕附近，他于 1370 年统一全国，建立帖木儿帝国。

成吉思汗生前将咸海和里海以北广袤的钦察草原，赐给长子术赤为封地。1235 年，术赤、拔都（术赤之子）西征俄罗斯和东欧，1243 年西征结束，拔都以伏尔加河下游的萨莱为都，东起叶尼塞河，西至多瑙河下游，南迄高加索，北接俄罗斯，建立了钦察汗国（1219—1502），因大汗帐色金黄，欧洲人又称其为“金帐汗国”。金帐汗国的中心在今天俄罗斯的喀山，到 15 世纪，金帐汗国分裂为喀山汗国、克里米亚汗国、阿斯特拉罕汗国、西伯利亚汗国和大帐汗国等国。

伊儿汗国（1256—1388）是拖雷之子旭烈兀远征西亚所建的汗国。1264 年，忽必烈大汗正式册封旭烈兀为伊儿汗，其汗国东起阿姆尔河，西至地中海，北抵高加索，南达印度洋，其领地包括巴格达和叙利亚一带。事实上，伊儿汗国和忽必烈的汗国关系比较好。

忽必烈大汗（1215—1294）是成吉思汗之孙、拖雷之子。1260 年 3 月，即汗位于开平，建元中统。忽必烈灭金，远征四川甚至缅甸，于 1271 年建立大元，自称为元世祖，又于 1279 年灭南宋。忽必烈汗国名义上是最大的，后来他继承了蒙古大汗的王位。他主要的统治区域在东方，即今天的中国。

著名威尼斯商人马可·波罗（Marco Polo）到中国的故事，也在同期发生。马可·波罗于1254年出生在威尼斯，父亲和叔父都是商人，早年曾到中国旅行。根据马可·波罗的个人说法，1271年他17岁时，父亲和叔父拿着教皇的复信和礼品，带着他与十几位旅伴一起向东方出发。他们从威尼斯进入地中海，然后横渡黑海，经过两河流域，来到中东古城巴格达，并从霍尔木兹向东，越过伊朗沙漠，跨过帕米尔高原，最后来到中国新疆。穿过塔克拉玛干沙漠和河西走廊后，终于到达上都，并获忽必烈大汗接见。

1275年，马可·波罗的父亲和叔父向忽必烈大汗呈上教皇的信件和礼物，及后忽必烈大汗携他们同返大都。马可·波罗借此机会走遍中国，先后到过新疆、甘肃、内蒙古、山西、陕西、四川、云南、山东、江苏、浙江、福建以及北京等地，还出使过越南、缅甸和苏门答腊，更曾在扬州当过一段时间的官（见图1），现在中国很多地方都有他的雕像。马可·波罗也到过浙江杭州，他对杭州印象深刻，在《马可·波罗游记》里，他用了不少篇幅赞美杭州。杭州的西子湖畔也有一尊他的雕像（见图2）。

到1292年，马可·波罗在中国生活17年后，想回到意大利。他们一家受忽必烈委托，护送一位蒙古公主到波斯成婚，遂于1295年借机回乡。马可·波罗回到威尼斯后，很多人已经不认识他，拒绝他进门，经他耐心解释，并展示大量金银财宝，才获准进入。1298年，马可·波罗参加了威尼斯与热那亚的战争，他还出资建造了一艘船，结果威尼斯战败，马可·波罗也被俘。他在狱中遇

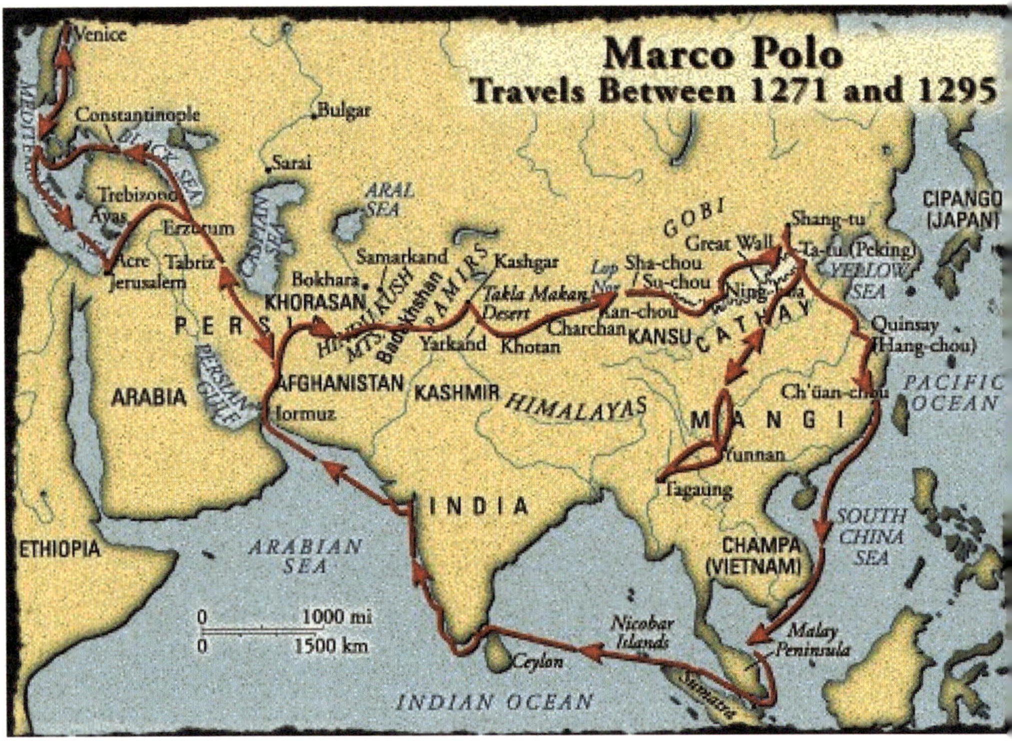

图 1 马可 · 波罗游历路线图

上作家鲁思梯谦（Rusticiano），由马可 · 波罗口述、鲁思梯谦笔录的《马可 · 波罗游记》，就是在此背景下写成的。

《马可 · 波罗游记》是第一部由欧洲人详尽描绘中国历史、文化和艺术的游记。16 世纪意大利收藏家和地理学家赖麦锡（Ramùsio，1485—1557）说，1299 年《马可 · 波罗游记》（下称《游记》）仅出版数月就在意大利随处可见。马可 · 波罗在 1324 年逝世前，《游记》已有多种欧洲语言译本出版，现在《游记》更被译为 119 种版本，在世界各地广传。研究马可 · 波罗的学者莫

图 2　杭州西湖边的马可·波罗像

里斯·科利思（Maurice Collis）认为，《游记》“不是一部单纯的游记，而是启蒙式作品，对于闭塞的欧洲人来说，无异于振聋发聩，为欧洲人展示了全新的知识领域和视野，这本书的意义在于它促进了欧洲人文科学的广泛复兴”。

《游记》出版后，也有不少人质疑此书的真实性。他们认为马可·波罗是骗子，在马可·波罗晚年，还有人强逼他承认自己说谎。马可·波罗坚称，他所说的距离所知的真相还不及一半。当时有人讥讽他为“马可百万”，认为他虽然富有，但言不可信。

大部分的历史学家在分析了马可·波罗出行的路线之后认为，

当年他经陆路到东方，又从中国北方到南方，还到过比较边远的地区，最后经海上丝绸之路返回意大利。马可·波罗几乎走遍了东方，《游记》里的部分记录是他亲身经历的，也有些是他听说的。从他的旅行经历、当时的文献记载和出土文物可见，当时东方和波斯、西亚的交流特别频繁，我们以纳石失为例详细说明。

二、纳石失局

“纳石失”一词指的是“金锦”，但与其相关的历史记载并不多，其中《元史》提到中国境内织造纳石失的重要机构有五个。工部下面共有三个局生产纳石失，其中两个别失八里局都负责织造纳石失，另外毛段二局内部也设织造纳石失局，储政院辖下也有两个局，分别为弘州纳石失局和荨麻林纳石失局。[1]

别失八里局全名为“别失八里诸色人匠局”，至元十三年（1276）起设在大都，工匠来自别失八里，产品为“御用领袖纳失失等段匹”。另一个别失八里局，仅被《元史·百官志》记录有“官一员”，难悉其详。不过，从《百官志》的排序分析，它应该也是织造纳石失的织染作坊，局址在中书省南部，工匠也应该来自别失八里。今天，别失八里位于新疆吉木萨尔，又名“破城子”。

纳石失是纳石失毛段二局的其中一局，《元史·百官志》记有“院长一员”，此职位在窝阔台时代设立，局址在弘州（今河北阳原），早期应该由镇海家族管理。镇海（1169—1251）原名沙吾提，畏兀儿人，是成吉思汗功臣之一。正史说他是景教徒，也有人说他是穆斯林教徒。成吉思汗被王汗击溃，逃亡到呼伦贝尔草原、班朱尼河上游时，镇海与之同饮河水、吃马肉，并以全部家产充作军资，是其中一位誓师将军，曾随军出征乃蛮、金朝、屈出律和钦察，立下大功。成吉思汗平定花剌子模后，曾在阿尔泰山东南屯垦，称为“镇海城”，元太宗曾任命他为必阇赤（即右丞相）。《元史·镇海传》曰，太宗时，“收天下童男童女及工匠，置局弘州，既而得西域织金纹工三百余户及汴京织毛褐工三百户，皆分隶弘州，命镇海世掌焉”。蒙哥即位后，镇海因与窝阔台关系密切而被处死。

储政院辖下的弘州纳石失局（今河北阳原）和荨麻林纳石失局（今河北张家口西之洗马林），均于至元十五年（1278）设立。弘州局规模较大，由忽三乌丁大师管领。荨麻林局规模较小，由汉人杨提领管领。至元十六年到三十一年时，荨麻林局曾并入弘州局，合并时“命忽三乌丁通领之”，分开后“仍以忽三乌丁总为提调”，可见纳石失的设计人员、工匠和管理者都来自西域。

《马可·波罗游记》中的巴格达城和天德州章节，都提到纳石失的生产[2]，其中第24章《报达大城及其陷落》提及：

> 报达（Bagdad）是一大城，世界一切回教徒之哈里发居焉，同罗马之为基督教教皇之驻所者无异。……报达城纺织丝绸金锦，种类甚多，是为纳石失（Nasich）、紫锦同不少别种奇丽织物。

另外，第73章《天德州及长老约翰之后裔》也提到：

由此州东向骑行七日，则抵契丹（Khitan）之地。此七日中，见有城堡不少，居民崇拜摩诃末，然亦有偶像教徒及聂思脱里派之基督教徒。以商工为业，制造金锦，其名曰纳石失（Nasich）、毛里新（Molisins）、纳克（Naques）。并织其他种种绸绢，盖如我国之有种种丝织毛织等物，此辈亦有金锦同种种绸绢也。

巴格达和天德州相距甚远，欧洲人都知道巴格达是伊斯兰教的中心，但一直不清楚契丹的位置。直到传教士对中国有较深入的了解后，欧洲人才明白马可·波罗说的契丹就是中国。他提到天德州在中国境内，经考证后，发现位置与正史记载的弘州相近。

马可·波罗说巴格达和天德州都有织造纳石失，这意味两地工匠可能有一定的关联。很多史料都有记载关于工匠的记录。蒙古人征战途中，每占领一块领地，都会把工匠抓到东方，来从事自己本行的技艺工作。波斯史学家志费尼在《世界征服者史》也有记载，察合台、窝阔台攻下讹答剌（今哈萨克斯坦南部阿雷思河和锡尔河交汇处）时，“那些刀下余生的庶民和工匠，蒙古人把他们掳掠而去，或者在军中服役，或者从事他们的手艺”。在撒马尔罕（今乌兹别克斯坦的第二大城市），“蒙古人清点刀下余生者，三万有手艺的人被挑选出来，成吉思汗把他们分给他的诸子和族人”。在花剌子模的国都玉龙杰赤（今乌兹别克斯坦花剌子模），蒙古军“把为数超过十万的工匠艺人跟其余的人分开来，孩童和妇孺被夷为奴婢，驱掠而去”。窝阔台征哥疾宁（今阿富汗加兹尼），“工匠一类的人留在一边，其余的人被处死”。拖雷攻下马鲁城（今土库曼斯坦马里）后，“传令除了从百姓中挑的四百名工匠，及掠走为奴的部分童男童女外，其余所有居民，包括妇女、儿童，统统杀掉”，及后进占你沙不儿（今伊朗东北境之尼沙普尔），“把活人杀光，仅剩下四百人，这些人因为技艺而被挑选出来，并被送到突厥斯坦（即新疆），其中一些人的后裔至今仍能在那里找到”。

当时很多史料都称这些工匠为“回回”，他们多数为伊斯兰教的中亚人和西亚人，主要是花剌子模人，对蒙古的发展，特别是百工技艺方面贡献良多。1217 年花剌子模国力最强盛时，北以锡尔河为界，东以帕米尔和瓦济里斯坦山区为界，囊括了河中、大半个阿富汗和几乎整个波斯。后来花剌子模被蒙古所灭，大量工匠被俘虏，他们的工艺和技术也因此传到蒙古统治的帝国。中国文献也如是说，例如徐霆《黑鞑事略》曰：“后来灭回回，始有物产，始有工匠，始有器械。盖回回百工技艺极精，攻城之具尤精。”所以，波斯织工和东方织工就是在这个背景下形成关系。史料提到的大量回回工匠，其实就是波斯工匠，而管理中国纳石失局的回回，大部分都有波斯背景。

三、纳石失与织金

“纳石失”是波斯语词的音译，源于阿拉伯语，又有纳失失、纳什失、纳赤思、纳阇赤、纳奇锡、纳赤惕、纳瑟瑟等多种音译，到清代又音译为“纳克实”。有些外国旅行家见过纳石失后，把它翻译为自己的语言，例如 Nasich、Nasij、Nasic、Nachiz、Naciz、Nasis 等，都是指纳石失。

当时纳石失被蒙古人用于生活各个方面，不过要数最常用纳石失的人，还是帝后宗亲。除了自用，天子还经常将纳石失颁赐给百官和外蕃。纳石失的用途与一般丝绸大致相同，都可用来裁造衣帽、帷幔和茵褥等。由于它图案华丽，色彩灿烂，装饰性强，又经常被用来制造衣缘，所以别失八里局的主要职责，就是生产衣缘纳石失。纳石失也是外衣的主要面料，其中以质孙宴使用纳石失最多。质孙宴是蒙元时期独有的大型宫廷宴会，与宴者动辄逾千，上至君王百官，下至乐工仪卫，都要穿精粗不等、尊卑有别的同色服装。据《元史》记载，质孙衣分为数等，天子冬夏凡 26 种，百官 23 种，其中头几等的质孙衣都用纳石失制成。著名工艺美术史家尚刚先生认为，蒙古君主非常钟爱纳石失，不仅生前愿它不离左右，死后还要以它遮覆棺木、装饰车马。而钟爱纳石失的原因可谓源远流长，当年成吉思汗坐在阿勒泰山上，曾经发誓要把妻妾媳女“从头到脚用织金衣服打扮起来”。果然，一旦拥有了丝织业，蒙古人的袍服面料随即换为织金锦，并且不限于后妃、公主。所以，帝王亲贵和蒙古族对纳石失的钟爱，令纳石失风靡天下。[3]

笔者在上一章提到的金缎子，跟纳石失是有区别的。《元史》曰：“纳石失，金锦也。”虞集《道园学古录》曰：“纳赤思者，缕皮傅金为织纹者也。”不过，并非所有织金锦都是纳石失。纳石失与普通织金不同，元代文献已经区别了金缎子和纳石失。从《事林广记》可见，每逢年节，各类衙门都要向皇帝进奉，例如中书省的新春贡献，就分别包括“纳阇赤九匹”和“金缎子四十五匹”。[4]在同一清单里，也提到了纳石失和金缎子，说明纳石失、金缎子和普通织金不尽相同。马可·波罗也认为纳石失与一般织金不同，他在《游记》除了提到被称为Nasich的织金物外，还提到一般的金锦（cloth of gold and silk）。这些金锦大部分都以中原和宋朝为故地，兹节录如下：

> 汗八里城（北京）：用此丝制作不少金锦绸绢。
>
> 涿州大城（河北境内）：织造金锦丝绢及最美之罗。
>
> 哈强府：织造种种金锦不少。
>
> 哈寒府城：饶有丝，以织金锦丝罗，其额甚巨。
>
> 南京城：有丝甚饶，以织极美金锦及种种绸绢。
>
> 镇江府城：产丝多，以织数种金锦丝绢。
>
> 苏州城：产丝甚饶，以织金锦及其他织物。
>
> 襄阳府：生丝的产量很高，用金线织成的最精美的绸缎也产于此城。

要区别织金锦和纳石失，可以从考察出土实物入手。按照其组织结构，蒙元时期的加金织物分两大类：中国传统的地络类织物和新出现的特结类织物；前者是金缎子，属东方系统，后者是纳石失，属西方系统。前者是在平纹或斜纹地上，用地经进行固结的加金织物，所用的金线常为片金，包括金搭子、浑金搭子、云肩襕袖、胸臆肩袖和胸背式的织金；后者用两组经丝，一组与地纬交织，另一组是用以固结起花的金线，而金线可以是片金或捻金。至于纳石失和金缎子的详细区别，可见下表。

在盛唐，金缎子的织法并不多见，晚唐初辽时才开始较常用，到金代则被广泛使用。例如从刘贯道的《元世祖出猎图》可见，

纳石失和金缎子的详细区别

种类	纳石失	金缎子
组织	特结型重组织	地络类重组织
图案	西域风情，满地	中原风格，清地
金线	缕皮傅金	纸背片金
门幅	幅宽较大，80~90 厘米	幅宽较小，60~70 厘米
织技	通梭织造	经常通经断纬
价格	较贵	便宜

忽必烈等人的服装都用了东方系统的织金面料，但皇后的服装（特别是领和袖）就用了金缎子和纳石失分别属两种系统的织物。台北故宫博物院所藏的宁宗皇后画像，也见其领和袖较宽的部分都用上清地面料，以贵重的紫色作地，并用了搭子金花，是为金缎子。较窄的部分则以金为地，并用紫色和红色勾边，是为纳石失。其实，金缎子有时也叫“金搭子”，具体命名要视图案而定。再举一例，明宗皇后画像中，领子上的灵芝纹样滴珠窠造型也用上清地织金，较窄的部分用了纳石失（见图 3）。按此脉络，就能理解生产这类服装时，领子和袖口原来是配套的。

四、纳石失的考古发现

元代有丝织品出土的遗迹并不算多，分布在十多个地方，它

图 3　明宗皇后像领缘上的灵芝云金缎和灵鹫纹纳石失

们又分几个时段出土。

首先是北京的双塔寺，其出土文物的年代属蒙元时期的早期。[5] 寺内收藏的出土织物只有金缎子，其他出土织物都属东方系统，和辽金时期的织物相似，说明当时蒙古人和波斯的往来未算频繁。虽然双塔寺现时已不存在，但出土文物都收藏在首都博物馆。

其次是年代稍晚的北方元代遗迹，其出土文物大部分均有纳石失。内蒙古的盗墓情况严重，据称属 13 世纪的部分重要文物（例如镶黄旗明水墓地和四子王旗墓地）均被破坏，幸好早期出土文物（例如大量纳石失织物）都保存得较好。[6] 内蒙古附近的河北祜源贵妃台，原来传说是萧贵妃墓，近年修复贵妃台时发掘了一个 13 世纪的墓葬，应该是一座女性墓，其中出土了纳石失的大袖袍。

河北隆化的鸽子洞位处山顶，本来是人迹罕至的洞穴，因为鸽子喜欢到处飞而有“鸽子洞”之称。有一次，几个玩耍的小孩无意中在洞里发现一块很大的被面，遂拿回家用。这几个小孩把他们认为不好的东西，从悬崖上的洞口扔到山下的河里，那时正值 1999 年的冬天，山下的河水刚好结了冰。他们把被面拿回村里，村书记认得这是件文物，遂致电县文物局。当时正值春节假期，假期后，文物工作者就按线索在河里寻回其他文物，翻查文书后，发现这些都属 13 世纪晚期的元代织物。由于这些织物都不是在墓里出土，所以都保存得特别好。其中的织绣品色彩都非常鲜艳，但织品中使用纳石失装饰的量非常小，说明当时纳石失非常昂贵（见图 4）。[7]

内蒙古以西的甘肃漳县，有一个汪氏家族墓地。据说汪氏家族是 11 世纪早期的汪古部落，曾经协助蒙古人作战，是蒙古的一支重要军队，后来获大汗分封，其中一支封在甘肃。20 世纪 80 年代，考古学家开始发掘这个墓地，其中出土文物的年代早至元代，晚至明代。这些出土文物包括纳石失制品，考古学家鉴定后证实它是一件罟罟冠上披风，有曲水地上的花瓣形团窠，和典型的锦地开光图案。尽管有些金已经剥落，但仍然金光闪闪，非常华丽。[8]

敦煌莫高窟被认为是晚唐五代时期的遗迹。宋初以后便少有遗迹出现，因为西夏人攻入敦煌后，莫高窟藏经洞的洞口就被封

图 4　隆化鸽子洞中出土的元代百纳片（居中者为纳石失）

了。由于西夏人长时间占领敦煌，且蒙古人后来也曾在敦煌生活，所以敦煌的壁画也有西夏和元代的作品。特别在莫高窟以北，因为被西夏和蒙古人视为生活居所，所以遭到了严重破坏。不过，这几年敦煌研究院进行了彻底发掘和清理，发现了大量 13 世纪至 14 世纪的元代丝织品，但保存得不好。这些丝织品有织，有绣，有印染，也有纳石失风格的织物（见图5），图案分别有显牡丹花样和滴珠窠纹样。[9]

在离敦煌不远、新疆吐鲁番附近的盐湖古墓，发现了一位战死将军的遗体。墓里保留了不同朝代的文物，其中一件衣服也有纳石失的领边，估计属13世纪。这件衣服还有极罕见的人物形象，引起众多国际学者的关注（见图6）。[10]

俄罗斯境内也发现很多蒙元时期的织物。俄罗斯以前属金帐汗国，在内蒙古和蒙古一带发现的纳石失，数量和种类远比俄罗斯发现的少。在顿河和伏尔加河流域的山谷，就曾经发现大量织金锦，更有不少是纳石失。俄罗斯学者也对此加以研究，其

图5 敦煌北区出土的元代纳石失残片

图 6　新疆盐湖古墓的元代纳石失残片

中莫斯科历史博物馆的纺织品修复师和研究人员做了很多工作，他们修复了在阿斯特拉罕（Astrakhan）两座女性墓穴发现的织物，也修复了在俄罗斯境内萨拉托夫（Saratov）等地出土的大量织金织物。[11]可见沿着丝绸之路走，凡有保存丝织品条件的地方，都有纳石失的出土或存在。相反，元代南方墓葬出土的织物，则完全没有纳石失，这与相关史实吻合。

五、纳石失的图案

研究纳石失图案是非常困难的，因为当时的文化背景复杂，文献记载不多，语言工具又未统一，图案反映了太多宗教信仰、民间传说、民族习俗、地理环境和艺术喜好等因素。不过近年国际学者也一直努力为研究创造各种条件，其中艺术史和工艺史的研究，已取得较大进展。

纳石失图案很多时候都与雕或鹰有关。笔者在前文已介绍过青海阿拉尔出土的双头鸟纹样织物，不过这只是一只双头孔雀。其实早在汉晋时期，中国刺绣就有双头鸟造型出现，这跟西方文化有关。从纽约大都会艺术博物馆收藏的双头鹰纹纳石失可见，那只鹰抓着一个回望的龙头（见图 7），有学者认为这是典型的中亚风格双头鸟形象。[12]这种图案在 12 世纪前后的欧洲非常流行，后来很多在澳门生产的外销瓷也经常使用双头鹰图案，行家看到澳门产的双头鹰，就知道这是特别为外贸而生产的。对鹰和对雕纹样也出现得比较多，其中位于德国克雷菲尔德（Krefeld）的德国纺织博物馆收藏了一件非常著名的纳石失织物，外面有典型的中国龙，中间有两只鹰。鸟翅上面有圆圈，圆圈的符号类似伊斯兰早期文字形库菲体，可见早期伊斯兰文化与波斯文化融合的情况。[13]

其他蒙元织物的动物纹样，很多都与狮子有关。19 世纪末，

图 7　纽约大都会艺术博物馆藏双头鹰纹纳石失

大量从西藏寺庙流传到世界各地的织物都是纳石失，其中有明显的狮子题材。收藏在美国克利夫兰艺术博物馆的狮子格列芬纳石失锦，保存得比较好，织物以团窠为主，团窠有一对有翅膀的狮子，其尾巴还有一个龙头，被认为是中亚风格图案的一大特征。团窠之外还有一对动物，除了头部长着鹰喙，其他地方的造型都与狮子一致，所以可判断这是格列芬的造型。[14] 内蒙古明水墓出土的一件袍子，也有一块对狮的织锦，不过此织锦上的狮子是斯芬克斯（Sphinx）造型（见图 8）。[15] 织物的外轮廓是方形，里面是圆形，盘着小花瓣。狮身人面的造型看上去可能很奇怪，但后来发现波斯青铜镜原来也有相同的处理方法。内蒙古有一件大型的织金锦袍是私人收藏，曾经在北京大学展出，其巨大的团窠很是壮观，里面明显是格列芬的造型，外圈用花装饰，花与花之间是类似阿拉伯的库菲体，同样的花纹组合也在中亚铜镜上出现过。

狮子、格列芬和鹰鹫图案都类似西方风格，相反，东方风格通常以春水和秋山为代表。春水和秋山正是辽金装饰图案中最具代表性的图案，通常同时有兔和鹿出现。在蒙元早期出现的金缎子和金搭子，也有很多始于女真时期的滴珠窠纹样和兔鹿题材。这些题材也影响了在东方织造的纳石失织物。收藏在纽约大都会艺术博物馆的一件织金纳石失织物，其中一个团窠里就有四只兔子在旋转奔跑，每两只兔子共用两只耳朵，所以四只兔子只用了四只耳朵，设计简洁巧妙（见图 9）。[16]

西方系统的纳石失跟东方系统的龙袍一样，都有运用肩襕布局。笔者曾经把一件完整纳石失锦袍的袍子打开，并复原所有裁开的面料，发现原织物约阔 90 厘米，更发现原来肩膀上的肩襕

图 8　内蒙古明水墓出土的辫线袍上的对狮纹纳石失

图 9 纽约大都会艺术博物馆藏四兔纹纳石失

装饰图案织在哪个位置，都有一番学问。收藏在英国的滴珠鹿纹纳石失锦袍，腰部有辫线区，辫线之下还有褶皱。但它的肩部图案与其他部位不同，肩部外区有小型装饰，中间则有较大型的装饰物，看起来是一种与伊斯兰文字有关的几何纹样。在中国境内发现的年代最早的纳石失锦袍，其肩襕部位也有着与其他部位不同的图案。收藏在大都会的一件团窠对兽纹纳石失面料，其作为基本图案的对兽团窠一到了肩部位置，就被换成肩襕图案。这说明肩襕只出现在织物的某一部位，与地纹无关。即使在俄罗斯金帐汗国遗址出土的一件纳石失团窠纹样织物，其肩襕的设计都与地纹无关，纹样与当时金帐汗国的金银器、中亚留下来的陶器和瓷器的纹饰类似（见图 10）。国内最早有肩襕的服装是黑龙江阿城金墓出土的一件织金袍，织金属东方系统，其膝盖和肩膀都有襕饰，与当时伊斯兰风格的建筑和工艺品的装饰非常相似，估计辽金时期的织物纹样也受到伊斯兰文化的影响。

在蒙元时期，龙凤题材已流传到中亚地区。在俄罗斯金帐汗国遗址出土的织物，也有类似实例，当中图案包括龙、鹤、花，还有与龙配套的火珠。为了解这种面料制成衣服后穿在人身上的效果，研究人员进行了立体模拟复原工作。在立体模拟图中，当地人身穿的是龙纹织锦，外面就穿了凤穿牡丹织锦。凤穿牡丹织锦有牡丹或莲花，还有长尾凤鸟，一排往左边飞，另一排往右边飞（见图 11）。中国丝绸博物馆也收藏了一件织物，上面有牡丹或海石榴纹，还有长尾凤纹，与俄罗斯出土的凤穿牡丹非常相似。当时金帐汗国的建筑也广泛采用中国的龙纹和凤纹，其他工艺品和器皿都经常出现龙凤纹，其形象也与中国传统龙凤形象非常接近。花卉纹样也是类似东方系统的，金帐汗国的纳石失袍子也有与宋代织物一样的花草纹样，还有鸟、兔子和花草搭配，整个图案意境平和，种种艺术形式充分体现了当时东西文化交往的频繁。

锦地开光图案始于辽代，非常适合纳石失的艺术形式，因此被广泛应用。为了充分展现金线的华美和避免浮长过长，导致面料过紧，设计纳石失时一定要特别注意交织点的布局，且要用很细密的地纹。锦地开光是借鉴东方的图案，从耶律羽之墓的文物可见，自辽代起，东方国家便大量织造锦地开光，也有传后来契丹人建立西辽政权时，不经意把锦地开光带到西方。目前最完整的元代纳石失，是一组用帐篷或类似建筑制成的屏风，物料都是锦地开光，而开光后的团窠可见到龙凤纹样。

图 10　俄罗斯出土的纳石失盘长纹肩襕

图 11　俄罗斯出土的凤穿牡丹纹纳石失

开光后的团窠多是圆形或带瓣的圆形，不过有一种上尖下圆的滴珠纹也十分流行，后来闻名世界的波斯“佩兹利纹”（俗称“火腿纹”），就是由滴珠窠纹演变而成的。设计时如果运用火腿纹，更可让人感受到异地风情。锦地开光图案还可能包括运用盘长杂宝的纹样，有时它与龙纹并排，这与宋元时期绫罗绸缎上的纹样很接近，应该算是东方系统的纹样。盘长是元代八吉祥之一，经常在元代织物中出现。

六、撒答剌欺

笔者在第六章提到，唐代有一种著名纬锦可称为赞丹尼奇，中亚史也经常提及与赞丹尼奇相关的故事。晚唐到五代的敦煌文书有提及“沙沙那锦”一词，这可能是赞丹那的对译，因为它的织物规格同属中亚系统。到辽金时期，中国史料开始提及“赞丹宁”，这也应该是赞丹尼奇的对译；到元代，中国史料特别提到一种叫撒答剌欺的织物，这被公认为赞丹尼奇，《元史》提到元代也有专门生产撒答剌欺的机构：“撒答剌欺提举司，秩正五品。提举一员，副提举一员，提控案牍一员。至元二十四年，以札马剌丁率人匠成造撒答剌欺”[17]。明朝洪武年间，还有撒马尔罕人进贡撒答剌欺两匹的记录。[18]笔者在布哈拉附近考察时也了解到，19 世纪前，当地仍然向俄罗斯出口赞丹尼奇，直至苏联十月革命后，国家取缔私有经济，整个织造作坊关闭，赞丹尼奇才停产。由此可以推论，元代撒答拉欺和唐代赞丹尼奇应该是一脉相承的。

笔者发现，元代有一类纯彩色丝线的织物，充满了唐代赞丹尼奇的影子。这些织物在青海阿拉尔出土，属11世纪—12世纪，分析过部分织物后发现，这些织锦用的还是斜纹纬锦技术，与唐代赞丹尼奇完全一样。这种纬锦传到中国后，织造技术逐渐发生变化，到晚唐时已发展成辽式纬锦，但在中亚和中国西部地区，仍然沿用传统的纬锦技术，只是图案有些不同。这种技术到蒙元时期仍然沿用，只是纹样不同。大部分撒答拉欺图案都富有中亚特色，类似当时中亚的瓷器及其他工艺品，花卉边缘也是阿拉伯的库菲体。中国丝绸博物馆收藏了一件类似织物，也是用斜纹纬锦技术，团窠环也是库菲体，中间的主题纹样是对格列芬（见图12）。[19]在元集宁路窖藏发现的著名锦被中也可看到格列芬图案，那件锦被的团窠中间有两只动物，起初以为是柔软温顺的小绵羊，分析其嘴巴的特点后，便断定这是格列芬，也许是经过设计的演变，使它失去了原本凶猛的特点，与其黄金守护神的形象相距甚远。但这件锦被用的织造技术是特结锦，与纳石失的组织结构大致相同。笔者推测，由于普通大众不懂分析织物组织，所以这些纳石失织机生产的、仅用彩丝织成的特结锦，也可以看作是一种撒答刺欺。

虽然中国以前没有纳石失这种纺织品，也没有生产纳石失的技术，但纳石失技术通过波斯或回回织工传入中国后，一度被大量使用，特别是蒙元时期生产质孙服的时候。这种技术后来在中国仍然沿用，主要用于生产明清时期的宋式织锦。但到明清之际，官方最常用的技术还是基于东方系统的妆花技术。综合以上所述，东西方文化的密切联系和实质交流，并非虚有。所以，尽管蒙元

图 12 团窠对格列芬锦

时期战乱纷争不断，但骁勇善战的蒙古人除了打下了地域辽阔的江山，促进多种文化融合之外，也促进了佛教、伊斯兰教和基督教的交流。纳石失和撒答剌欺只是丝绸之路文化的一个部分，但由于当时几乎所有人都有穿这种服装，所以其影响力是不可低估的。

注　释

［1］尚刚．元代工艺美术史．沈阳：辽宁教育出版社，1999：116~122.

［2］马可·波罗．马可·波罗游纪．冯承钧，译．上海：商务印书馆，1936.

［3］尚刚．元代工艺美术史．沈阳：辽宁教育出版社，1999.

［4］事林广记·元日进献贺礼．

［5］北京市文化局文物调查研究组．北京双塔庆寿寺出土的丝棉织品及绣花．文物，1958（9）．

［6］盖山林．阴山汪古．呼和浩特：内蒙古人民出版社，1991.

［7］赵丰主编．纺织品考古新发现．香港：艺纱堂 / 服饰工作队，2002：153.

［8］林健．漳县元汪氏家族墓出土冠服新探 // 丝绸之路与元代艺术国际学术讨论会论文集．香港：艺纱堂 / 服饰工作队，2005：183~189.

［9］彭金章，王建军．敦煌莫高窟北区石窟（第一、二、三卷）．北京：文物出版社，2000，2004.

［10］王炳华．盐湖古墓．文物，1973（10）．

［11］Zvezdana Dode.*Medieval Costume of the Peoples of the North Caucasus*.East Literature Press.Moscow.in Russia, 2001.

［12］James C. Y. Watt and Anne E.,Wardwell.*When silk was gold: Central Asia and Chinese textiles*.New York: Metropolitan Museum of Art.in co-operation with the Cleveland Museum of Art, 1997：127~140.

[13] 赵丰 . 织绣珍品：图说中国丝绸艺术史 . 香港：艺纱堂 / 服饰工作队，1999 ：274.

[14] James C. Y. Watt and Anne E., *Wardwell.When silk was gold: Central Asia and Chinese textiles*.New York: Metropolitan Museum of Art.in co-operation with the Cleveland Museum of Art, 1997：142~143.

[15] 夏荷秀，赵丰 . 内蒙古乌兰察布盟达茂旗明水乡出土的丝织品 . 内蒙古文物考古，1992（1~2）.

[16] James C. Y. Watt and Anne E., *Wardwell.When silk was gold: Central Asia and Chinese textiles*.New York: Metropolitan Museum of Art.in co-operation with the Cleveland Museum of Art，1997：158~159.

[17] 脱脱等 . 元史・百官志 .

[18] 洪武实录（洪武二十五年三月）.

[19] 中国丝绸博物馆 . 丝国之路——5000 年中国丝绸精品展 .ROSIZO . 圣彼得堡，2007：109.

第十三章　大洋花：明清之际的东西方丝绸交流

东西方在丝绸之路上的不同交流阶段各有特点，有时重和亲，有时重商贸。蒙元时期开始，传教士在丝绸文化交流的过程中扮演着重要角色，他们怀揣教皇的信件，肩负传播教义的使命，不远万里来到中国，到明清时期规模更是空前盛大。

一、传教士和西洋布

意大利传教士柏朗嘉宾（Giovanni da Pian del Carpine，1182—1252）是蒙元时期的传教士代表。他生于意大利佩鲁贾，是圣方济各（圣法兰西斯）的挚友，小兄弟会（方济各会）的创始人之一。1221 年他被圣方济各派遣到日耳曼、西班牙等地，1246 年被教宗英诺森四世（Pope Innocent IV）派往蒙古帝国首都哈拉和林（Karakorum），晋见蒙古大汗贵由（窝阔台之子），但是未能说服贵由皈依天主教，翌年回国，其后写成《蒙古行记》一书，成为 13 世纪至 14 世纪东西方交往热潮的先行者。另一位法国传教士鲁布鲁乞（Guillaume de Rubrouck，约 1220—1293），又译鲁不鲁乞、卢布鲁克，是法国方济各会教士。1252 年，法国国王路易九世派遣他出使蒙古帝国，抵达首都哈拉和林后，获大汗蒙哥接见，后来写成《鲁布鲁乞东游记》。

1338 年 12 月，身为教皇专使之一的意大利人马黎诺里（Giovanni de Marignolli）前往大都，1341 年 9 月抵达察合台汗国都城阿力麻里（Armalec），停留 3 个月后，由哈密前往大都。1342 年 8 月，马黎诺里向元顺帝呈教皇书，在大都留住 4 年，曾与犹太教徒辩论，1346 年经杭州、宁波、泉州泛海回国。1353 年，他抵达亚维农，呈元顺帝致教皇克莱孟六世（1342—1352 在位）的国书，翌年写成《马黎诺里游记》。

蒙元时期西方十字军东征，所以很多西方人来过东方后，都在书里把东方描写成奇幻国度。到明代，西方人日益渴望了解东方，有些学者因各种原因未能亲临中国，但也整合了大量资料和史料，出版不同书籍。例如西班牙作家门多萨（Juan González de Mendoza，1540—1617）的《中华大帝国史》，初版西班牙文于 1585 年出版，其后十年内又出版了意大利文、法文、英文与荷兰文翻译本，到 16 世纪末，《中华大帝国史》已再版 46 次，成为向欧洲介绍中国政治、制度、工艺、文化和文字的重要著作，更为日后众多远赴东方的传教士提供了可靠的参考。

当时最著名的传教士团体是耶稣会。耶稣会拉丁原名为 Societas Jesus, S. J.，是天主教主要修会之一，1535 年 8 月 15 日由西班牙罗耀拉的依纳爵（Ignace de Loyola）创立，最主要任务是教育及传教，包括兴办大学，但经历二百多年后被迫解散。耶稣会的组织架构严密，总会长为终身制，驻守罗马，全球设 77 个教省，每个教省设省会长一职。各省会士外出传教，意谓在当地建立归省政府管辖之传教区。各地会士需绝对效忠总会长，故总会长又有“黑衣教皇”之称。正式会士除发三愿（绝财、绝色、绝意）外，还发第四愿，即绝对效忠教皇。部分信仰坚定的传教士，立志远赴东方传播教义。1549 年 8 月 15 日，耶稣会创始人之一方济各 · 沙勿略抵达日本鹿儿岛，成为首位到访日本的天主教传教士，1552 年于广东外海逝世，未能到访中国大陆。1583 年利玛窦来到广东，18 年后进入北京，并因通晓数学、天文和中国古籍，得到统治层认可。自 1644 年，顺治和康熙皇帝继续重用西方传教士，汤若望、南怀仁相继出任钦天监正，全国信徒达 27 万。后来雍正皇帝在全国查禁天主教，但继续留用一批耶稣会士，例如郎世宁和蒋友仁。1773 年 7 月，教廷宣布解散耶稣会。明末清初共 190 年间，共有 472 位耶稣会士在中国服务。

利玛窦（Matteo Ricci，1552—1610）号西泰，为意大利传教士。他于明神宗万历十一年（1583）来到中国澳门，颇受士大夫敬重，士大夫尊称他为“泰西儒士”。他是在中国传播天主教的先行者，也是首位钻研中国典籍的西方学者（见图 1）。除了传播天主教教义，他还广交中国官员和社会名流，传播西方的天文、数学和地理等科学知识。他的著述不仅对中西交流贡献良多，也有助于日本和朝鲜半岛等国家认识西方文明。

1584 年，利玛窦获准与罗明坚神父入居广东肇庆。五年后，由于广东新任总督将利玛窦的住所据为己有，利玛窦要移居韶州。1595 年，利玛窦获准在南昌居住。翌年，利玛窦被任命为耶稣会中国教区负责人。利玛窦其实一直想去北京，但受制于明朝政府的相关规定，他在 1598 年短住北京一个多月后，便折返南京。

图 1　意大利传教士利玛窦

历尽周折，到 1600 年才终于获准到北京。他穿中国学者的服装，积极接受中国文化，并广泛传播数学、生物等科学知识，与中国学者关系良好，也受到达官贵人的赏识和重用。

1595 年至 1598 年利玛窦在南昌居住期间，与江西巡抚和分封在当地的皇族后裔关系良好。利玛窦向他们展示了三棱镜、西国记数法和钟，并讲解西方书籍的内容，还向当地学人讲解数学问题与日晷计时问题。1596 年 9 月，利玛窦成功预测了一次日食，使他迅速闻名，期间他广交儒士权贵，更获名士章潢邀请到著名的白鹿洞书院讲学交流。

利玛窦在江西居住的南城曾是明代益藩王的封地。1964 年南城县有一座明墓被发掘，其中发现了一份衣服清单，提到的纺织品有白西洋布衫一件和西洋布单中衣一件。写作清单的时间为万历二十一年（1593）六月，所以此墓应属万历年间的益藩罗川王族。[1]这说明在利玛窦还未抵中国时，部分西洋纺织品已经传入中国。1979 年，江西省文物工作队在南城发掘了万历三十一年（1603）明藩王益宣王和其两位妃子的合葬墓，其中只有益宣王的棺大致完整。益宣王棺内出土的服饰有重要意义，据报道其中一块长 13 米、宽 0.75 米的棉布上书有“西洋布”三字，是目前所知明代唯一的进口棉布。[2]棉布在元代以后盛行，唯相同年代的进口西洋布，现在已经失传。

利玛窦 1601 年抵北京后晋见皇帝，并送上一本关于进贡礼品记录的奏折，上面写着“大西洋各色腰带四条，大西洋布与葛布共五匹”，说明西洋布是他献给皇帝的礼品之一。[3]利玛窦刚到中国准备传教时，向教友搜罗礼品，以精美小物品或其他珍藏讨好官僚士大夫，他的大量书信也写有与西洋布相关的记载。由此可以推测，西洋布是他在南昌打通人际关系时的指定礼品。他送给皇帝的西洋布和明代益藩王府墓出土的西洋布，同属万历年间，而明墓距离利玛窦曾居住的地方不远，所以这些出土文物也可能包括他当年带到中国的西洋布。不过这只是猜测，因为当时澳门已经有很多葡萄牙商人，所以这些布也可能是由他们进口，再传入江西的。据说明武宗在南昌明王府抄家时，查出大量胡椒，这些胡椒都是中国与东南亚国家进行贸易的商品，可见当时海外贸易的繁荣程度。

1601年，利玛窦等人获明神宗准许长居北京，此举对中国影响深远。中国现存的第一幅世界地图，就是由利玛窦绘制的。万历三十八年（1610）5月利玛窦于北京病逝后，也葬在北京，其墓地今称“栅栏”。很多外国传教士都在栅栏附近埋葬，栅栏成为中西文化交流的重要见证。

另一位意大利传教士玛律蒂诺·玛律蒂尼（Martino Martini，中文名卫匡国），是欧洲早期著名汉学家、地理学家、历史学家和神学家。他在1643年夏天抵达澳门，在中国历史学和地理学研究方面，均取得卓越成就，是继马可·波罗和利玛窦后，另一位对中意两国的文化交流做出杰出贡献的历史人物。他长居杭州，1661年6月于杭州病逝。

另一位清代著名的画家郎世宁也是意大利人（Giuseppe Castiglione，1688—1766）。他于清康熙五十三年（1714）远赴东方，翌年抵达澳门，继而北上京师，随即于康熙晚期为宫廷服务，展开长达数十年的宫廷艺术家生涯，为皇帝画了多幅表现当时重大事件的历史画以及众多人物肖像、走兽和花鸟画，还将欧洲的焦点透视技法传入中国，协助中国学者年希尧用叙述法画成作品《视学》，成为当时东西方文化交流的重要使者。郎世宁在清乾隆三十一年（1776）7月16日于北京病逝，终年78岁。简言之，西方传教士在促进商贸和文化交流方面，都扮演了重要角色。

二、天鹅绒

天鹅绒（velvet）是广为人知的纺织品，最早在11世纪左右于意大利出现。马王堆汉墓也出土过绒圈锦，其特点与天鹅绒的起绒圈有点相似，但两者不属于同一个技术系统。

元代出现的“怯绵里”是等级仅次于纳石失的二等面料。《元史·舆服志》载，天子质孙，冬服有十一等，第一等为纳石失，第二等就是怯绵里；百官质孙凡九等，第一等是大红质孙，第二等也是大红怯绵里。“怯绵里”可能是从西域传入的叫法，目前还没有论文、专著考证它的由来。《元史》解释“怯绵里”是“剪茸”，“茸”有绒毛之意。简言之，“剪茸”是一种表面起绒的织物，一般只有栽绒毯才需要剪绒，而栽绒毯非常厚，不适合用来制衣。因此可以推测，“怯绵里”很可能是真正的绒类织物。

《元史》并不经常提到“怯绵里”，也许跟它是进口织物有关。元代传世实物中也一直都未见“怯绵里”，直至2010年，中国丝绸博物馆收藏了一顶有天鹅绒缘的风帽，C-14测年结果为1255—1290年（95.4%）。据目前所知，这是最早从西方传入中国的天鹅绒（即“怯绵里”），其他部分则用了纳石失、四经绞罗、平纹地绮、绫地织金奔兔等材料，因此可以推测，这件天鹅绒很可能是从西方进口的。[4]

明代以后，开始有较多关于天鹅绒的记载。洪武二十五年（1392）三月，撒马尔罕帖木儿派人来朝贡八十四匹马、六只驼、六匹绒、九匹青梭布、两匹红绿撒哈剌及镔铁刀剑盔甲等物。其中的六匹绒很可能就是由欧洲传入的天鹅绒。日本作家策彦的《入明记》收录了自永乐元年至天顺八年（1403—1464）明朝赐赠日本的礼品清单，其中两条关于“天鹅绒”的记载，分别写于永乐四年（1406）和永乐五年（1407），均记录了“白天鹅绒缎丝觉衣”。这是最早关于天鹅绒的中文记载。[5]

利玛窦在中国经常给教会、父亲和朋友写信，其中万历二十年（1592）11月12日利玛窦从韶州致父书中写道：“几年前中国人也学会了织天鹅绒，技术不错。”[6]这可能是关于天鹅绒在中国生产的最早记录。也许，中国人就是在广东沿海一带学会织造天鹅绒的，因为当地有大量葡萄牙人长期定居，中国人可以向葡萄牙人学习。

明代另一个有可能生产天鹅绒的地方是陕西地区。陕西地区的羊绒自古有名，相关史料记载，陕西布政使为织造羊绒，要求重振染织作坊，添置织机，招募工匠。陕西抚院贾待问疏称，“该省应造万历二十五年（1597）龙凤袍（笔者按：这是新样绒袍的具体纹样）共五千四百五十匹，额设机五百三十四张，该织匠五百三十四名，挽花匠一千六百零二名，新设机三百五十张，该织匠三百五十名，挑花、络丝、打线匠四千二百余名”[7]。挽花匠指在织绒过程中负责提花工作的工匠，羊毛呢料一般不用提花，所以龙凤袍的起绒面料一定是丝绒。从史料可见，中国在明朝万历年间开始织造天鹅绒，织造天鹅绒的技术也在中国逐渐普及。

明代两件重要的天鹅绒实物分别出土于苏州王锡爵墓和北京

定陵。王锡爵是苏州人，也是万历年间富甲天下的大臣。他的墓中出土了一顶天鹅绒冠，从天鹅绒的技术细节可见，应该是在中国织造的。北京定陵出土的绒袍则是双面绒，正反面的绒毛高6.5~7毫米，与一般绒织物不同。

国外也收藏了不少明代天鹅绒实物。其中一类是龙袍料等中国传统面料，以多伦多皇家安大略博物馆的藏量最多。内中一件大龙袍料，属典型明朝款式，其中的天鹅绒是雕花绒，先织成通透的绒圈，再按图案要求割出绒毛（见图2）。[8] 浅黄色处是未割绒时的绒圈，深黄色处则是割绒毛时露出的细毛，上面的龙纹则是刺绣而成的。另一类是基督教服装，收藏于世界各地，虽然服装的表面也有用刺绣，但地部都是用天鹅绒织成的。加拿大织物史学家柏恩汉和日本学者吉田雅子研究中国绒后，都认为中国生产绒的历史，应该早于1592年。

天鹅绒也引申到中日关系。明末、清朝史料以至当代史都记载，中国人称天鹅绒为漳绒或漳缎，还有人叫天鹅绒为倭缎。漳即是现在福建的漳州。尽管清朝时南京和苏州一带大量织造天鹅绒，但人们还是习惯叫天鹅绒为漳绒。由此可见，天鹅绒很可能来源于中国东部沿海地区，特别是福建一带。

漳泉产绒最早见于宋应星《天工开物》一书：

倭缎，凡倭缎制起东夷，漳泉海滨效法为之，丝质来自川蜀，商人万里贩来以易胡椒归里。其织法亦自夷国传来，盖质已先染，而斫线夹藏经面，织过数寸即刮成黑光。北虏互市者见而悦之，但其帛最易朽污，冠弁之上顷刻集灰，衣

图 2　加拿大皇家安大略博物馆收藏的黄色绒地刺绣龙袍料

领之间移日损坏。今华夷皆贱之，将来为弃物，织法可不传云。

换言之，宋应星认为天鹅绒是从日本传来的，中国人只是跟着日本人学做，虽然原材料来自四川，但织法是从西方国家传来的。宋应星于崇祯七年（1634）任江西分宜县教谕，期间写成《天工开物》一书，当时距离明朝灭亡尚有十年。该书是为目前有关中国绒类织物最早和最详细的中文记载。

《乾隆漳州府志》卷39《物产》也有相同观点，同样提到漳州产“天鹅绒，本出倭国”，所以历史学家得出天鹅绒应该由海上丝绸之路传入中国的结论。在日本，天鹅绒叫作“ビロード”，由葡萄牙人编著的葡日词典也有收录“ビロード”一词条，但日本人只会在写假名时用“ビロード”，写汉字时他们还是会写“天鹅绒”，说明天鹅绒很早就进入日本。天正五年（1577），著名耶稣会士派特莱·路易士·弗罗伊斯在其书简中曾经记载：“异教徒中位高者，渴望得到与其身份相称的礼物。所珍视之物，据我们所知系葡萄牙帽子、琥珀、天鹅绒里子、沙漏、玻璃、精巧的科多巴、天鹅绒或高级钱包、上等刺绣毛巾、瓶装小粒糖果、上等蜜饯、蜂蜜、葡萄牙呢绒斗篷，喜欢条纹丝品、罐装砂糖、糕点及小点心、佛兰德呢绒及地毯等。”[9]换句话说，日本人希望得到与其身份相称的礼物，当中包括天鹅绒。由于日本有较优越的海上地理条件，而中国在明朝时实施海禁，禁止海外贸易，所以日本的贸易发展比中国成熟，因此日本比中国早见到天鹅绒，是可以理解的。

不过，日本生产绒的历史比中国迟五十多年。日本在正保和庆安时期（1644—1651）开始生产绒织物，时间相当于清朝初期。因为在1639年，日本人从中国进口了一卷带有假织杆、绒圈未割开的绒织物，并发现了绒织物的秘密。直至约1712年，日本才开始生产高品质的绒，同时大量进口中国绒。简言之，在蒙元时期，天鹅绒的用途以礼品为主；在葡萄牙人到远东发展贸易以后，天鹅绒才真正传入中国。传教士则见证了中国人买卖天鹅绒商品和学习天鹅绒技术的过程，令天鹅绒在明朝末年后盛行，成为流行的丝织品。

三、宫中西洋锦

中国宫廷也藏有不少西方丝织品。《清宫内务府档案》有大量相关记载，当时西方与中国往来密切，加上清初有很多传教士担任官职，直接带来西方的丝织品，促成了东西方丝织品的交流。[10]

传教士带来的西方物件中就包括一些锦缎。《乾隆元年养心殿造办处收贮清册》则记录了每年使用过和剩余的面料，其中包括：

西洋大金缎二丈二尺四寸

洋锦七十七丈一尺九寸

锦九百四十四丈二尺七寸一分

宋锦（见方七尺）一块（见方五尺）一块（长四尺宽一幅）一块

洋倭缎二十丈七尺三寸五分

丝线搭连六尺

金线辫带十二丈九尺二寸九分

刻丝袱子十件

绫三十六匹四丈八尺（虫蛀）

这里的西洋大金缎应是大花纹的织金缎，洋锦应是没有织金的锦缎，而洋倭缎应是天鹅绒。

以上西洋大金缎、洋锦和洋倭缎大多数用于装裱或其他用途，有时消耗很多，有时全年也没有用，但每年都清点一次。

要了解实物，以上两份记载未必足够。故宫博物院收藏了一类叫大洋花的西洋锦，笔者在多年前参观南京云锦研究所的织品展览，展品包括他们生产的云锦，也有从故宫借来一些他们认为是以前生产的云锦。但笔者认为他们从故宫借来的部分织锦并不是云锦，而是西方织物。这些锦都用了各种不同的金线，而且做法精细，但其图案纹样则与中国传统纹样分别很大。有人称这些锦为“回回锦”，但清朝的回回锦是指从中亚一带传入的织锦，所以故宫收藏的大洋花织锦，特别是集中在乾隆年间的大洋花织锦，都应该是来自欧洲。

类似图案也可在一些描绘宫廷生活的绘画中找到。例如《哨鹿图》描绘了乾隆六年（1741）皇帝到木兰行围的场景，画面最前排的第三人、佩带红锦“撒袋”（即装弓袋）、骑白马的就是乾隆皇帝（见图3）。仔细观察其装弓袋，可见织物是很欧洲的。这一马鞍和其余马鞍的织物（见图4A）也是典型的西方织锦，

图 3 《哨鹿图》中的乾隆帝与撒袋

并和故宫所藏另一件黄地红花西洋锦（见图 4B）的图案完全相同。这幅图是在辛酉年（即乾隆六年）乾隆第一次到木兰行围时命郎世宁所画。郎世宁的画风非常写实，连纹样的临摹都做到一丝不苟。另一幅《威弧获鹿图》据说是乾隆六子庆亲王永路所绘。这幅画描绘了香妃陪伴乾隆围猎的场景，相传有一次乾隆到木兰行围时，射中一只狂奔的鹿，乾隆与香妃紧追不舍。就在受伤的鹿窜进密林之际，香妃拉弓搭箭击毙鹿，众人都惊叹喝彩。画中乾隆正在射箭，香妃则负责递箭。香妃身穿金黄色衣服（见图 5），从图案纹样可见这是西方风格的妆花织物。

于是笔者就去伦敦维多利亚和阿尔伯特博物馆寻找线索。该馆收藏了大量 18 世纪前后的欧洲纺织品，其中的蓝地织物（Flush）在织物地部有一层暗花，这本来是中国特色，但 18 世纪开始于欧洲流行，上面的金银线和紫花应该属欧洲风格。故宫也有收藏

图 4A 及 4B　故宫博物院藏黄地红花西洋锦

这类织物，当中的图案风格、颜色和金银线都很相似，地上的暗花也一样，所以这类织物极可能产自欧洲。此外，欧洲当时也盛行花边图案（lace pattern），特别是 18 世纪初的法国，其织品大量使用这种花边，《哨鹿图》中马鞍上的花纹（图 4A）也用了花边图案。另一种玫瑰图案（rose pattern）也曾在欧洲纺织品和瓷器上经常出现，这种图案布局在故宫藏锦上也极常见，都用了对称的玫瑰图案（见图 6）。故宫和欧洲藏品在图案布局、题材、花卉造型和色彩处理方面都非常相似，特别在光暗处理方面。以前的中国图案并不讲究晕色，也没有明暗之分，但故宫收藏的这

图 5 《威弧获鹿图》中的香妃服饰

一批织物，其花叶的光线都有明显变化，说明故宫里这一批织物应该是来自欧洲，也很可能是由传教士带来的。但这一时期，俄罗斯已向法国学习丝织技术，并与西藏等地来往不少，所以不排除来自俄罗斯的可能。

图 6 故宫博物院藏玫瑰图案的西洋锦

四、西方中国风

17、18 世纪，东西方的贸易愈见频繁，因此在欧洲掀起了一股中国热。马可·波罗等人向西方人介绍了东方如何富饶美丽，令他们非常向往，于是葡萄牙人通过航海来到东方，并在早期的东西贸易中抢占先机。不过后来局势出现逆转，东方贸易由英国人完全控制，澳门、广州和整个中国南部沿海一带成了重要通商口岸，大量中国制物品也在欧洲市场出售。欧洲人很喜欢中国瓷器和壁纸，当时的壁纸经常展现东方人的建筑和生活场景，特别是生产茶叶和丝绸的场面，另外他们也很喜欢东方色彩浓厚的中国丝织品。见需求庞大，欧洲人开始大量仿制东方产品，因而掀起了一股中国风（Chinoiserie）。这些东方产品一般或多或少具有以下特点：第一，作品在色彩和纹样方面与中国外销的产品接近；第二，作品涵盖了西方人眼中的东方人形象（例如地毯和壁挂）；第三，作品是经研究中国工艺品后再改良而成（例如瓷器）。法国里昂生产的丝织品，也可看到东方人的形象，戴着草帽或斗笠的土人，其头发和胡子都刻画得相当细致（见图 7）。也许受早期远赴东方的西方人影响，这些对于东方岛国的想象，频频出现在印花棉布和宫廷壁画上。[11]

从 17 世纪中后期到 18 世纪初期，欧洲的中国风设计主要融合了巴罗克和洛可可风格。欧洲很多地方（如英国和德国等）都有中国风格的塔楼建筑，其中以英国布里奇顿一座富有东方风格的皇家离宫比较有名。到 18 世纪晚期，由于欧洲社会本身的变革以及远东大国在西方人眼中已成为落后国家，加上新古典主义

图 7　中国风格的西方织物

兴起，中国风便日渐式微。虽然如此，中国模仿西方艺术风格之际，也大大影响了西方设计风格，这是不能否定的。

五、中国大洋花

中国人仿制西洋锦，是先有了西方输入的金线织锦再进行仿制的。清宫档案记载，皇帝先把西方来的织锦小样给了江南织造进行仿制，然后从江南织造收回一些仿制出来的织锦。

《雍正元年三处织造织来锦档》载："雍正元年七月十二日，怡亲王谕各色花锦样二十七样，照每样颜色花纹织锦五匹（每一处织锦一百三十五匹），三处织造共织锦四百零五匹"。如：

黄地金线西番花鸟锦样一样
紫地金线西番花锦样一样
绿地金线西番花锦样一样
蓝地金线西番花果锦样一样
金地西番金花杏黄色花锦样一样
白地金线西番花果锦样一样

这里的锦样名称中包括了一些西番花鸟锦样，明显是西方的织物和纹样，色彩有金地、蓝地、紫地、绿地等，图案有花鸟锦、花果锦、花锦，都使用大量金线。我们可以再来看看在雍正给各地提供了样品之后，各地就"绿地金线西番花锦样"一种样品在一年之后上交的仿制产品有：

苏州织造于雍正二年九月二十日送来锦二匹，到十月三十日又送来锦三匹；

杭州织造于雍正二年九月初七日送来锦四匹，九月三十日送来锦一匹；

江宁织造于雍正三年八月初九日送来锦一匹，十一月初五日送来锦一匹，四年二月十七日送来锦二匹，五月十四日送来锦一匹。

这说明江南三大织造都在仿制相同的西洋织锦，也许是为了招标竞争，各地都进行了试织。档案中一共记载了四个样，苏州、杭州、南京三织造各做五匹。这些西洋织锦是按照皇帝的要求来仿造的，织出来的图案在文献上称为“西番花”，又有西番花鸟、西番花果等不同，但平时被人称为“大洋花”。这些织物必定存在于清宫之中，但如无足够的研究，现在已经很难分辨哪些织锦是欧洲原产以及哪些产品是中国仿制的了。可以肯定的是，这对中国后来织金技术的发展大有帮助，譬如云锦中的云宝地应该就是受了西洋锦中的“金地西番金花杏黄色花锦”之类的织物的影响而成型的。

故宫收藏了一种缠枝大洋花妆花缎，其中两匹在2006年的南京云锦所展览也有展出，分别是一匹深蓝色缎地和一匹黄色缎地。它们的花卉纹样几乎相同，而且只有极少金线在内（见图8）。另外一件深红色缠枝大洋花妆花缎，也用了与图8相同的花卉纹样，现在由瑞士阿贝格基金会收藏（见图9）。伦敦维多利亚和阿尔伯特博物馆收藏了一件燕尾服，衣袖上有翻立的茄夫，服装

图 8　故宫博物院藏蓝地缠枝大洋花妆花缎

图 9　瑞士阿贝格基金会藏红地缠枝大洋花妆花缎

经立体剪裁和打版后制成（见图 10）。据说这件燕尾服是伦敦的服装，因为图案上端所见的丁香花，是当时重要的外贸商品。不过中国和欧洲的织造技术差别很大，欧洲生产的服装多用平纹地妆花，中国则多用类似平纹地妆花的织缎纹地妆花。此说法是有一定根据的，因为在中国发现的织物都是缎纹地，而且这些织物在西藏发现得更多。所以笔者推断，平纹地的大洋花织物产自欧洲，缎纹地的大洋花织物则很可能产自中国，是为中国仿制欧

图 10　英国维多利亚和阿尔伯特博物馆藏织锦礼服

洲织物的实例。

南京云锦展览也曾展出两件江南民间仿制西洋锦的实物，现收藏在故宫。其中一件织有对称的枝蔓纹牵牛花（见图 11），另一件属清朝晚期道光年间的织锦则用了西方纹样，其品种很可能是人们俗称的“金宝地”。所谓“金宝地”并非源自元代纳石失，而是西洋大金缎。这两件织锦的图案布局和花色都模仿西洋锦，到现在还能找到其模仿的范本。这种仿制最早在官营作坊出现，后来民营作坊也受皇家委托而开始仿制，可见中国生产西洋锦，其实是为皇宫服务。

太平天国定南京为都城天京后，江宁织造无法继续织造工作，清政府遂委托民营作坊为皇室贵族服务。现时故宫保存的民间织物，部分正是由民营作坊生产。现时国内看到的织物多数是中国仿制的西洋锦，但当年专门为外贸而生产的“外销绸”则已在国内失传，大部分藏品都在国外，情况值得关注。有学者认为它们产自中国澳门，不过研究外销绸的学者非常少，所以缺乏研究资料。现代很多外销绸都为教堂所用，加拿大安大略博物馆收藏了一件戴着皇冠的双头鹰纹样织物，就是典型的西方图案。同类织物其实数量不少，笔者在美国纽约的博物馆也曾经研究过一批类似织物。就织造技术而言，它们既不属中国系统，也不属欧洲系统，笔者推断它们的生产地，介乎欧洲和中国之间。

另一个鉴别缎子产地的方法，是分析其织造细节。虽然有些缎子采用欧洲风格的花纹，但它的织造技术都属中国系统。例如中国丝绸博物馆收藏了一件黄色的欧洲图案缎子（见图 12），如果从布匹背后所记录的长度等墨书资料判断，就可以视它为中国

图 11　故宫博物院藏对枝蔓草牵牛花纹缎

图 12　中国丝绸博物馆藏黄地大洋花缎

生产的外销绸，因为这是中国特有的记录方法。当时刺绣品也是重要的外销品，很多刺绣品都用了东方生产的天鹅绒作地，纹样也带有东方特色，其中兽类纹样更类似明代官服补子上的野兽形象，当时的外销瓷也用相同的图案。因此这类刺绣品被认为是当时的外销丝织品。现时这类刺绣品大部分都由欧洲保存，由于部分产品带有中文落款，所以可确定它们的来历。

手绘织物也是当时受欢迎的外销品，大多反映东方人日常生活的场景，并多数作窗帘布用，当中可见典型的清代男性形象，当时欧洲称他们为"满大人"。西方人特别喜欢一些比较大型的花鸟题材纹样，因为其装饰性很强。目前国外的藏品市场还有外销绸出售，但在中国国内就很难找到。现在中国国内开始重视对外销艺术品的研究，当中包括外销绸的研究，这是一件好事。近年广州和北京都举办了明清时期外销产品的展览，展品都是从国外收藏者手中借来的。我们现在试着把外销绸的图案和资料展示给大家，希望有志于丝绸之路和中国丝绸研究的同行们积极加入到研究工作中。

注　释

[1] 薛尧. 江西南城明墓出土文物. 考古，1965（6）.

[2] 江西文物工作队. 江西南城明益宣王朱翊鈏夫妇合葬墓. 文物，1982（8）.

[3] 利玛窦. 利玛窦全集・利玛窦书信集. 罗渔，译. 台北：光启出版社，新北：辅仁大学出版社，1986.

［4］赵丰．天鹅绒．苏州：苏州大学出版社，2011：95.

［5］策彦．入明记 // 新订善邻国宝记．东京：文求堂书店，1932.

［6］利玛窦．利玛窦全集·利玛窦书信集．罗渔，译．台北：光启出版社，新北：辅仁大学出版社，1986：117.

［7］明神宗实录（万历二十三年二月）.

［8］Harold B. Burnham.*Chinese Velvets: A Technical Study*.The University of Toronto Press, 1959：14.

［9］利类斯，等．西方要纪．北京：中华书局，1985：46~47.

［10］中国第一历史档案馆，香港中文大学文物馆合编．清宫内务府造办处档案总汇，北京：人民出版社，2005.

［11］袁宣萍．十七至十八世纪欧洲的中国风设计．北京：文物出版社，2006.